현대자동차의 '또 다른' 추격

이 저서는 2020년 대한민국 교육부와 한국연구재단의 저술출판지원사업의 지원을 받아 수행된 연구(NRF-2020S1A6A4043087)이다.

미래차 기술혁신과
일자리의 미래

Shifting Gears: Hyundai Motor's Technological Leap and Job Transformation in the Mobility Revolution

현대자동차의
'또 다른' 추격

조형제 지음

한울
아카데미

차례

프롤로그 9 | 감사의 글 14

1부 미래차로의 패러다임 전환

1장 기후 위기와 딥시크의 시대 ─────────── 19
1. 기술혁신과 사회적 조건 20 | 2. 일자리는 사라지는가? 21 | 3. 미래차 전환과 일자리 24

2장 삼중의 하늘: 전기차, 자율주행, 모빌리티 서비스 ─────────── 26
1. 자동차 대중화와 사회문제 27 | 2. 자율주행차와 AI 28 | 3. 자율주행의 실현 단계 31 | 4. 모빌리티 서비스의 진전 33 | 5. 자동차산업의 미래 35

3장 소프트웨어 중심 차량(SDV)의 표준 경쟁 ─────────── 38
1. 자동차의 전동화, 스마트화 38 | 2. 선두업체 테슬라 42 | 3. 중국 민영업체들의 OS 개발 44 | 4. ICT업체 애플과 구글 45 | 5. 레거시업체 폭스바겐과 토요타 46

4장 생산기술 변화와 배터리 삼국지 ─────────── 49
1. 전기차 제품기술의 변화 49 | 2. 첨단 생산기술 50 | 3. 전기차의 동력 배터리 56 | 4. 배터리 동아시아 삼국지 59

5장 자동차 생활의 근본적 변화 ─────────── 65
1. 자율주행차 기술 개발 66 | 2. 배터리 전기차 출현 68 | 3. 승차 공유 서비스 68 | 4. 자동차 콘셉트의 근본적 변화 71

6장 일자리의 미래 —————————————— 74
1. 파이 총량 논쟁 74 | 2. 미래차 직무 분류 75 | 3. 미래차 일자리의 감소 전망 77 | 4. 미래차 일자리 수요 초과 78

소결 기술혁신과 일자리의 미래 —————————————— 81

2부 미래차 글로벌 대전

1장 신흥 전기차업체의 질주 I: 테슬라 —————————————— 85
1. 전기차와 SDV 86 | 2. 그린 에너지와 네트워크 연결 90 | 3. 테슬라의 미래 93
↳ 보론: 실리콘 밸리와 미국 정부의 미래차 지원 정책 —————————————— 94

2장 신흥 전기차업체의 질주 II: 중국 민영업체의 굴기 —————————————— 101
1. 내연차 굴기의 실패 102 | 2. 내연차에서 전기차로의 전환 103 | 3. 민영 자동차업체 중심의 성장 105 | 4. 전기차 선두주자 BYD 107 | 5. 자율주행차 분야의 추격 109 | 6. 바이두의 아폴로 프로젝트 111 | 7. 중국 미래차의 전망 114
↳ 보론: 중국 정부의 산업 정책 —————————————— 115

3장 승차 공유업체 우버와 글로벌 경쟁자들 —————————————— 121
1. 승차 공유 서비스 121 | 2. 글로벌 경쟁자들 123 | 3. 승차 공유의 쟁점들 127

4장 레거시업체의 대응 I: 폭스바겐의 전환과 위기 —————————————— 130
1. 디젤 게이트 131 | 2. 전기차 추격 131 | 3. 의사결정 구조 134 | 4. 전환지도 135 | 5. 위기의 현재화 137

5장 레거시업체의 대응 II: 토요타의 병행 전략 —————————————— 139
1. 최초의 전기차 bZ4X 139 | 2. 전기차 전환에 소극적인 이유 141 | 3. 경쟁 우위는 변화되는가? 142 | 4. 토요타의 병행 전략 144 | 5. 우븐 시티 145

소결 권력 이동 시나리오 ──────────────── 148

1. 미래차 전환의 변수들 148 ǀ 2. 미래차 시나리오 149

3부 현대차그룹의 대응: 미래차 추격

1장 미래차 기술혁신과 기민한 생산방식 ──────────── 156

1. 또 다른 추격 157 ǀ 2. 이모빌리티 솔루션 기업으로의 전환 159 ǀ 3. 소프트웨어 통합 OS Pleos(플레오스) 발표 164 ǀ 4. 연구개발 조직의 재편 168 ǀ 5. ICT업체와의 전략적 제휴 170 ǀ 6. 평가와 과제 171

2장 일자리의 변화와 인적자원관리 ──────────────── 177

1. 고용 없는 성장 177 ǀ 2. 신사업 분야의 신규인력 확보 181 ǀ 3. 평생직장 관념의 약화 185 ǀ 4. 자기 주도형 인적자원개발 188 ǀ 5. 업스킬링과 리스킬링 190

3장 스마트 팩토리 ─────────────────────── 194

1. 전기차 전환에 따른 기민한 생산방식의 변화 195 ǀ 2. 현대차 스마트 팩토리의 미래 196 ǀ 3. 생산기술 혁신 평가 206

4장 전환지도: 생산직 일자리 변화와 노사관계 ─────── 209

1. 현대차 노사관계의 역사 210 ǀ 2. 생산직 감소와 숙련 양극화 211 ǀ 3. 고용전환지도 212 ǀ 4. 베이비 부머의 정년퇴직 214 ǀ 5. 숙련의 전승 문제 216 ǀ 6. 패턴 교섭과 기업 간 격차 확대 218 ǀ 7. 소규모 신규 채용 220

5장 기업 거버넌스: 권위적 실험주의의 진화 ───────── 223

1. 권위적 실험주의의 진화 223 ǀ 2. 미래차 전환 평가 228

6장 부품업체의 양극화 ─────────────────── 231

1. 거래 관계의 전환? 232 ǀ 2. 수직적 관계의 지속, 강화 233 ǀ 3. 일자리의 감소와 구성 변화 235 ǀ 4. 수익성 악화와 일자리의 질적 저하 238 ǀ 5. 부품업체의 고용 전망 241 ǀ 6. 지역 경제의 위기 244

7장 가치사슬의 재편 ──────────── 247

   1. 가치사슬의 구성 변화 247 ǀ 2. 온라인 판매의 전면화 250 ǀ 3. 정비·AS 업무의 감소 251 ǀ 4. 자동차 이용 방식의 변화 252 ǀ 5. 일자리의 변화 253

소결 동전의 양면 ─────────────────── 255

4부 무엇을 할 것인가?: 혁신과 공정을 향하여

1장 소프트웨어 역량 강화와 인적자원관리 ─────── 261

   1. 미래차 기술혁신 262 ǀ 2. 우수인력 신규 확보와 인적자원관리 262 ǀ 3. 회사 내부의 재직자 직무전환 교육 266 ǀ 4. 현대차 '도전적 실행'의 계승과 혁신 267

2장 스마트 팩토리와 숙련노동의 활용 ────────── 268

   1. 자동화와 숙련노동의 공존 268 ǀ 2. 생산 엔지니어의 선순환 270 ǀ 3. 현장감독자들의 권한 강화 271 ǀ 4. 숙련노동자들의 업그레이드 272 ǀ 5. 숙련 형성 임금체계 개편 273

3장 미래협약과 노사관계 혁신 ──────────── 275

   1. 노사 미래협약 276 ǀ 2. 노사관계의 현실 277 ǀ 3. 완성차업체 노사관계의 혁신 278 ǀ 4. 지속 가능한 노동운동의 모색 280 ǀ 5. 금속노조의 산업전환 협약 281 ǀ 6. 사회연대를 통한 노동시장 분절 해소 282

4장 기업 거버넌스: 참여기반 모델 ──────────── 284

   1. '기술중심' 모델과 '참여기반' 모델 284 ǀ 2. 미래의 길: '참여기반' 모델을 향하여 286 ǀ 3. 공정한 전환: 향후 과제 287

5장 상생의 기업 간 관계와 지역 생태계 확충 ─────── 290

   1. 기술혁신을 통한 기업 간 관계의 전환 291 ǀ 2. 지역 생태계 확충 293

6장 정부 산업 정책의 재정립 ─────────────── **296**

1. 미래차 전환의 산업정책 방향 제시 297 | 2. 미래차 기술혁신 지원 정책 297 |
3. 공정한 전환을 위한 산업 정책 299 | 4. 중층적 민관 거버넌스 302

에필로그: 가지 않은 길 304 | 참고문헌 310 | 찾아보기 316

프롤로그

> 우리가 기억해야 하는 것은 과거가 아니라 오히려 미래이다. 이제는 안다. 우리가 선택해야만 하는 건 이토록 평범한 미래라는 것을, 그리고 포기하지 않는 한 그 미래가 다가올 확률은 100%에 수렴한다는 것을. _김연수, 『이토록 평범한 미래』

이 책의 중심 주제는 미래차 전환을 계기로 한 자동차산업의 패러다임 변화이다. 패러다임 개념은 특정 시기에 과학자들이 공유하는 이론, 방법론, 가치관의 집합으로, 특정 분야의 연구를 지배하는 틀을 의미한다. 이러한 과학적 사고의 방식 자체가 근본적으로 변화되는 것을 패러다임 변화라고 지칭한다(쿤, 2013). 글로벌 자동차산업은 지난 150여 년간 경험하지 못한 패러다임 변화의 시기를 맞이하고 있다. 19세기 말 출현했던 내연기관 자동차(이하 내연차) 중심의 사고방식이 더 이상 통용되지 못하는 전환기를 맞이한 것이다. 이러한 변화는 단순한 동력원의 전환을 넘어서 자동차의 개념과 산업 자체에 대한 패러다임 변화를 요구하고 있다.

자동차산업은 자본주의 발전의 패턴 메이커 역할을 담당해 왔다. 헨리 포드의 모델 T(내연차)가 20세기 자본주의의 번영을 이끌었던 것처럼, 2012년의 모델 S 출시에서 시작된 일론 머스크의 전기차 돌풍은 구조적 불황에 직면한 세계 자본주의를 살릴 신기술로서 주목받고 있다.* 전기차는 경제 불황을 돌파할 기술혁신의 주역으로서 기대되고 있을 뿐 아니라, 배기가스를 전혀 배출하지 않음으로써 지구를 환경오염에서 구원할 이동 수단으로 부각되고 있다. 2015년 파리기후협약 이후 각국의 탄소중립 정책이 강화되면서 이러한 변화는 더욱 가속화되고 있다. 일론 머스크가 전기차를 스페이스 X 프로젝트와 함께 인류를 구원할 마스터 플랜의 주인공으로 선전하고 있는 것은 이러한 시대적 요구가 작용하고 있음을 보여 준다.

전기차라는 새로운 이동 수단의 출현은 광대한 사회 변화의 태풍을 예고하고 있다. 20세기 초 내연차의 대중화가 불과 10여 년 만에 뉴욕 거리에서 15만 마리의 말들이 몰던 마차를 사라지게 한 것처럼, 전기차의 대중화는 향후 10~20년 내에 대부분의 완성차 공장이 내연차 생산을 중단하게 만들 것으로 예상된다. 전기차는 반도체, 배터리가 장착된 최첨단 융합 기술의 집약체이다. 현재는 수요가 과도적으로 위축되는 전기차 '캐즘'을 겪고 있지만, 내연차로의 복귀는 이제 불가능하다는 공감대가 형성되고 있다. 미국 트럼프 행정부가 관세 장벽 설정, 전기차 보조금 축소, 내연차 규제 완화 등을 통해 미국 제조업의 경쟁력 회복을 도모하고 있지만, 이러한 정책이 미래차 전환을 일시적으로 늦출 수 있을지는 몰라도, 추세 자체를 되돌릴 수는 없을 것이다.** 배터리 가격, 충전 인프라, 관련 법규 등 기술적, 제도적 장애 요인들이 2~3년 내로 해결되면, 미래차 수요는 급속히 성장하게 될 것이다.

미래차로의 전환이 지닌 핵심적 성격은 '소프트웨어 중심 차량'(Software

---

* 전기차란 배기가스를 배출하지 않는 차량을 의미한다. 달리 말하면, 공해를 발생하는 내연기관 엔진이 아니라 배터리나 연료전지 등 무공해 동력으로 움직이는 친환경 차량이다. 현재까지는 배터리를 동력으로 하는 전기차가 경제성이 있기 때문에, 친환경 차량의 주력 제품을 구성하고 있다. 친환경 차량은 동력 발생 장치의 전환에 그치지 않고, 궁극적으로는 운전자의 역할 자체를 필요로 하지 않는 자율주행차로 진화하리라 예상된다.
** 미래차 전환과 관련하여 트럼프 행정부를 비롯한 미국 정부의 산업 정책에 대해서는 2부 1장 보론에서 상세하게 다룰 예정이다.

Defined Vehicle, 이하 SDV)이다. 자동차라는 제품은 원래 하드웨어였지만, 미래에는 소프트웨어가 중심이 된다. 달리 말하면, 소프트웨어를 중심으로 진화하는 자동차이다. 궁극적으로는 운전자 없이 스스로 움직이는 자율주행차를 최종 목표로 한다. 자율주행차는 인공지능(Artificial Intelligence: AI) 스스로 운전하는 로봇이 된다. 요컨대, 미래차 전환은 동력원의 단순한 교체에 그치지 않고, 자율주행(self driving), 나아가서는 모빌리티 서비스의 영역으로 확대되면서 자동차산업의 성격을 근본적으로 바꾸고, 더 나아가 현대 자본주의에 심대한 영향을 미칠 것으로 전망된다.

이 책은 미래차로의 패러다임 전환과 글로벌 경쟁의 큰 그림을 보여 준 후, '또 다른' 추격에 직면한 한국 자동차산업의 대응 현황을 기술혁신과 일자리에 초점을 맞춰 분석, 평가하고, 대안적 발전 모델을 제시하고자 한다. 한국 자동차산업을 대표하는 현대자동차(이하 현대차) 그룹은 내연차 추격에 성공하여 글로벌 메이저 자동차업체가 되었다. 현시점에서는 미래차 전환이라는 이전과 '또 다른' 추격의 과제에 직면해 있다.

미래차 전환에는 연속성과 단절성의 측면이 공존한다. 전기차는 동력을 이용한 이동 수단이라는 점에서는 내연차와 동일하다. 하지만, 내연기관이 아니라 배터리를 동력으로 한다. 또한 기계공학 부품과는 구분되는 전동 모터, 반도체 등 다수의 전기전자 부품이 포함된다. 무엇보다 SW를 핵심으로 하는 자율주행은 전혀 새로운 기술 능력을 요구한다. 자동차산업 자체가 질적 전환을 겪게 된다. 하드웨어 제품을 생산한다는 점에서는 여전히 제조업이지만, 하드웨어의 비중이 줄어들고 SW 개발과 서비스 능력이 경쟁의 핵심이 된다. SW를 중심으로 자동차산업의 가치사슬 전반이 재편된다.

미래차 추격은 기계공학적 모방이던 내연차 추격 때와는 달리, 소프트웨어가 중심이 되는 전혀 새로운 '또 다른' 추격이다. 테슬라 등 선진 업체를 따라간다는 점에서는 '추격'이라고 할 수 있지만, 세부적 기술을 모방하는 것이 아니라 SDV의 기본 골격에 대한 지식만 가지고 성능이나 서비스 등 무형의

SW 능력을 스스로 만들어 내야 한다는 점에서, '단절적' 성격의 추격이다(면담 정리, 2025). 패러다임의 전환은 자동차라는 개념 자체가 하드웨어 중심에서 소프트웨어 중심으로 급진적으로 변화되는 것을 의미한다. 이런 의미에서 '또 다른' 추격의 성공 여부는 불확실하다. 미래차 전환 과정에서 기존 패러다임과의 충돌이 불가피하다. 내연차 분야의 레거시(legacy)업체들 대부분이 실패할지도 모른다. 현대차그룹은 미래차 전환에 성공할 수 있을 것인가?

미래차 전환을 위한 기술혁신과 더불어, 이 책의 또 다른 관심은 일자리의 미래이다. 이 책에서 우리는 기술혁신이 일자리에 미치는 영향에 대해 분석하고 평가해 보고자 한다. 역사적으로 산업혁명 이래 기술혁신이 일자리에 미치는 영향에 대한 논란이 지속되어 왔다. 신기술이 물질적 부의 증대에 기여하는 것은 사실이지만, 그것이 인간의 노동을 대체하면 일자리가 심각하게 줄어들 수 있기 때문이다. 이 책은 미래차 전환에 따라 한국 자동차산업의 일자리가 어떤 영향을 받고 있는지에 대해 심층적으로 살펴보고자 한다.

좀 더 구체적으로는 완성차, 부품업체 등 자동차산업의 가치사슬과 연관된 노동시장의 두 측면, 즉 일자리의 양적, 질적 변화에 대해 실증적으로 다루고자 한다. 이를 위해 통계청의 고용형태별 근로실태조사/지역고용조사, 한국모빌리티산업협회(KAMA)의 자동차 통계, 한국은행의 기업경영조사, 금감원의 전자공시, 밸류서치 등의 데이터를 활용했다.

이 책은 총 4부로 구성된다. 1부는 전기차, 자율주행차, 모빌리티 서비스의 3차원으로 전개되는 글로벌 자동차산업의 패러다임 변화를 조명하고자 한다. 2부는 미래차 개발을 둘러싼 글로벌 자동차업체들 간의 경쟁을 조명한다. 전기차와 자율주행 분야의 선두주자인 테슬라, BYD 등 신흥 전기차업체들의 질주를 보여 준 후, 이에 대응하는 폭스바겐, 토요타 등 레거시업체들의 현주소를 진단한다. 3부는 미래차 전환에 대한 한국 자동차산업의 대응, 즉 현대차그룹의 또 다른 추격이 어떻게 진행되고 있는지를 기술혁신과 일자리라는 두 가지 차원에서 평가하고자 한다. 4부는 보다 혁신적이면서 공정한 차원으로 이행하기 위한 한국 자동차산업의 대안적 발전 모델을 제시한다. 이념형(ideal type)을 규범적으로 제시하는 데 그치지 않고, 현실보다 반보 앞서가되 실현 가능한 현실적 대안을 마련하고자 한다.

이 책의 내용을 보다 충실하게 만들기 위해 다양한 생성형 AI 프로그램의 검색과 추론 기능을 활용했음을 밝힌다. 챗GPT 4o를 비롯해서 Claude 3.7 Sonnet, Perplexity-reasoning, 딥시크 R1 등을 활용했다. 이들 AI는 자료 검색과 정리, 추론 등에서 필자의 기대 이상으로 많은 도움을 제공해 주었다. 하지만, AI의 활용에 대한 최종 책임은 필자에게 있음이 분명하다.

책을 처음 시작할 때는 미래차 전환이라는 시대적 과제를 쉽고 재미있게 쓰려고 다짐했었다. 하지만, 마무리 시점에서 그런 다짐이 충분히 실현되지 못한 것 같은 아쉬움을 느낀다. 무엇보다 급속히 변화하는 현실을 따라가기 버거웠던 게 사실이다. 논지를 뒷받침하기 위해 경험적 데이터를 보완하고, 참고문헌을 인용하고 각주를 덧붙이다 보니, 다소 장황해진 부분도 적지 않다. 하지만, 이제 용기를 내어 세상에 내보낸다. 이 책은 우리 현실에 대한 필자의 적극적 관심에서 비롯되었지만, 그 내용에 대한 수용과 평가는 전적으로 독자 여러분께 열려 있다.

2025년 7월
현대자동차의 홈타운 울산에서
조형제

감사의 글

필자는 짧지 않은 기간 동안 한국 제조업의 고유한 특징을 해명하기 위한 학문적 탐구의 여정을 걸어왔다. 『한국적 생산방식은 가능한가』(한울아카데미, 2005)로 시작된 지적 오디세이는 『산업과 도시』(후마니타스, 2009), 『현대자동차의 기민한 생산방식』(한울아카데미, 2016)으로 이어졌고, 정준호·김철식 교수와 공동 저술한 *Agile against Lean* (PalgaveMacMillan, 2023)에서 그 정점을 찍었다. 이번에 세상에 나오는 『현대자동차의 '또 다른' 추격』은 2020년 이후 진행된 후속 연구의 산물이다. 이 책은 필자의 학문 인생의 마지막 책으로 기억될 것이 분명하다.

이 책이 나오기까지 여러 동학의 전문적 도움과 따뜻한 격려가 있었다. 무엇보다, 20년 이상 필자와 함께 연구를 계속해 온 정준호 교수께 감사드린다. 정준호 교수는 한국 제조업의 발전에 대한 비판적 관심과 뜨거운 애정 속에서 필자의 자동차산업 연구를 격려했을 뿐 아니라 이론적, 실증적 측면에서 부족한 점을 채워 주었다. 그는 다수의 논문과 저서를 함께 집필했을 뿐 아니라, 이 책의 사실상 공저자이기도 하다.

김철식 교수도 지난 20여 년간 필자와 함께 다수의 공동 연구를 했을 뿐 아니라, 필자가 어려운 형편에 있을 때도 헌신적 도움을 제공해 주었다. 또한 변함없는 정서적 지원과 전문적 도움을 아끼지 않은 훌륭한 선후배, 동료인 이문호 박사, 이병천 교수, 조성재 박사, 이항구 박사, 박정규 박사, 양승훈 교수, 정이환 교수, 공제욱 교수, 이병훈 교수, 배규식 박사, 김유선 박사, 배병찬 소장, 문진수 박사, 황재현 수석, 오중산 교수, 조효래 교수, 강아롬 박사, 정경윤 박사, 김양호 교수, 강미화 교수, 이장명 교수, 이상용 사장, 성창기 원장, 김태근 위원장, 김창선 원장, 정창윤 원장, 박영규 원장, 주은수 교수, 조주은 교수, 조민조 PD께도 진심으로 감사의 말을 전한다. 이들과 나눈 다양한 생각과 고민이 필자의 원고에 유·무형의 형태로 녹아들어 있다. 그리고 오랜 친분을 이어 오며 글로벌 연대를 확인해 준 독일 베를린사회과학원의 위르겐스 박사와 쿠진스키 박사, ILO의 이창휘 박사, 이상헌 박사께도 감사드린다.

필자의 자동차산업 연구를 위해 진솔한 지원을 아끼지 않은 산업 현장의 당사자들께 이 자리를 빌려 각별한 감사를 드리지 않을 수 없다. 현대차그룹의 김건 부사장, 하언태 사장, 김진택 전무, 박상혁 상무, 이재민 상무, 이성규 상무, 고기영 이사, 곽정용 이사, 박삼열 상무, 박병훈 상무, 황기명 상무, 이군락 상무, 김종욱 부장, 성치환 부장, 남현욱 책임 매니저, 이기상 대표, 김덕기 책임 매니저, 하부영 지부장, 김호규 위원장, 박근태 매니저, 박인호 매니저, 이익재 위원, 최병승 대의원, 오기형 국장, 그 밖에 일일이 이름을 밝히기 어려운 자동차산업의 수많은 노사 당사자들께 가슴에서 우러나오는 진정한 감사를 드린다. 이 분들께 큰 도움을 받았지만, 이 책의 내용에 대한 모든 책임은 전적으로 필자에게 있음을 밝혀 둔다.

지난 2023년에서 2024년에 걸쳐 소중한 지면을 격주로 제공해 준 울산저널의 이종호 국장께도 감사를 드린다. 1년 반 동안의 울산저널 연재는 필자가 이 책을 완성하는 데 중요한 디딤돌이 되었다. 미래차 전환의 빠른 속도를 감안할 때, 필자는 연재 이후의 현실 변화를 최대한 반영하기 위해 노력해야만 했고, 최종 원고를 완성하는 과정에서 보다 명확한 메시지를 내놓을 수 있었다. 필자의 대부분의 연구 성과들이 책으로 나올 수 있도록 꾸준히 지켜보면서 전문적 지원을 아끼지 않은 한울엠플러스(주)의 김종수 사장, 윤순현 부장, 배소영 팀장께도 감사드린다.

    마지막으로, 필자의 학문 여정을 신뢰와 애정으로 꾸준히 격려해 준 아내 영순, 힘든 와중에도 소소한 지원을 아끼지 않은 딸 은산, 그리고 이 시대를 함께 살아가고 있는 젊은 벗 김지민, 이혜윤, 권하윤께 감사드린다. 이들의 따뜻한 관심과 응원이 없었더라면, 이 책은 세상에 나오기 어려웠을 것이다.

1부

미래차로의 패러다임 전환

기술혁신은 현대 자본주의 번영의 원동력으로 작용해 왔다. 증기기관의 발명으로 시작된 산업혁명 이래 기술혁신은 생산력의 비약적 발전을 통해 경제성장의 원동력으로 작용하고 있다. 21세 초 미래차로의 패러다임 전환은 이러한 기술혁신의 연장선상에 있다. 자동차산업은 전후방 연관 효과가 클 뿐 아니라, 새로운 시대로의 전환을 견인한다는 점에서 제조업의 선도적 역할을 담당해 왔다. 20세기 초 포드가 했던 기술혁신의 견인차 역할을 21세기 초에는 테슬라가 담당하고 있다.

과거의 성공이 미래의 성공을 자동으로 보장해 주는 것은 아니다. 기존의 성공에 안주하다 실패하고 만 기업의 사례를 주위에서 쉽게 발견할 수 있다. 피처폰에 안주하다가 스마트폰에 대응하지 못한 노키아, 아날로그 가전제품에 안주하다가 디지털 가전제품에 대응하지 못한 소니 등의 전철을 다시 밟을 수도 있는 것이다. "우리는 아무것도 나쁜 짓을 하지 않았다"라는 소극적 태도로는 새로운 혁신에 대응할 수 없다.

세계 경제는 기술 패러다임의 전환을 경험하고 있다. 그 핵심에는 AI가 있다. 챗GPT, 그리고 챗GPT 성능에 버금가는 중국산 AI 딥시크의 출현은 우리 생활에 급속한 변화를 초래하고 있다. AI는 검색 기능을 넘어, 추론, 에이

전트의 기능으로까지 발전하면서, 단순 반복적 업무뿐 아니라 고숙련의 업무까지도 급격히 대체할 것으로 전망된다. AI가 물리적 몸에 장착된 '물리 인공지능'인 휴머노이드 로봇은 수년 내로 섬세한 수작업이 요구되는 자동 창고나 자동차 조립 공정에 인간을 대체하여 투입될 것이 거의 확실하다.

이 책의 1부는 미래차 전환을 중심으로 한 자동차산업의 패러다임 변화를 보여 주고자 한다. 기후 위기에 대한 대응을 계기로 자동차산업에도 AI를 키워드로 한 미래차 패러다임 전환의 파고가 몰아치고 있다. 그 핵심에는 '전기차'와 '자율주행차'의 기술혁신이 있다. 1부는 이와 관련된 질문과 답변들로 구성된다. 1부를 읽은 독자들은 미래차 전환의 패러다임 변화가 무엇을 의미하는지 개략적으로나마 파악하게 될 것이다.

1장은 기술혁신과 일자리의 관계에 대한 고전적 질문에서 시작한다. "기술혁신이 일자리를 대체함으로써 처음에는 부정적 영향을 미치지만, 경제성장을 통해 일자리의 총량을 늘린다는 선순환의 관계가 미래차 기술혁신에도 적용될 것인가"라는 질문을 제기한다. 2장에서는 전기차, 자율주행, 모빌리티 서비스로 구성되는 미래차 전환의 3중 구조를 보여 줌으로써, 내연차를 중심으로 한 기존 자동차산업으로부터의 단절적 변화를 설명한다. 3장에서는 미래차 전환의 핵심인 SDV 운영체계(Operating System: OS) 표준을 둘러싼 주요 업체들 간의 경쟁 구도를 설명한다. 4장은 미래차 전환에 따라 제품 아키텍처의 모듈적 성격이 강화됨에 따라, '생산방식'은 어떻게 변화되는지를 설명한다. 전기차의 핵심 동력인 배터리를 둘러싸고 진행되는 삼국지도 소개한다. 5장은 소비자 입장에서 경험하게 될 자동차 생활의 근본적 변화를 설명한다. 6장에서는 다시 1장의 질문으로 돌아가 미래차 기술혁신에 따른 일자리의 미래에 대해 심층적으로 논의한다.

1장

기후 위기와 딥시크의 시대

> 컴퓨터 SW, 로봇, 나노 테크놀로지, 생명공학 등과 같은 형태의 지능적 기계들이 농업, 제조업 및 서비스 부문에서 사람의 노동력을 점차 대신하고 있다. … 21세기에는 반복적인 단순 업무에서부터 고도로 개념적인 전문 업무에 이르기까지 점점 더 많은 육체적, 정신적 노동이 값싸고 보다 효율적인 기계에 의해 이루어지게 될 것이다(리프킨, 2005).

스티브 잡스가 처음 아이폰을 발표한 게 2007년이었는데, 불과 20여 년 만에 스마트폰은 필수품이 되었을 뿐 아니라, 생활양식 자체를 변화시키고 있다. 어딜 가나 스마트폰으로 검색하고 문자를 입력하고 소통하는 사람들을 볼 수 있다. 이제 스마트폰 없는 생활이란 상상할 수조차 없다. 새로운 기술의 발명과 확산은 사회 변화를 이끌어 온 원동력이다. 18세기 제임스 와트가 발명한 증기기관은 말(마력)보다 수백, 수천 배의 파워를 발휘하면서 산업혁명의 원동력으로 작용했다. 신기술은 가속도로 사회를 변화시켜 왔다. 20세기 들어 자동차와 전기의 발명에서 시작된 기술혁신은 TV, 컴퓨터, 인터넷, 스마트폰으로 이어지면서 현대사회를 급속히 변화시켜 왔다. 2022년 말 드디어 인터넷, 스마트폰을 뛰어넘는 기술혁신인 AI가 실용화되었다.

1. 기술혁신과 사회적 조건

　기술혁신은 이를 수용할 수 있는 사회적 조건과 맞물림으로써만, 본격적으로 확산되고 경제 발전의 원동력이 된다. 산업혁명이 영국에서 먼저 시작된 이유는 당시 영국의 시장 수요 발달과 밀접히 연관되어 있다. 제임스 와트의 증기기관은 당시 에너지 수요가 커지던 영국의 제지, 제분, 면화, 제철 공장 등에서 다양하게 적용되다가, 마침내 증기기관차의 개발로 연결되면서 본격적인 산업혁명을 일으켰다.
　내연기관 발명 당시에도 이미 존재했던 전기차가 당시에는 사라졌다가 오늘날에 와서야 본격적으로 실용화되고 확산되는 것은, 전적으로 지구적 차원의 기후 위기에 따른 사회적 수요의 변화에서 비롯된다. 현재의 기술 수준에 기반한 성장으로는 세계적인 환경오염과 유한한 천연자원, 그리고 기후변화를 감당해 낼 수 없기 때문이다(두덴회퍼, 2016). 2015년 세계 195개 당사국은 파리협약에 서명하고, 2050년까지 지구 평균기온의 상승을 1.5도 이내에서 억제하기로 합의했다. 이에 따라 주요 선진국들은 대기오염의 주범인 내연차를 배기가스를 배출하지 않는 친환경차로 대체하기 시작한다. 2025년까지 완전 무공해차만을 판매하도록 한 노르웨이를 선두로 EU(유럽연합)의 회원국들은 2030년에서 2040년 사이에 자국에서 판매되는 차량을 완전 무공해차로 전환할 것을 선언했다. 이러한 환경 규제는 중국, 미국을 포함한 전 세계로 확산되면서, 미래차의 기술혁신과 대중화가 폭발적으로 진행되고 있다.
　2015년 배기가스 배출을 조작해 오다 탄로가 난 폭스바겐의 디젤 게이트는 내연차의 최종 사망을 선고한 사건이었다. 선진국 자동차업체들은 전기차 개발에 앞다투어 뛰어들고 있다. 내연차를 만들던 자동차업체들이 기후 위기에 따른 시장 조건의 변화에 대응하여 미래차 자동차의 개발과 확산에 앞장서고 있는 것이다. '배터리 전기차'는 "완전 무공해차인가"와 관련된 논란이 있음에도 불구하고, 그 실용성과 매력으로 인해 대세로 떠오르고 있다. 기아 송호성 사장은 "몇 년 전과 비교하면 현재 전기차에 대한 수요 예측이 조금씩 늦어지고 있는 것은 분명한 사실"이라고 말했다. 그는 그러나 "2030년 전기차 판매량 전망치는 2,900만 대로 여전히 큰 시장이라 볼 수 있다"라며 "속도가 2~3년 늦춰질 수는 있어도 가야 할 방향인 것은 분명하다"라고 강조했다(조선비즈, 2025.2.27). 이제 미래차로의 이행은 자동차업체들에게 선택의 문제가 아니라 생존이 걸린 사활의 문제가 되고 말았다.

2. 일자리는 사라지는가?

여기서 우리는 기술혁신과 일자리의 관계에 대한 고전적 질문을 다시 하게 된다. 기술혁신이 시장 수요와 맞물리면서 자본주의 경제 발전에 기여하는 것은 필연적이다. 그렇다면 "기술혁신은 우리의 일자리에 어떤 영향을 미치는가? 일자리가 늘어나는가, 줄어드는가?"라는 질문을 제기하지 않을 수 없다. 산업혁명 당시 노동자들에게 자신보다 수백, 수천 배나 강력하고 효율적으로 일을 처리하는 기계의 출현은 실업의 가능성을 증가시키는 것이었다. 이는 기계에 대한 직접적 공격으로 나타났다. 기계의 등장이 급속한 속도로 일자리를 사라지게 한다고 여긴 사람들이 기계 자체를 파손하는 러다이트 운동을 일으켰던 것이다.

> 18세기 산업혁명 당시 목화에서 실을 뽑아내는 방적 기계를 발명한 하그리브스는 이웃들의 습격을 받아 기계가 산산조각났다. 존케이도 반자동으로 움직일 수 있는 직조기를 발명했다가 직조공들의 공격으로 기계가 파괴되었고 목숨도 위협 당했다. 신기술에 맞서 이렇게 기물을 파괴하는 자들을 '러다이트'라고 부른다(서스킨드, 2020).

하지만 기계가 인간의 노동을 대체하기만 하는 것은 아니다. 오히려 역사적으로 기술혁신은 인간의 일자리를 늘려 온 사례가 더 많다. 자동화되지 않은 다른 업무에서는 기계가 인간을 보완하므로, 그런 일을 맡을 인력의 수요를 늘려 준다. 이를 통해 신기술은 생산성을 향상시켰을 뿐 아니라, 경제를 성장시키고 다른 제품을 발명함으로써, 전체적으로 볼 때 일자리의 총량을 늘려 왔다(서스킨드, 2020). 요컨대, 기계가 노동을 대체하는 직접적 영역을 넘어 경제 전체의 관점에서 보면, 기술혁신은 일자리를 늘려 온 것이다. 산업혁명 이후 지난 300년 동안 기술혁신에도 불구하고, 전반적으로 일자리는 충분했던 셈이다.

그렇다면 자율주행차로의 전환기에는 어떻게 될 것인가? 리프킨이나 서스킨드는 앞으로는 과거와 같은 상황이 지속될 수 없다고 주장한다. 지금까지는 일자리를 밀어내는 힘이 대체 일자리를 만들어 내는 힘보다 약했기 때문에 큰 문제가 아니었다. 하지만, 앞으로는 이 두 힘의 균형이 반대로 작용할 것이기 때문에 일자리 감소가 급속히 진행될 거라고 전망하는 것이다.

일자리가 구조적으로 감소하리라 전망하는 구체적 이유는 다음과 같다(서스킨드, 2020). **첫째, 생산성 효과.** 지금까지는 기계가 사람을 업무에서 밀어냈지만, 아직 자동화되지 않은 업무에서는 노동자의 생산성을 더 높이기도 했다. 하지만 사람의 고유한 노동 영역을 기계가 대체하는 추세가 확대될수록 일자리는 줄어들 수밖에 없다. **둘째, 파이 확대 효과.** 지금까지는 한 나라 경제의 파이를 더욱 크게 만들었기 때문에, 한 경제 영역에서 일자리를 잃은 노동자가 다른 영역에서 일자리를 구할 수 있었다. 하지만 앞으로는 새로운 업무 영역이 생기더라도 인간보다 기계가 더 유리할 확률이 높아진다. 이런 일이 계속되면, 인간의 일자리가 아니라 기계의 수요가 더 늘어나게 된다. **셋째, 파이 전환 효과.** 기술혁신은 경제라는 파이를 더 키웠을 뿐 아니라, 완전히 새로운 요소를 더하기도 했다. 기술혁신이 새로운 상품과 서비스를 만들어 국민소득을 높이고 경제 전반에서 노동 수요를 늘릴 것이라고 본 것이다. 하

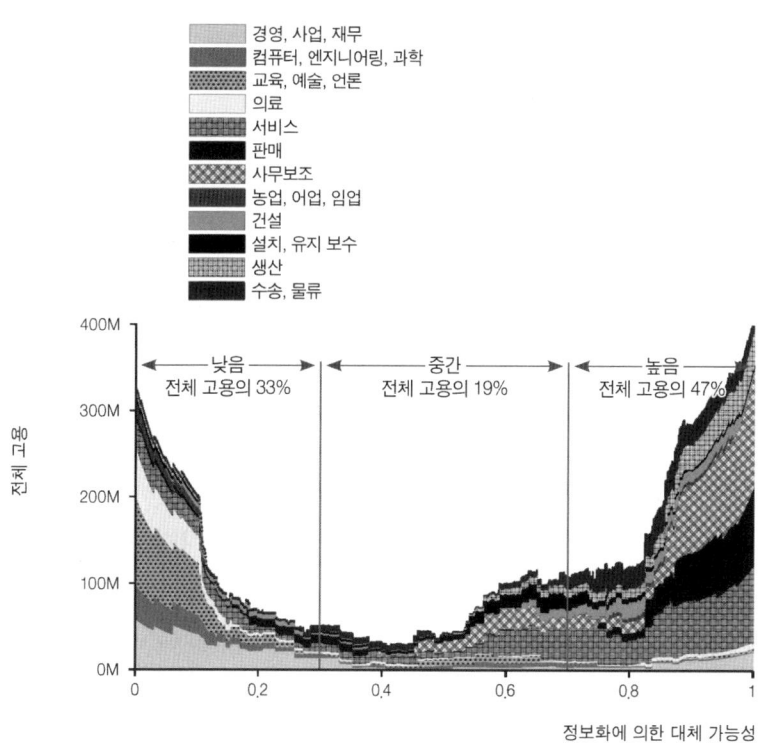

기계로 대체 가능성이 높음(47%): 수송, 물류, 사무보조, 생산, 서비스, 판매, 건설
기계로 대체 가능성이 상대적으로 낮음(19%): 경험적 숙련이 필요한 설치, 정비, 수리
기계로 대체 가능성이 낮음(33%): 경영, 사업, 재무, 교육, 의료, 예술, 언론, 과학기술

그림 1-1-1 기술적 예측과 일자리의 변동
자료: Frey and Osborne(2017).

지만, 인간이 담당하는 업무에 대한 기계의 잠식이 진전될수록, 인간의 노동이 아니라 기계를 찾는 수요가 더 늘어날 것으로 예상된다.

2016년 미국 대학의 공학자인 프레이와 오스본은 일자리의 변동 전망과 관련하여 향후에 기계가 인간의 노동을 대체하리라 예견하는 충격적인 연구 결과를 발표했다(그림 1-1-1). 컴퓨터화(=AI화)가 진전됨에 따라 향후 10~20년 이내에 **수송**(자동차 포함), **물류**, **사무보조**, **생산** 분야의 단순 반복적 일자리가 기계로 대체될 가능성이 매우 높다고 한다. 또한 단순 반복적 성격이 상대적으로 덜한 **서비스, 판매, 건설** 분야의 일자리조차도 기계로 대체될 가능성이 높다고 보았다(Frey and Osborne, 2017). 이 두 분야를 합치면 47%로 전체 일자리의 절반에 해당한다. 프레이와 오스본의 주장은 급속히 확산되면서 많은 사람들이 충격과 공포를 느끼도록 만들었다.

3. 미래차 전환과 일자리

그럼, 기후 위기에 직면한 미래차로의 전환은 실제로 일자리에 어떤 영향을 미칠 것인가? 유감스럽게도 미래차로의 전환은 역사상 전례가 없을 정도로 일자리의 대량 감소를 예견하게 한다. 그 이유는 첫째, 전기차의 동력 발생 장치가 내연기관에서 배터리로 전환됨에 따라 내연차에 비해 부품 수가 30~40% 감소한다. 둘째, 전기차는 더 이상 고립된 이동 수단이 아니라, 하나의 시스템, 즉 네트워킹된 모빌리티로 발전하고 있다. 모빌리티 서비스로의 변화가 진전될수록 기계가 인간의 노동을 대체하는 기술적 실업이 본격화된다. 셋째, 노동력의 내부 구성에서 관리자 등 중간 일자리가 크게 줄어드는 양극화가 진행된다. 즉, AI, 빅데이터, 전기전자 등의 고급 노동은 소수에 불과하고, 중간 숙련을 필요로 하는 일자리가 대거 소멸되면서 대부분은 단순 반복적 노동으로 전환될 것이다.

그러나, 여기서 강조할 것은 자동차산업의 기술혁신이 일자리의 일방적 감소로만 귀결되는 것은 아니라는 사실이다. 우리는 기술혁신에 따른 일자리의 변화가 모든 나라에서 동일하게 진행되는 것이 아니라는 사실을 인식할 필요가 있다. 각국의 역사적, 사회적 조건이 다르기 때문이다. 신자유주의적 시장 메커니즘이 자유롭게 작용하는 영국, 미국에서는 일자리의 감소가 급격히 이루어는 반면에, 정부와 노조의 정책 개입이 상대적으로 큰 독일,

일본에서는 기존 노동력의 재교육, 사회적 안전망 강화 등을 통해 일자리의 감소가 완만할 뿐 아니라 사회적 비용을 최소화하는 방식으로 이루어지고 있다. 우리는 일방적 '기술 결정론'이 아니라 기술과 사회 간의 상호작용을 고려하는 '사회적 구성주의'의 관점에서, 미래차 전환에 따른 각국 일자리의 변동을 전망할 필요가 있다.

또한 우리는 일자리의 양적 측면뿐 아니라 질적 측면에도 관심을 기울일 필요가 있다. 일자리의 숫자가 늘어난다고 하더라도 노동시장의 분절화가 진전되면서, 임금, 조건 등 일자리의 질적 변화가 발생할 수 있기 때문이다. 일자리의 양적, 질적 변화는 여러 가지 변수들이 복합적으로 작용하면서 나타날 수 있다. 딥시크 R1에게 "미래차 전환에 따른 일자리 변화를 전망할 때 고려해야 할 핵심 변수들을 알려 주세요"라고 요청했더니, 상세한 설명과 함께 다음과 같은 답변이 돌아왔다. "미래차 전환에 따른 일자리의 미래는 기술혁신 속도와 정부의 정책 지원과 인력 재교육 시스템 같은 정책, 글로벌 공급망 재편 등 다양한 변수들의 영향과 상호작용 속에서 구체화될 것입니다." 영리한 답변이 아닐 수 없다. 자동차산업의 미래차 기술혁신에 따른 일자리의 미래는 열려 있다.

2장

삼중의 하늘

전기차, 자율주행, 모빌리티 서비스

주차 공간, 교통 체증, 사고, 소음, 그리고 배기가스가 커다란 문제가 되고 있다. 그런데 실제로 이 모든 문제에 대한 해결책은 이미 존재한다. 그것도 50년 후에나 가능한 유토피아적 해결책이 아니라, 앞으로 10년 내에 우리가 하나하나 직접 보고 체험하게 될 구체적인 발전 단계의 해결책으로 말이다. 미래 자동차는 고립된 이동 수단이 아니라, 네트워킹된 모빌리티 세상의 일부다(두덴회퍼, 2016).

자동차가 우리 생활의 일부가 된 지 오래되지 않았다. 1990년대로 접어들면서 한국에서도 '자동차 대중화'(motorization)가 본격화되었다. 자동차는 단순한 내구 소비재 이상의 감성적 의미를 지닌다. 자동차는 원하는 곳으로 무한 질주할 수 있는 지위의 상징이다. 자동차 구매 결정의 절반 이상은 감정적으로 이루어진다. 자동차 구매자는 역동적 드라이브, 뛰어난 가속 성능, 고급스러운 인테리어, 스포티한 디자인 등에 매혹된다. 과거 부유층의 전유물이던 자동차는 이제 중산층의 생필품으로 자리 잡게 되었다. 2025년 기준으로 한국의 자동차 보유 대수는 2,700만 대를 돌파했다. 국민 2명당 1대씩을 보유하고 있는 셈이다.

1. 자동차 대중화와 사회문제

그러나 자동차 대중화의 이면에는 온갖 사회문제가 존재한다. 차 세울 공간이 부족해서 저녁 시간이 되면, 아파트 주변은 주차난으로 몸살을 앓고 있다. 지구적 차원으로 확대하면, 자동차 대중화의 부작용은 더욱 심각해진다. 전 세계 인구가 한국과 동일한 수준으로 2명당 1대씩 자동차를 보유한다면, 40억 대의 자동차를 보유하게 될 것이다. 지구는 배기가스를 포함한 탄소 배출로 인해 미증유의 기후 위기에 직면해 있다. 주요 도시의 교통 체증, 사고, 소음, 대기오염 등은 자동차로 인해 발생하는 문제들이다.

이처럼 환경오염의 주범인 내연차를 배기가스를 배출하지 않는 전기차로 대체하게 된 계기가 기후 위기에서 비롯된 것임은 앞서 언급한 바와 같다. 전기차는 동력 발생이 내연기관에서 배터리(=2차전지)로 변화된다. 지구 온난화에 대응하여 각국 정부는 파리협약에 따라 탄소 제로를 실천하기 위한 시간표를 마련하고 내연차의 배기가스를 규제하고 있다. 이에 따라 자동차 산업에서는 내연기관 대신에 배터리를 장착한 전기차가 상용화되고 확산되면서, 경제 전반에 엄청난 영향을 미치고 있다.

전기차 제품의 상용화는 실리콘 밸리의 신생 업체 테슬라가 주도해 왔다. 테슬라는 전기차 전용 플랫폼에 기반한 신제품을 개발했음에도 연속 적자를 기록하다가, 2017년 이후 모델 3를 출시, 양산에 성공한 이후 흑자로 전환하면서, 미래차 전환의 선두주자로 자리 잡게 된다. 테슬라는 레거시업체들과는 달리 내연차에 관련된 이해관계가 없었기 때문에, 전기차의 혁신에 성공할 수 있었다. 그러나 2024년 전기차 판매 세계 1위 업체는 중국의 신흥 전기차업체인 BYD이다. BYD는 전기차 판매량에서 테슬라를 추월하며 세계 1위로 올라섰다. BYD의 성공은 배터리 기술력과 수직계열화를 통한 원가 경쟁력이 결합된 결과로 평가받고 있다. 레거시업체들도 디젤 게이트 이후 전기차로의 전환이 불가피하다는 것을 현실로 받아들이면서, 전기차 개발을 본격화하기 시작하고 있다. 전기차 전환의 성공 여부는 전기차 제품 원가의 30~40%를 차지하는 배터리 경쟁력에 달려 있다고 해도 과언이 아니다.

레거시업체들이 내연차의 파워트레인(=엔진과 변속기)을 회사 내부에서 생산해 온 것에 비해, 전기차의 파워트레인(=배터리와 파워 일렉트릭 모듈)은 외부에서 조달하고 있다. 배터리는 화학제품이기 때문에 외부 전문업체들이 개발, 생산하여 전기차업체에 공급하고 있다. 레거시업체들은 비용 절감을 위해 배터리를 자체적으로 생산하기 위해 노력하고 있지만, 아직 성공하지 못한 경우가 대부분이다.

그러나 현재 진행되고 있는 미래차로의 이행은 단순한 동력 발생 장치를 내연기관에서 배터리로 대체한다는 것 이상의 의미를 지닌다. 인간이 운전하던 자동차 제품 자체의 급진적 혁신이 발생하고 있는 것이다. '4차 산업혁명' 또는 '산업 4.0'으로 지칭되는 변화의 핵심은 인간 고유의 능력이라고 생각했던 '인지, 판단, 제어'의 기능을 기계가 대신하게 되는 것이다. 자동차산업에서는 '자율주행차'(autonomous vehicle)의 출현이다.

2. 자율주행차와 AI

자율주행차가 추구하는 목표는 안전이다. 교통사고의 60% 이상은 과속, 안전거리 미확보, 주행 규칙 미준수, 불법 회전, 마약 복용이나 음주, 부주의 등 운전자의 과실 때문이다. 부주의, 조급함, 조절되지 않는 감정 등이 수많은 사망자를 만들어 내고 있다(두덴회퍼, 2016). 전기차를 기반으로 하되 운전자 없이 스스로 운행하는 자율주행차가 출현하게 된 것은 이러한 맥락에서이다. 운전자의 과실에서 비롯되는 교통사고의 원인을 원천적으로 제거하자는 것이다. 자율주행차는 운전자 없이도 차량 전방에서 일어나는 상황에 대한 인지, 판단, 제어를 스스로 하게 된다. 예를 든다면, 갑자기 전방 도로에 아이가 뛰어들었을 때, 그러한 상황을 '인지'하자마자 차량을 정지시켜야 한다는 '판단'을 하고 브레이크를 작동시키는 '제어'를 차량 스스로가 하게 된다는 것이다. 이러한 자율적 능력을 발휘하는 차량의 두뇌가 AI이다.

여기서 AI에 대해 좀 더 알아보자. 컴퓨터는 보편 기계이다. 컴퓨터 하드웨어가 만들어진 후, SW, 즉 프로그램의 지시에 의해 기계의 성격이 결정된다. 컴퓨터는 사람이 지시한 명령을 수행하는 기계이다. 사람이 잘 생각해서 지능이 필요한 업무를 수행하도록 명령을 내린다면, 컴퓨터는 지능적 업무를 수행할 수 있다. AI란 컴퓨터에 지능적 업무를 하도록 명령하는 기술이다. 1950년대 영국의 과학자 앨런 튜링이 사람의 생각하는 기능을 대신하는 AI의 가능성을 제시한 후, AI 기술은 여러 차례의 기복을 경험하면서 발전해 왔다. AI는 데이터나 경험을 통해 스스로 능력을 향상시키는 기계학습(machine learning)을 통해 발전해 왔다. 2010년 들어서는 인간의 두뇌를 모방한 인공 신경망을 훈련시키는 심화학습(deep learning)으로 발전한다. 즉, 심화학습이란 데이터에 기반한 기계학습 방법으로서 고층 인공 신경망을 훈련시키는 것이다. 데이터 학습 알고리즘을 이용하여 정해진 기능만을 정해진 대로 수행한다는 의미에서 약한 AI이다. 이세돌과 대국을 해서 이긴 알파고가 약한 AI의 대표적 사례이다.

그런데 약한 AI에 대립되는 개념으로서 강한 AI가 있다. 강한 AI는 갖가지 다른 상황에서 여러 가지 문제를 해결한다는 의미일 뿐 아니라, 독립적 의지를 갖고 의사결정을 한다는 의미를 갖고 있다. 강한 AI는 인간의 지능적 행동을 일부만 흉내 내는 수준이 아니라 오히려 능가하는 것으로 정의된다. SF 소설이나 영화에 등장하는 '인간과 교감하는 AI'이다(김진형, 2020). 오픈 AI 사의 챗GPT(Generative Pretrained Transformer)는 강한 AI의 초보적 형태이다. GPT 4o에게 "당신은 누구입니까? 당신 자신을 소개해 주세요"라고 했더니, 다음과 같은 답변이 돌아왔다. "나는 오픈 AI 사가 개발한 챗GPT입니다. 나는 문자로 작성된 다양한 질문에 응답하여 유용한 답변을 제공하도록 설계된 AI 프로그램입니다. 나는 물리적 형태는 아니지만, 디지털 공간에 존재하면서 다양한 플랫폼과 인터페이스를 통해 소통할 수 있습니다."

"당신의 지능은 인간의 지능을 뛰어넘을 수 있습니까?"라고 다시 물었더니, "AI로서 나의 지능과 능력은 내가 훈련 받은 데이터에 기반하여 문서 자료를 처리하고 만들어 내는 데 국한되어 있습니다. 인간보다 더 정확하고 빠르게 특정 과제를 처리할 수도 있지만, 나는 아직 인간의 지능을 구성하는 양심, 감정, 창의력 등을 갖고 있지 못합니다. 미래에는 AI가 특정 영역에서 인간의 지능을 추월할지도 모릅니다. 하지만, 가장 발전한 AI라 할지라도 인간이 설계하고 프로그래밍한 것이기 때문에, 그 능력은 개발자에 의해 결정되는 것입니다." 현재는 데이터에 기반하여 문서 처리하는 데 한정되지만, 향후 인간의 지능을 추월할 수도 있다는 것이다. 하지만, 자신을 개발한 인간이 결정권을 갖는다는 단서를 붙이고 있다. AI는 자율주행차의 두뇌 역할을 담당할 것이 확실하다.

자율주행차는 인간이 운전하는 차보다 더 안전하다고 할 수 있는가? 자율주행차는 자동차 스스로 주행 환경을 판단하고 돌발 상황에서도 운전자의 개입 없이 안전성을 확보하는 완전 자율주행을 구현해야 한다. 그러기 위해서는 주행 시 발생하는 다양한 상황을 AI에 학습시켜 실시간으로 대응하도록 해야 한다. 문제는 도로 환경에서 발생하는 경우의 수가 너무 방대해서

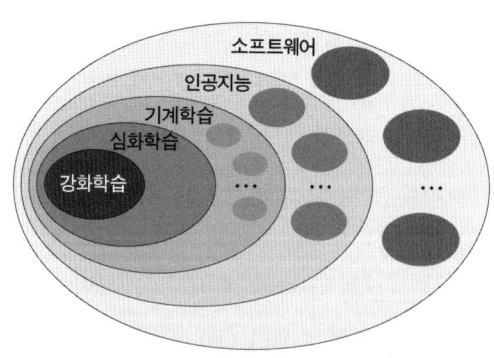

그림 1-2-1 AI 문제해결의 계층 구조
자료: 김진형(2020: 48)을 수정.

기존의 AI 기술로는 어려움이 많다는 것이다. 최근 AI의 학습 방법으로는 심화학습에서 한 단계 더 진전된 '강화학습'(reinforcement learning)이 적용되고 있다(그림 1-2-1). 강화학습은 심화학습의 진화된 형태로서 컴퓨터가 주어진 상태에서 행동의 좋고 나쁜 정도를 알고리즘에게 알려 줌으로써 보상 또는 강화를 반복하도록 하여 최적의 행동을 하게 만드는 학습 방법이다. 강화형 기계학습은 게임과 로봇 제어뿐 아니라 자율주행차 개발에도 이용된다(네이버 지식백과, 2023). 고밀도 심층 강화학습은 방대한 학습 자료 중 필요한 데이터만을 선별하는 능력을 특징으로 한다. 달리 말하면, 주행 환경에서 발생할 수 있는 안전사고와 관련성이 높은 정보를 중심으로 데이터를 선별해 AI를 학습시킨다. 안전과 관련된 양질의 데이터만을 취하기 때문에 데이터 분석 작업이 몰리는 병목 현상을 해소할 수 있다(박정연, 2023).

3. 자율주행의 실현 단계

자율주행은 운전자 없이 목적지까지 승객 또는 화물을 이동시키는 SW 중심의 기능이다. 미래차의 핵심은 SW에 있다. SDV가 진전된 형태가 자율주행차인 셈이다. 자율주행차는 전기차에 기반한 SW와 네트워크의 진전을 통해 발전해 왔다. 무선 통신 OTA(Over the Air)를 통해 본사와 자동차 간의 SW 업데이트, 주행 데이터의 수집이 실시간으로 이루어진다는 점에서 자율주행의 개념은 이미 실용화되고 있다. 얼마나 많은 빅데이터를 수집하고 활용하는가에 따라 자율주행은 보다 완전한 단계로 발전할 것이다.

그러나 자율주행 기능은 전체 5단계 중 아직 2~3단계 수준에 머물고 있다. 즉, 차간거리 유지나 정속 주행 정도의 첨단운전자보조시스템(Advanced Driver Assistance System: ADAS) 서비스는 이미 상용화되었지만, 인간 운전자를 필요로 하지 않는 4~5단계 자율주행 서비스가 실현되려면 상당 기간이 더 걸릴 것으로 예상된다. 자율주행 기능의 핵심적 요소는 '완전 자율주행'(Full Self-Driving: FSD)으로 지칭되는 AI이다. 완전 자율주행은 라이다와 레이더, 카메라, 지도, 도로와의 상호작용 아래 인간 운전자를 완전히 대체하고 자율주행을 실현하는 것을 목표로 하고 있다.

자율주행의 완전한 실현을 의미하는 레벨 4/5단계는 예상보다 좀 더 시간이 걸릴 수도 있지만, 그러한 방향으로의 기술혁신은 이미 돌이킬 수 없는 추세이다. 자율주행은 자동차의 사용 방식과 소유 개념에 근본적인 변화를 가져올 것으로 예상된다. 자율주행이 완전한 형태로 실현될 경우에는 운전이 안전해질 뿐 아니라, 차량 수요 자체가 줄어들게 된다. 사람이 하루에 운전하는 시간은 평균 1~2시간에 불과한 반면, 자율주행차는 24시간 운행할 수 있기 때문이다. 즉, 자율주행차가 전면화될 경우에는 차량 수요를 20분의 1에서 10분의 1로 줄일 수 있다는 점에서, 미래차인 것임이 분명하다. 미래차는 더 이상 고립된 이동 수단이 아니라, 하나의 시스템, 즉 네트워킹된 모빌리티로 발전하고 있다. 올해 개최된 CES(Consumer Electronic Show)에서는 자율주행차가 늦어도 10년 이내 상용화될 것이라고 예측하고 있다.

그림 1-2-2는 미래차 전환에 따라 2024년과 2035년의 세계 자동차산업 부품 시장의 가치 구성이 어떻게 변화되는지를 예상하고 있다. 엔진 등의 내연차 부품 구성은 급속히 감소하는 데 비해, 배터리 등의 전기차/자율주행차 부품 구성은 급격히 증가하고 있다. 미래차 전환의 성공 여부는 2035년 배터리, 인버터, 디스플레이, 라이더, SW 등 전기차/자율주행차 관련 부품의 경쟁력에 달렸다고 해도 과언이 아니다.

자율주행 선두업체인 테슬라는 2023년 말 기준 시가총액 1조 3,516억 달러를 기록하며, 전통적인 레거시업체들의 가치를 크게 상회하고 있다. 현대차 시가총액 370억 달러의 약 40배에 달한다. 이는 시장이 테슬라의 미래 가치, 즉 성장 가능성을 높게 평가하고 있음을 보여 준다.

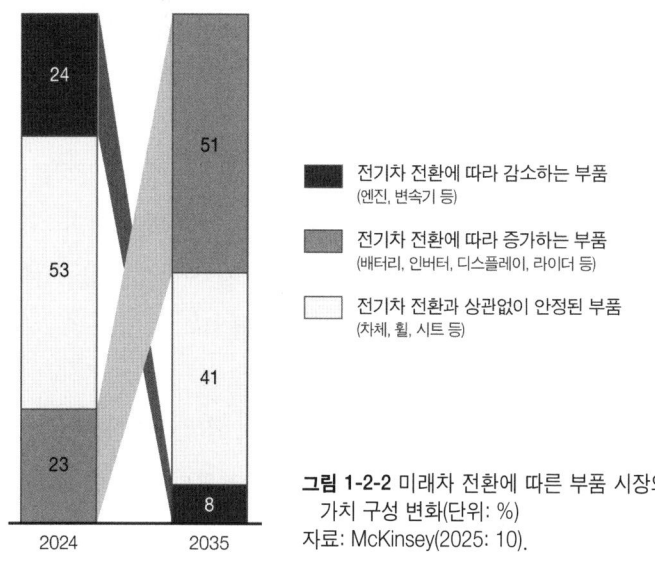

그림 1-2-2 미래차 전환에 따른 부품 시장의 가치 구성 변화(단위: %)
자료: McKinsey(2025: 10).

4. 모빌리티 서비스의 진전

미래차 전환의 최종 형태는 모빌리티 서비스이다. 자율주행이 실현되면, 승객은 운전대가 없는 상태에서 이동 중에 서비스를 즐기게 된다. 모빌리티 서비스는 다양한 이동 수단들이 통합하여 제공하는 최적의 서비스로서 'MaaS'(Mobility as a Service)로 지칭되기도 한다. MaaS는 자율주행의 실현과 연동되어 발전하고 있다. 자율주행은 인간 운전자가 승객이나 화물을 이동시킬 때에 비해, 훨씬 저렴할 뿐 아니라 양질의 모빌리티 서비스를 제공할 수 있을 것으로 기대된다.

모빌리티 서비스는 우리의 일상생활을 근본적으로 변화시킨다. '목적기반 차량'(Purpose Built Vehicle: PBV)은 기존 운전자 중심으로 설계된 자동차 개념을 넘어 사용 목적에 초점을 맞춘 간결한 구조의 이동 및 운송 수단을 뜻

한다(기아, 2023). 개인의 사용 목적에 따라 승용차나 화물차 등 다양한 임무를 수행할 수 있다. 실용화 단계에 들어선 PBV는 하루에 2~3시간밖에 운행하지 못하는 기존의 자동차에 비해 24시간 운영되는 장점을 가진다.

최근 주목할 만한 변화는 테크 기업들의 자율주행 서비스 시장 진입이다. 구글은 자회사 웨이모에 AI를 적용하여 자율주행 서비스를 선도하고 있으며, 아마존은 죽스(Zoox)를 인수하여 자율주행 택시 서비스를 준비하고 있다. 애플도 타이탄 프로젝트를 통해 자동차 시장 진출을 모색하고 있다. 이들 기업의 강점은 막대한 자금력과 더불어 SW, AI 기술력, 그리고 플랫폼 운영 경험이라고 하겠다.

자율주행이 실현되면 승차 공유 사업도 훨씬 활성화될 수 있을 것이다. 인간 운전자가 필요 없는 로보택시가 다양한 모빌리티 서비스를 제공할 수 있기 때문이다. 로보택시란 자율주행이 상당 수준으로 진전된 형태로서, 운전자의 감독 없이 완전 자율주행만으로 운행하는 영업용 택시이다. 더욱이 도심항공교통(Urban Air Mobility: UAM), 드론, 전동 킥보드 등 다른 이동 수단들을 PBV나 승차 공유 사업과 연결시킨다면, 모빌리티 서비스의 영역은 훨씬 다양한 방식으로 발전하게 될 것이다.

자동차의 미래는 소유와 사용에서도 급진적 변화가 예상된다. 다름 아닌 '공유경제'이다. '소유하는 대신 나누기'라는 원칙에 입각해서 자동차의 '집단적 공동 사용'이 가능해지는 것이다. 공유경제는 다음과 같은 네 가지 변화로 인해 가능해졌다. 첫째, 정보기술의 발전과 스마트폰의 보급이다. 스마트폰의 확산으로 인해 저렴한 비용으로 자동차를 콜하고 정산하는 것이 가능해졌다. 둘째, 환경에 대한 사회적 책임 의식이 확대되면서 제품의 구입 동기가 소유가 아니라, 이용의 기쁨과 재미로 전환되고 있다. 자동차 운행 시간 중에 인터넷에 접속해서 게임이나 오락을 즐기는 인포테인먼트가 활성화될 것이다. 셋째, 소셜 미디어의 발달로 앱을 이용해 자동차를 빌리고 새로운 사람들과 만나는 것은 최신 트렌드가 되었다. 특히 청년층에게 인스타그램

등을 이용한 경험의 공유는 소비 활동의 핵심적 요소가 되고 있다. 넷째, 사적 소유에 따른 정비나 수리비를 지불하지 않고, 자동차를 낮은 비용으로 편리하게 이용하게 되었다. 공유경제는 편리성, 낮은 비용, 시간 절약 등의 긍정적 이미지를 제공함으로써 매력적으로 비쳐지고 있다.

5. 자동차산업의 미래

자동차산업의 미래는 그림 1-2-3에서 보는 바와 같이 3차원의 세계로 구성된다(Fujimoto, 2019). 첫째, 동력 발생 장치의 변화에 따른 미래차로의 전환은 그라운드의 영역에서 진행되고 있다. 내연기관에서 전기 동력으로의 전환이다. 배터리, 전기·전자 부품의 비중이 커짐에도 불구하고, 여전히 이 영역은 제조업에 속하고 연관 산업의 공간적 집적이 경쟁 우위의 핵심을 차지한다. 폭스바겐, 현대차 등이 선두주자이다. 둘째, AI, SW와 인프라가 경쟁 우위의 핵심을 차지하는 자율주행차로의 전환은 로우 스카이(low sky)의 영

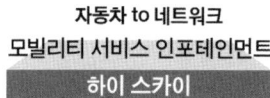

그림 1-2-3 미래차 자동차산업의 3차원
자료: Fujimoto(2019).

역이다. 이 영역에서 자동차 제품의 성격은 SDV로 변화된다. SW가 하드웨어를 제어하고 관리하는 제품인 것이다. 다양한 센서와 통신을 이용하여 주변 환경을 인식하고 연결되면서 자율주행을 할 뿐 아니라, OTA 기능으로 회사와 자동차 간의 상호작용을 지속한다. 테슬라, BYD 등이 선두주자이다. 셋째, 이동과 관련된 모든 해결책을 제공하는 모빌리티 서비스가 하이 스카이(high sky)의 영역이다. 이는 자동차가 '소유의 대상'이 아닌 '서비스의 수단'으로 변화해 갈 것을 의미한다. 차량의 거래와 이용에서 고객 서비스가 중심적 위치를 차지한다. 차량을 복수의 고객이 이용하는 공유경제도 이 영역에 속한다. 우버(Uber), 리비안 등이 선두주자이다.

요컨대, 미래의 자동차산업은 이모빌리티(e-mobility) 산업으로 전환하고 있다. 현재는 그라운드(=전기차) 영역이 중심인 것처럼 보이지만, 자동차산업의 전환이 진행될수록 로우 스카이(=자율주행차)와 하이 스카이(모빌리티 서비스) 영역의 비중이 커질 것으로 예상된다. 미래의 이동 수단은 배기가스를 배출하지 않으며 더 안전한 자율주행차로 발전하고 모빌리티 서비스로 연결되면서, 질적으로 새로운 차원으로 전환하게 될 것이다(두덴회퍼, 2016).

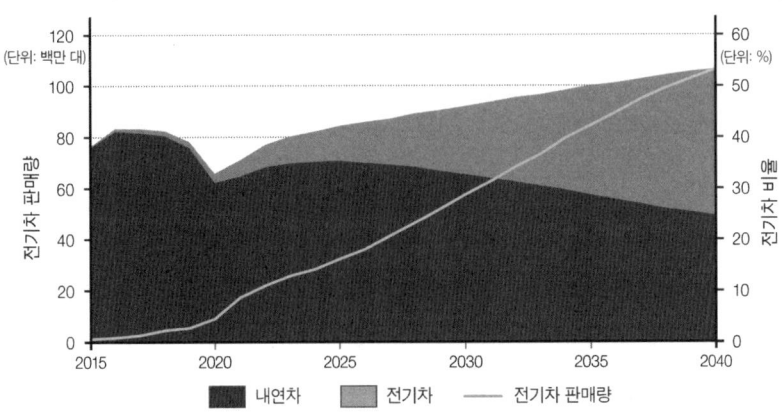

그림 1-2-4 전기차(플러그인 하이브리드차 포함) 글로벌 시장 전망
자료: S&P(2022).

그림 1-2-4는 2022년에 S&P에서 발표한 미래차 글로벌 전망치이다. 이에 따르면 하이브리드카를 포함한 전기차는 2030년 전 세계 자동차 시장의 30% 수준에 도달할 것이고, 2040년에는 54% 수준에 도달할 것으로 전망된다. 이는 보수적인 전망치라서, 기술혁신 속도, 친환경 규제 등에 따라 더 빨리 진행될 수도 있을 것으로 예견된다. 대부분의 레거시업체와 관련 기관들이 전기차 전환에 투자하고 있는 것은 이런 추세에 동의하고 있기 때문이다.

3장

소프트웨어 중심 차량(SDV)의 표준 경쟁

'바퀴 달린 스마트폰'이 될 전기차가 스스로 OTA SW 업데이트를 적용하고, 고객들이 휴대전화 앱처럼 SW 업데이트와 개인 서비스 구독을 차량 내에서 할 수 있도록 하는 것이 (미래의) 목표이다(연합뉴스, 2013.10.11).

이 장에서는 자동차라는 제품이 전동화, 스마트화에 따라 궁극적으로는 운영체계(Operatin System: OS)로 가동되는 SDV로 전환될 것이라는 점을 설명하고, 이를 둘러싼 표준 경쟁의 양상을 보여 주고자 한다.

1. 자동차의 전동화, 스마트화

전기차는 내연차와는 전혀 다른 전기·전자 제품인 스마트카로 진화하고 있다(그림 1-3-1). 먼저 제품 구조에서, 구동계의 변화, 즉 동력이 발생하는 엔진이 배터리로 바뀌고, 그에 따라 변속기가 전동 모터, 감속기 등으로 바뀌는 변화, 즉 '전동화'가 진행되어 왔다. 이렇게 보면 큰 변화가 아닌 것 같다. 자동차 구조는 구동계가 변한 것 말고는 서스펜션, 스티어링 등으로 구성되

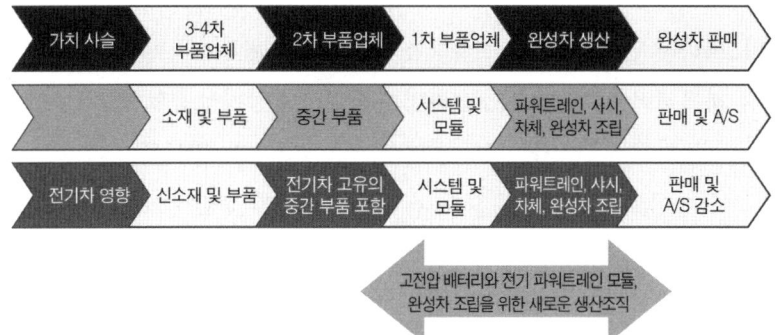

그림 1-3-1 전기차 전환에 따른 가치사슬의 변화
자료: Alochet et al.(2023: 69).

는 내부 플랫폼에 큰 변화가 없기 때문이다. 배터리가 무겁기 때문에 경량화를 위해 차체 소재를 특수강, 알루미늄, 탄소섬유(CFRP) 등으로 대체하고 있다는 정도가 의미 있는 변화일 것이다.

그러나 자동차의 기능을 고려하면, 보다 근본적 변화인 '스마트화', 즉 SDV로의 전환이 이미 시작되었다. 그 핵심에는 SW가 있다. 운전자는 이미 자율주행의 1~2단계에 해당하는 '정속 주행', '차간거리 유지' 등의 ADAS(첨단운전자보조시스템)를 경험하고 있다. 자동차가 알아서 좁은 공간 사이를 지나 최적의 주차를 해 주는 '자율주차' 기능도 곧 실용화될 예정이다. 자율주행이 5단계에 도달하면 운전자의 직접 운전 자체가 사라지면서, 자동차 구조 자체의 엄청난 변화도 예고되고 있다.

완성차업체들은 지금까지 특정 기능을 담당하는 하드웨어와 소프트웨어를 각기 분산적으로 운영해 왔다. 전기차에는 다양한 기능을 제어하는 ECU(Electronic Control Unit)가 70~100개가 있고, 이외에도 개별 기능을 담당하는 수백 개의 반도체가 있다. 전기차에는 차량용 반도체가 1천 개, 자율주행차에는 2천 개가 탑재된다고 한다(조선일보, 2025.3.25). 이들의 숫자가 증가할

수록 이를 서로 연결하는 전선인 '와이어링 하니스'가 점차 복잡하고 무거워진다. 따라서 완성차업체들은 차량을 효율적으로 운영하고 비용을 절감하기 위해, 하드웨어와 소프트웨어를 최대한 줄여서 중앙에서 통합하고 제어하는 OS를 개발하고 있다. 자동차의 여러 기능을 담당하는 반도체, 그리고 이들을 하나의 칩으로 통합시킨 SOC(system on chip)를 통합적으로 운영해주는 SW가 OS이다.

잘 아는 바와 같이, 컴퓨터 제품은 본체, 모니터, 마우스 등의 하드웨어와 각종 SW 앱이 마이크로소프트의 윈도우라는 OS 또는 개방형 OS인 리눅스에 의해 통합적으로 제어, 운영되고 있다. 휴대폰도 단순한 전화기에서 AP(Aplication Processor), 반도체, 디스플레이 등으로 구성된 스마트폰으로 전환되면서, iOS 또는 구글 안드로이드 OS가 통합적으로 제어하고 있다. 이와 마찬가지로 전기차도 종국적으로는 각종 하드웨어와 소프트웨어들이 OS에 의해 통합적으로 운영되는 스마트카로 진화하고 있는 것이다. 스마트카란 전장화가 진행되어 고성능의 컴퓨팅 플랫폼으로 주행 SW를 구동시킬 수 있는 차를 지칭한다. SW가 다양한 하드웨어를 연결시켜 통합적으로 주행하게 되는 것이다.

전기차의 스마트화가 진행되면, 다른 이동 수단들과의 연결성과 호환성도 높아진다. 전기차는 UAM, 로보택시 등 다른 이동 수단과 연결되면서 이용자들에게 종합적인 모빌리티 서비스를 제공하게 될 것이다. 전기차가 SDV로 되면서, 이용자는 하드웨어 차량을 구입한 후 자율주행, 모빌리티 서비스 등 특정 기능을 수행하는 SW를 추가로 구입하거나 구독하게 된다. 완전한 의미의 자율주행차가 되면 차량이 '자율적'으로 이동하는 동안 승객들은 차량 내에서 오디오/비디오 시청, 쇼핑, 게임, 검색, SNS 등 다양한 인포테인먼트 활동을 즐기게 될 것이다.

그림 1-3-2는 파이낸셜타임스에서 자동차산업의 매출액 중 디지털 서비스와 소프트웨어가 차지할 비중을 예측한 것이다. 매출액에서 전통적 하드웨

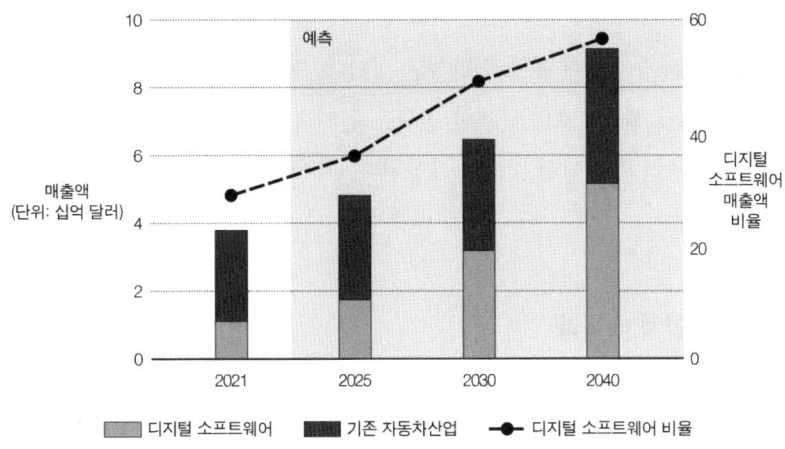

그림 1-3-2 자동차산업의 디지털 서비스와 소프트웨어 비중 전망
자료: Accenture(2025).

어의 비중은 일정한 데 비해, 디지털 소프트웨어가 차지하는 매출액이 2040년에는 3조 5천억 달러로서, 자동차산업 내 비중이 30%를 상회하리라고 전망하고 있다. 이는 현재의 10배에 달한다(Accenture, 2024.7.31).

이렇게 전동화와 스마트화가 진행될 때 전기차는 진정으로 '바퀴 달린 스마트폰'이 될 것인가? 달리 질문하면, 전기차는 각종 부품이 '레고 블록'처럼 개발되어 조립과 교체가 용이한, 모듈 아키텍처에 기반한 '완전한' 의미의 전자제품으로 변화될 것인가? 이에 대한 답변은 아직 유보적이다. 전자제품과 달리 자동차는 사람을 싣고 고속으로 이동하는 제품이기 때문에 안전성, 쾌적성 등이 중요하기 때문이다. 따라서 개발 과정에서 부품 간에 고도의 상호 조정과 균형을 실현해야 하고, 대량생산을 통해 고도의 품질을 구현할 필요가 있다. 예를 들면, 전기차 구동계의 주요 부품인 배터리와 전동 모터는 각기 화학 제품과 전기 제품이다. 전기차 개발 과정에서 이들을 원활하게 연결하고 통합하기 위해서는 정교한 조정 작업이 요구된다. 최근 자주 발생하는 전기차 화재는 신제품의 개발 과정에서 시험평가와 조율이 부족했기 때문인 듯하다. 또한 OS로 운영되는 전기차가 주행 중에 해킹을 당하거나 버그가 난다면, 안전에 심각한 문제가 발생할 것이다. 따라서 모듈 아키텍처에 기반한 전기·전자 제품으로의 완전한 전환은 필연적이라고 하더라도, 상당 기간에 걸쳐 신중하게 진행될 것으로 예상된다.

2. 선두업체 테슬라

2010년대 중반에 이미 자체 OS를 개발하고 표준 경쟁에서 선두에 위치한 전기차업체는 테슬라이다. 벤처 기업으로 출발한 테슬라는 기존의 내연차와 차별화된 SDV로서 전기차 제품 개발을 선도하며 전기차 시장의 형성과 확장을 주도해 왔다. 테슬라야말로 자동차산업의 전환을 이끄는 '게임 체인저'(game changer)이다. 향후 미래차를 둘러싼 글로벌 경쟁은 ① 테슬라와 중국 전기차업체들, ② 애플, 구글과 같은 ICT(Information and Communications Technology)업체, 그리고 ③ 토요타, 폭스바겐, 현대차 등 레거시 자동차업체 간의 OS 경쟁과 협력의 구도로 진행되리라 예상된다. 스마트폰의 OS 표준이 애플의 iOS와 구글의 안드로이드 진영으로 나뉜 것을 참고할 필요가 있다. 향후 전기차의 OS 경쟁은 테슬라의 OS가 표준일 것인가, 아니면 ICT업체의 자동차용 OS, 또는 완성차업체 OS가 상호 협력하며 표준을 실현할 것인가에 따라 전기차산업의 경쟁 구도가 크게 달라질 것으로 예상된다.

지금부터는 전기차 OS를 이미 개발했거나 개발 중인 이들 3개 기업군의 현황을 차례로 살펴보자. 먼저, 테슬라는 리눅스 우분투(Ubuntu)를 기반으로 자체 개발한 '테슬라 OS'를 사용하고 있다.＊ 테슬라는 개별 부품에 탑재된

＊ 리눅스는 소스 코드가 공개되어 있는 오픈소스 프로젝트이다. 우분투는 영국 기업 캐노니컬이 리눅스를 기반으로 개발, 배포하는 운영체제이다. 사용자 편의성에 초점을 맞춘

SW를 OS로 통합하고 ECU 개수를 줄이면서 전기차의 SDV 성격을 강화해 가고 있다. 무선 SW 업데이트(OTA)를 통해 차량 성능을 수시로 개선하고 업그레이드할 뿐 아니라, 자율주행에 중요한 빅데이터를 수집하여 AI가 심화학습을 통해 분석한다. 이런 제품 사이클을 통해 특정 모델의 수명이 길어지고 페이스 리프트를 자주 할 필요도 없다. 또한 동일한 하드웨어 부품의 성능을 SW 업데이트를 통해 수정할 수 있기 때문에, 부품도 훨씬 단순화되고 AS 비용도 절감된다.

최근 테슬라는 전기차 OS의 코드 일부를 다른 자동차업체들에 개방할 수 있다고 제안했다. 일론 머스크는 "구글의 안드로이드가 일반 표준으로 휴대폰 업체들에게 도움이 되는 것처럼, 잠재적으로 더 많은 코드를 오픈소스화 할 수 있을 것이다"라고 말했다. 또한 테슬라는 자신의 충전소의 '북미충전표준'을 개방하여 GM, 포드 등의 참여를 이끌어 냈다(경향신문, 2023.10.6).

테슬라는 또한 넷플릭스를 구독하듯이, 자동차 SW를 구독하는 방식도 처음으로 시도하고 있다. FSD 옵션을 선불 1만 2천 달러 또는 월 구독료 199달러에 판매 중이다. 향후에는 하드웨어의 차량 판매가 아니라, 일단 차량을 판매한 후 SW 구매와 업데이트를 통해 지속적으로 이익을 내는 '구독경제'가 비즈니스 모델로 될 것이다. SDV는 수백개의 앱을 설치하여 그 기능을 활용하는 '달리는 스마트폰'이 될 것으로 예상된다.

전기차 OS의 표준 경쟁에서 테슬라가 일단 선두주자인 것은 사실이다. 하지만, 테슬라의 생산능력은 아직 연간 200만 대 이하에 불과하기 때문에, 지속적 성공을 통해 차량의 생산 대수를 어느 만큼 증가시킬 수 있을지는 불확실하다. 또한 제품 개발 과정에서 충분한 시험평가를 하기보다 전자제품처럼 일단 출시한 후에 SW를 업데이트하면서 결함을 시정해 간다는 테슬라의

것이 특징이다.

철학이 고객을 지속적으로 만족시킬지도 미지수이다. 자동차 성능과 내구 품질이 전자제품처럼 SW의 업데이트만으로 지속해서 향상될 수 있을지 불확실하기 때문이다. 요컨대, 테슬라의 전기차 OS가 표준 경쟁에서 유일한 승자가 될지는 아직 불확실하다.

3. 중국 민영업체들의 OS 개발

오픈 아키텍처는 PC처럼 오픈된 시장에서 프린터, 모니터, 컴퓨터 본체 같은 부품을 구입하여 업계 표준의 연결 방식으로 제품을 구성하는 방법이다. 보통 자동차는 하나의 차량을 개발할 때 제품의 완성도를 올리기 위해 전용 부품을 만들어 사용한다. 하지만 모듈화 기질이 뛰어난 중국인은 제품의 완결성(integrity)을 희생하더라도 어떻게든 부품들을 서로 연결시켜 제품을 만들어 낸다. 와세다 대학교의 후지모토 교수는 저서 『모노즈쿠리』에서 이런 중국 산업을 '유사(pseudo) 오픈 아키텍처'라는 용어로 설명했다(박정규, 월간조선, 2024.1).

중국 ICT업체들은 2019년까지 스마트폰에 안드로이드 OS를 사용해 왔다. 하지만 그해 미국의 제재로 최신형 안드로이드 OS 사용이 불가능해지자, 통신장비업체인 화웨이는 이를 대체하기 위해 자체 OS인 하모니(Harmony)를 발표했다. 화웨이는 하모니를 차량용 운영체제로 발전시켜 가고 있다. 하웨이는 차량용 OS 하모니를 만들어 중국의 몇몇 자동차업체들에 제공하기 시작했다(뉴스핌, 2023.11.16).

화웨이 차량용 OS의 특징은 오픈 아키텍처이기 때문에, 하드웨어 제약 없이 다양한 차량 모델에 적용 가능하다는 것이다. 화웨이는 하모니 OS를 기반으로 하며, 다양한 차량 모델에 적용되어 스마트 기능과 연동성을 강화하고 있다. 화웨이는 자동차용 OS 시장에서 개방형 플랫폼으로서의 입지를 강화하며, 협력사(예: BAIC, 세레스)와의 기술 통합으로써 자동차용 앱 개발 생태계를 확대하고 있다.

화웨이는 자신의 OS 하모니를 창안자동차의 전기차, CATL(Contemporary Amperex Technology Co. Ltd.)의 배터리와 결합시켜 각 분야의 장점을 살린 스마트카를 개발했다. 즉, 화웨이는 OS 하모니를, 창안자동차는 제조를, CATL은 고용량 배터리를 제공한 것이다. 그 결과 고급 전기차 SUV인 아바타 11 AWD가 탄생했다(https://citymagazine.si/ko, 2024.12.11).

하지만, 중국 자동차차업체들은 구글의 차량용 안드로이드 OS를 적용할 수 없기 때문에, 인포테인먼트 부문에서 부분적으로 오픈소스를 할 수밖에 없다. 완벽한 의미의 통합 OS가 실현되지 못하고 있는 것이다. 향후 중국 전기차업체들이 이러한 취약점을 어떻게 극복할지 주목된다.

4. ICT업체 애플과 구글

대표적 ICT업체인 애플과 구글도 전기차 사업 참여를 오랫동안 준비해 왔다. 애플과 구글은 스마트폰에서 이미 검증된 iOS와 안드로이드를 각각 기반으로 하는 전기차용 OS, 즉 '애플 카플레이'와 '안드로이드 오토모티브'(AA)를 개발하여 표준 경쟁에 뛰어들고 있다. 이들은 스마트폰에서 구축한 생태계와 비슷한 방식으로 전기차의 SW 생태계를 구축하려 하고 있다. 달리 말하면, 스마트폰의 OS와 연결시켜 차량의 다양한 기능을 통합하고 활용하도록 하는 전략이다. 스마트폰의 OS에 차량을 연결하면, 최적화된 설정이 실현되면서 내비게이션, 음악 감상 등 다양한 앱을 사용하게 된다. 이를 위해서는 레거시 완성차업체와의 협력이 필수적이다. 애플은 르노, 벤츠, 포르쉐 등 12개 완성차업체와 제휴하면서 차량용 OS를 공급하고 있다. 구글도 GM, 포드, 스텔란티스, 혼다 등 12개 완성차업체와 협력하며 차량용 OS를 공급하고 있다(굿모닝경제, 2023.6.9).

이들은 스마트폰 시장을 장악하고 있는 양대 ICT업체라는 점에서, 전기차 제품이 '바퀴 달린 스마트폰'으로 진화한다면 OS 표준을 장악할 위협적 존재로 부상하고 있는 것이 사실이다. 그러나 ICT업체는 하드웨어인 전기차를 직접 개발하여 생산할 능력이 없다는 점에서 결정적 취약성을 갖고 있다. 애플이 스마트폰의 하드웨어를 공급하는 폭스콘처럼 전기차를 대량 생산·공급해 줄 수 있는 레거시 자동차업체들과의 전면적 제휴를 모색해 온 것은 이런 맥락에서이다. 그러나 레거시업체들은 ICT업체의 OS를 사용하게 되면, 데이터를 제공하면서 하드웨어 자동차를 조립해 주는 단순 하청업체로 전락할 가능성이 큰 것을 우려하지 않을 수 없다. 양자 간의 전면적 제휴가 실현되기 어려운 것은 이런 이유에서이다. 2021년 기아가 애플과 스마트카 생산을 협의하다가 중단된 것이 대표적 사례라고 할 수 있다. ICT업체의 전기차 OS 역시 표준 경쟁에서 승리할 것인지는 불확실하다.

5. 레거시업체 폭스바겐과 토요타

레거시 자동차업체들도 다소 늦었지만, 독자 OS를 개발하여 SDV 표준 경쟁에 뛰어들고 있다. 대부분의 레거시업체들은 2025년 완성을 목표로 OS를 개발하고 있다. 폭스바겐 그룹의 SW 개발을 주도하는 자회사는 카리아드이다. 폭스바겐은 카리아드를 중심으로 독자 SW 플랫폼 'VW.OS'를 개발하고 있다. VW.OS는 그룹 내 전기차 플랫폼에서부터 전동화 SW를 통합해 차량 전체의 기본 기능을 제어하는 OS이다. 2025년까지 모든 브랜드에 적용하고, SW의 내재화 비율도 60%까지 늘리겠다고 선언했다. 하지만, 폭스바겐의 SW 개발 계획이 순조롭게 진전되지는 않고 있다. 자동차라는 기계제품을 개발, 생산해 온 완성차업체의 조직문화로는 SW가 중심인 전기차 제품을 효율적으로 개발하기 쉽지 않은 것이다. 2022년 8월 카리아드의 CEO 허버트 디스가 퇴임한 것은 SW 개발 계획이 예산을 초과하고도 목표를 달성하지 못했기 때문인 듯하다(데일리카, 2023.5.8).

토요타도 차량용 기반 SW의 독자 개발을 추진하고 있다. 차량 구동을 제어하는 자체 SW 플랫폼인 '아린'을 2025년 목표로 개발하고 있다. 아린은 핸들, 브레이크, 가속 등을 제어하고 내비게이션 역할도 하는 차세대 차량용 두뇌이다. 아린이 개발되면 사용자가 인터넷으로 최신 버전을 다운 받아 자율주행이나 차량탑재기기의 성능을 강화하기 쉬워질 것으로 예상된다. 하지만 아직 OTA 기능을 적용할 계획은 없는 듯하다. 토요타는 SW를 내재화하여 자사의 모든 차량뿐 아니라 스바루 등 제휴 기업에도 개방해 자율주행이나 부품 제어 기술에 동참하도록 유도할 계획이다. 이용자와 개발자가 늘어나면 관련 데이터가 방대해지고 새로운 서비스를 창출하는 플랫폼 효과를 얻을 것으로 기대하고 있다. 이를 위해 토요타는 2022년부터 대졸 신입 엔지니어 중 SW 인력의 채용 비율을 늘리고 있는데, 40~50%까지 올릴 계획이다(오피니언뉴스, 2022.1.4).

하지만 토요타 역시 기계제품인 자동차를 성공적으로 개발, 생산해 온 경험이 SDV인 전기차 전환에는 오히려 장애물로 작용하고 있는 것처럼 보인다. 프리우스는 하이브리드 자동차의 대명사가 될 정도로 인기 제품이었다. 2022년에 글로벌 시장에서 판매된 하이브리드 자동차 가운데 58%가 프리우스를 비롯한 토요타 제품이다. 이와는 대조적으로 같은 해 순수 전기차 시장에서 토요타의 점유율은 2%에 불과하다(the bell News, 2023.9.22; 한국경제, 2022.12.29).

폭스바겐이나 토요타는 내연차 판매 세계 1, 2위를 다투는 업체로서 뒤늦게나마 전기차 OS 표준 경쟁에 뛰어들었다. 이들은 연산 800만~1천만 대의 자동차를 생산, 판매하는 레거시업체로서, 높은 품질의 내연차 제품을 대량 생산하는 최고의 업력(業力)을 가지고 있다. 하지만, 전기차 판매 순위에서는

표 1-3-1 SDV OS 표준의 글로벌 경쟁 구도

	테슬라	중국 업체 (화웨이)	ICT업체 (애플, 구글)	레거시업체 (폭스바겐, 토요타)
OS	테슬라 OS	화웨이 하모니	애플 카플레이, 안드로이드 오토	VW.OS, 아린
강점	전기차 시장 선두주자	오픈 아키텍처 다양한 차량 적용 가능	스마트폰 생태계 선두주자	내연차 시장 선두주자
약점	양산 경험 부족, 품질 미흡	안전, 품질, 브랜드 가치 등 미흡	하드웨어 제조능력 부재	내연차 성공의 타성, SW 개발 능력 부족
경쟁 전략	OS 코드 일부와 충전소 개방을 통한 표준 장악	창안자동차 등과 상호 보완적인 스마트카 개발	전기차 앱 생태계 육성, 자동차업체와 제휴	내연차/전기차 병행 전략

폭스바겐이 글로벌 4위이고, 토요타는 10위 안에도 들지 못하고 있다. 이들이 독자 OS를 고수할지, 다른 ICT업체나 완성차업체들과 제휴할지에 따라 SDV OS 표준 경쟁의 승부가 결정될 것으로 예상된다. 지금까지의 논의를 정리한 것이 표 1-3-1이다.

4장

생산기술 변화와 배터리 삼국지

미래차 전환에 따라 생산기술은 어떻게 변화되는가? 전기차 생산기술의 변화는 내연차에서 전기차로의 제품기술 변화와 밀접히 연관되어 있다. 이 장에서는 제품기술 변화와 연관된 생산기술의 변화를 살펴본 후, 배터리 기술과 한중일 경쟁 구도를 알아보기로 하자.

1. 전기차 제품기술의 변화

첫째, 전기차의 동력원은 내연차의 엔진과 변속기에서 배터리, 전기 모터, 감속기, 인버터로 대체된다. 내연차의 엔진은 핵심 부품으로서 완성차업체가 직접 개발, 생산하지만, 전기차의 배터리, 전기 모터 등은 화학·전기 부품으로서 기계 부품과는 이질적이다. 완성차업체가 자체적으로 개발할 수도 있지만, 외부 전문업체가 개발, 공급하는 경우가 대부분이다.

둘째, 전기차의 주행거리를 늘리기 위해 고전압 배터리가 장착되기 때문에, 차체 주재료를 경량화할 필요가 있다. 따라서 강철 제품 중에서도 가벼운 특수강을 쓰거나, 강철을 대체하는 알루미늄이나 신소재인 탄소섬유로 대체하는 경우도 있다. 후자로 갈수록 경량화 조건은 충족하지만 가격은 상승한다.

셋째, 가장 중요한 것은 소트트웨어의 비중이 커진다는 사실이다. 전기차 제품이 고도화됨에 따라 SW가 중심이 된다. "매킨지는 차량의 기능에 따라 SW가 크게 ① 파워트레인, ② 자율주행, ③ 인포테인먼트, ④ 승차감, ⑤ 보안으로 갈릴 것이라고 분석했다"(김수민·강기헌, 중앙일보, 2023.9.18 재인용). SW가 파워트레인과 자율주행 기능뿐 아니라 인포테인먼트, 승차감, 보안 기능에서도 결정적 역할을 하게 되리라는 것이다. 이런 의미에서 전기차는 SW가 중심이 되는 차량, 즉 SDV로 진화하고 있다. 차량을 구입한 후에도 무선 OTA를 통해 차량의 성능 업데이트가 진행되기 때문에, 업데이트 정도에 따라 차량의 잔존가치가 달라진다. 예컨대, 무선 업데이트가 이루어진 테슬라 제품은 구입한 지 3년 후에도 잔존가치가 평균 90%라고 한다. 기존 내연차의 잔존가치 평균인 60%에 비해 30%나 높은 것이다. 또한 운전자의 운행 데이터가 무선을 통해 회사로 전달되어 제품 성능 개량과 새로운 제품 개발에도 반영된다.

2. 첨단 생산기술

미래차 전환에 따라 자동차 생산기술은 어떻게 변화되는가? 전기차 제품의 구성 변화에 따라 자동차 생산기술도 변화된다(그림 1-3-1). 안전하면서도 고품질인 전기차를 저비용으로 생산하기 위한 경쟁이 불가피하다. 전기차에는 엔진과 변속기가 없는 대신에, 배터리 외에도 구동 모터, 감속기, 통합전력제어장치 등이 추가된다. 전기차 전환에 따라 고전압 배터리와 파워트레인 모듈, 샤시, 완성차 조립을 위한 새로운 생산조직이 추가되는 것이다. 그러나 전기차 전환에 따라 내연차와는 전혀 다른 생산조직이 출현하는 것은 아니다. 샤시, 차체, 의장 등의 부품은 전기차 전환에 따른 근본적 변화는 없고 경량화, 고급화 정도의 변화가 일어나게 된다.

여기서 주목할 것은 미래차 전환을 계기로 하여 진행되고 있는 테슬라의 생산기술 변화이다. 테슬라는 전기차, 자율주행 제품기술뿐 아니라 기가 프레스, 언박스(unboxed) 프로세스 등 첨단 생산기술에서도 명실상부한 선두 업체로서의 지위를 구축하고 있다. 테슬라의 기가 팩토리는 설비와 SW가 표준화된 것인 만큼, 프레몬트, 텍사스 등 미국 국내 공장뿐 아니라 베이징, 베를린 등 전 세계 공장이 디지털 트윈에 의해 실시간으로 관리, 유지보수되고 있다(면담 정리, 2024).

1) 기가 캐스팅과 언박스 공정

먼저, 테슬라는 기가 캐스팅, 언박스 프로세스 등 기존의 생산기술과는 전혀 다른 급진적 기술혁신을 실현하고 있다. 기가 캐스팅이란 차체를 구성하는 4~5개의 모듈 중 언더 바디나 플로어를 통째로 주조해서 하나로 찍어 내는 것이다. 테슬라는 이탈리아의 기가 프레스 업체인 이드라로부터 알루미늄 다이캐스팅 설비를 하여 기가 캐스팅을 실현하고 있다. 이는 수백 개의 대물·소물 부품을 용접해서 차체를 만들던 기존의 생산기술과 커다란 차이를 보인다. 모델 3의 언더바디를 기가 캐스팅으로 통째로 찍어 내면, 차체 부품을 납품하던 30여 개의 업체가 불필요해진다고 한다. 현재 개발 중인 모델 2의 생산에서는 200여 개 업체가 납품하던 차체 부품 전체를 하나의 부품으로 찍어 낼 예정이라고 한다.

더욱 놀라운 것은 이렇게 만들어진 차체 부품, 즉 6개의 모듈을 준비하여 완성차를 조립한다는 것이다. 테슬라는 차량을 크게 6개 모듈(프론트 바디, 플로어, 레어 바디, 좌우 사이드, 도어/후드 등)로 나누어 각각 페인팅과 조립을 완료한 후(그림 1-4-1), 최종 조립 단계에서 6개의 모듈을 병행 프로세스로 합쳐

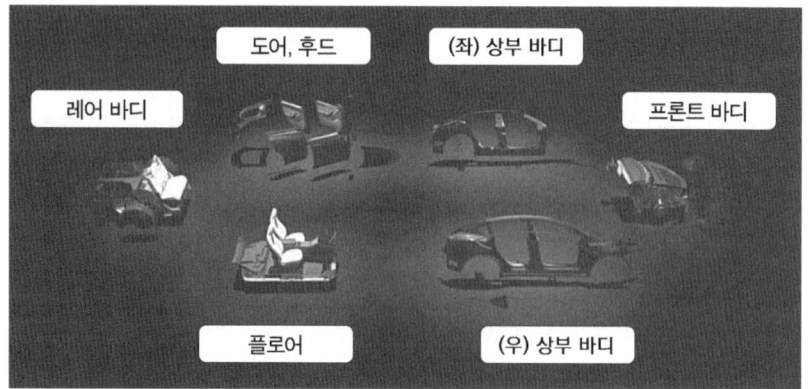

그림 1-4-1 6개 모듈의 언박스 공정

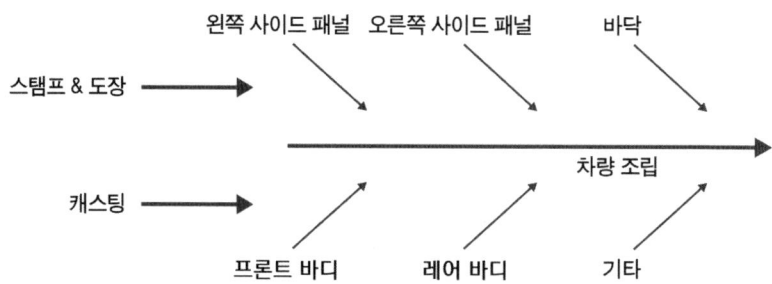

그림 1-4-2 병행 제작 프로세스

완성차 한 대를 만든다고 한다(그림 1-4-2). 테슬라는 제품 개발 과정에서 디자인, 엔지니어링, 제조를 동시 진행하기 때문에, 비용을 크게 절감할 수 있다고 주장한다(https://www.youtube.com/watch?v=ei0FuAq5yRk&list=PLB9dRtQnTxYXEQb615mrygKsxrUU7vKFs&t=45s).

이러한 병행 제작 프로세스는 '언박스 공정'(unboxed process)이라고 지칭된다. 종래와 같이 차체가 완성된 박스 안에서 작업하지 않는다는 의미에서이다. 언박스 공정에서는 컨베이어 벨트가 폐지되고 인공지능이 장착된 AGV(Automotive Guided Vehicle)나 AMR(Autonomous Mobile Robot)이 부품을 운반한다. 정해진 궤도대로 운반하는 것이 아니라, 작업자 또는 현장의 상태를 고려하여 자율적으로 운반하는 것이다. 포드가 컨베이어 벨트를 자동차 생산공정에 적용한 이후, 컨베이어 벨트는 생산기술의 효율성을 실현하는 필수적 조건으로 존재해 왔다. 1980년대 스웨덴의 완성차업체 볼보가 컨베이어 벨트 없는 인간 중심의 셀(cell) 방식을 시도했지만, 실패로 끝나고 말았다. 이런 점에서 테슬라의 언박스 공정의 성공 여부는 초미의 관심사이다.

이와 같은 생산기술의 혁신을 통해 기대할 수 있는 효과는 무엇인가?(박정규, 2023) 첫째, 자동화를 통한 생산성 향상이다. 기존 자동차 조립에서는 박스 안에 들어가서 작업해야 하기 때문에, 자동화율이 15% 미만이었다. 하지만, 언박스 공정에서는 개방된 공간에서 모듈 단위로 조립하기 때문에, 자동화가 용이하여 생산성이 크게 향상된다. 둘째, 차량을 제작하는 데 소요되는 시간(리드 타임)을 크게 줄일 수 있다. 언박스 공정은 6개 모듈을 병행하여 동시에 작업하기 때문에 차량 한 대를 제작하는 데 소요되는 시간을 30시간에서 10시간으로 줄일 수 있다고 한다. 셋째, 공장의 공간을 효율적으로 사용할 수 있다. 생선뼈처럼 생긴 레이아웃은 척추에 해당하는 메인라인과 6개 모듈의 서브라인으로 구성된다. 따라서 기존보다 훨씬 효율적인 생산 라인을 만들 수 있고, 생산 라인의 설치 면적을 40% 이상 줄일 수 있다고 한다. 즉, 보다 저렴한 비용으로 빠르게 전기차 양산 공장을 만들 수 있다. 테슬라는 이를 통해 모델 3의 절반 가격(대당 2만 5천 달러)에 전기차를 출시하겠다고 밝혔다.

그러나 테슬라의 새로운 생산기술은 긍정적 측면뿐 아니라 취약점도 갖고 있다. 6개 모듈을 조립하다 보면, 차체의 강성이 취약해지고 비틀림도 발생할 수 있다는 것이다. 테슬라 차량의 많은 부품들은 내연차 부품들과 매우 달라 원하는 부품을 외부에서 쉽게 공급받기도 어렵다(Wired, 2013b). 또한 전기차의 핵심 부품을 내부에서 직접 생산하는 수직적 통합 전략이 효율성 측면에서는 긍정적이지만, 생산 물량이 증가할 경우 효율적 관리가 지속될 수 있을지에 대해서도 의구심을 갖게 한다.

그럼에도 불구하고, 테슬라의 생산기술 혁신은 기존 완성차업체들에 엄청난 충격을 주고 있는 것이 사실이다. 테슬라가 생산기술 혁신을 통해 실현하는 효율성과 비용 절감의 우위를 레거시 완성차업체가 기존의 생산방식으로 대응하기란 너무 큰 도전으로 받아들여지고 있다.

그럼, 테슬라가 전기차 생산관리 측면에서 어떤 특징을 보이는지 구체적으로 살펴보자(박근태, 2019). 첫째, 테슬라는 전동 모터와 배터리 팩 등 동력원의 주요 부품을 직접 생산한다. 테슬라는 가치사슬 전체의 수직계열화를 위해 생산 비용을 줄이고 경쟁력을 높이고자 한다. 동력원이 엔진에서 전동모터로 바뀔 뿐 아니라 연료통 대신에 배터리 시스템이 장착되고, 동력 전달도 별도의 추진축 없이 바퀴에 동력을 직접 전달한다. 이는 전기차 제품기술이 초창기이기 때문에, 외주보다는 자체 개발 및 제조의 비중을 높이는 편이 비용 절감에 효과적이라고 판단한 듯하다.

둘째, 테슬라의 생산방식은 혁신적 생산기술의 도입에도 불구하고, 내연차 생산방식과 비교할 때 아직 별다른 차이를 보이지 않는다. 테슬라 차체공장의 가장 큰 특징은 다기능 로봇을 이용한 첨단 자동화이다. 다만 강철에 비해 알루미늄의 접합이 어렵기 때문에 다양한 접합 기술이 사용된다.

셋째, 작업조직에서는 조립 라인의 전체 조립 공수가 크게 단축되었을 뿐 아니라, 사이클 타임이 4분으로 내연차의 통상 수준인 1분에 비해 길다. 테슬라는 완전 자동화를 지향하기 때문에, 작업자들의 숙련 수준이 매우 낮고 예상하지 못한 사태에는 엔지니어들이 대처한다. 노동자의 의견은 전혀 반영되지 않는다.

넷째, 가장 강조할 것은 전체 가치사슬에서 직접 생산의 비중이 지속적으로 줄어들고 있다는 것이다. 달리 말하면, 제품의 SW 비중이 늘어나기 때문에 직접 생산이 창출하는 부가가치의 비중이 작아지고, 제품의 생산 완료 및 출시 이후 무선 업데이트와 데이터 수집의 비중이 높아지고 있다.

요컨대, 테슬라는 전기차 생산관리에서 기존의 내연차와 상당한 차이를 보인다. 전기전자 부품의 수직계열화를 실현하고 첨단 자동화를 추진하고 있으며, SW의 비중이 커지면서 직접 생산의 비중이 줄어들고 있다. 하지만, 생산방식에서는 유연성을 높이기 위해 첨단 자동화를 저숙련노동자와 결합시킴으로써 오히려 직접 생산자의 참여가 경시되는 테일러주의적 경향을 보인다. 생산방식의 근본적 변화는 아직 나타나지 않고 있는 셈이다.

2) 휴머노이드 로봇과 디지털 트윈

전기차와 직접 관련된 것은 아니지만, 향후 좀 더 주목해야 할 생산기술의 변화는 휴머노이드 로봇과 디지털 트윈(digital twin)이다.

테슬라는 AI 휴머노이드 로봇인 옵티머스를 수년 내로 생산 현장에 투입할 계획이라고 한다. 휴머노이드 로봇은 인간과 동일한 신체 구조를 가진 로봇으로서 생산 현장에서 인간의 노동을 대체할 수 있을 것으로 기대된다. 옵티머스는 테슬라의 ADAS(첨단운전자보조시스템)＊인 '오토파일럿' 개발에 사용된 AI 원리를 로봇에 도입한 것이다. 즉, 자율주행차와 동일한 원리로 움직이는 휴머노이드 로봇 옵티머스의 성능을 급속히 발전시키고 있다. 자동차 최종 조립 공정에는 섬세한 수작업이 많이 요구되기 때문에 작업자가 제일 많이 배치되어 아직도 자동화율이 10% 수준이다. 하지만, 2023년에 발표된 옵티머스 최신 버전은 자동차 공장에 투입되어 공작 기계를 조작하고 물건 옮기기 등의 업무를 수행하는 것이 가능해졌다. 옵티머스는 인간과 거의 같은 구조의 손을 가지고 있어, AI 프로그램이 뒷받침하면, 충분히 조립 작업도 수행할 수 있으리라 예상된다. 테슬라는 2025년 내로 달걀을 옮길 만큼

＊ ADAS는 Advanced Driver Assistance System의 약자이다. 첨단운전자보조시스템은 다양한 전자장치를 통해 운전자의 피로를 줄이고 안전성을 높이는 데 기여한다.

섬세한 작업이 가능한 옵티머스를 대량생산해서 생산 현장의 부품 운반용으로 투입할 예정이다(YTN, 2024.4.28).

디지털 트윈은 제조업 생산기술의 최종 완성 목표이다. 테슬라는 모든 공장의 설비가 SW 중심으로 표준화되었기 때문에 디지털 트윈이 가능하다고 한다. 디지털 트윈이란 현실 세계의 기계나 장비, 사물 등을 컴퓨터의 가상 세계에 구현한 것을 지칭한다. 디지털 트윈 기술은 실제 제품을 만들기 전 모의시험을 통해 선제적으로 문제점을 파악하고 해결하기 위해 사용하고 있다. 양산 이후에도 발생하는 문제점을 신속하게 파악하여 원격으로 해결할 수 있는 장점이 있다. 즉, 디지털 트윈을 이용하여 설계부터 제조, 서비스에 이르는 전 과정의 효율성을 향상시킬 수 있다(한국정보통신기술협회, 2025).

요컨대, 휴머노이드 로봇과 디지털 트윈이 상용화되어 생산 현장에 도입되면, 생산방식에서도 근본적인 변화가 나타날 것으로 예상된다. 하지만, 아직은 시범 적용 단계이다.

3. 전기차의 동력 배터리

순수 전기차는 충전된 배터리에서 발생되는 전기 동력으로만 운행하는 친환경차를 의미한다. 내연차는 화석연료를 연소시켜 발생하는 동력으로 운행하는 데 비해, 전기차는 배터리의 동력으로 운행하기 때문에 운행 과정에서 대기를 오염시키지 않는다. 하지만, 전기를 발생시키는 발전 과정과 배터리 폐기 과정에서의 환경오염에 대한 논란은 여전히 남아 있다. 수소연료전지차는 수소와 산소가 결합하는 과정에서 전기 동력이 발생하고 최종 결과물로는 물이 배출되기 때문에 완전 무공해 친환경차이지만, 고가의 백금촉매 등을 사용하여 경제성이 떨어지기 때문에 아직 수요가 제한적이다.

여기서는 미래차의 실질적 대안으로 대두하고 있는 전기차의 가장 중요한 동력원인 배터리에 대해 자세히 알아보자. 전기차에 사용되는 배터리는 여러 차례 충전이 가능하다는 의미에서 '2차전지'로 분류된다. 2차전지는 원래 휴대폰이나 노트북 등에 사용되는 소형으로 개발되었지만, 강력한 동력 발생이나 장거리 주행을 위한 전기차용 배터리는 대형으로 개발되고 있다.

1) 리튬이온 배터리의 형태

전기차용 배터리 중에서는 리튬이온 배터리가 가장 많이 사용되고 있다. 리튬이온 배터리는 형태에 따라 다시 원통형, 파우치형, 각형으로 구분된다. 원통형 배터리는 가장 오래된 형태로서 표준화된 규격을 바탕으로 대량생산이 가능하기 때문에 원가 부담이 낮다는 장점이 있지만, 부피가 크고 경량화가 어렵다. 파우치형 배터리는 직사각형 모양을 유지할 필요가 없어서 부피 면적당 공간 활용도가 높고 여러 디자인에 적용 가능하지만, 배터리 발열에 대한 열 관리가 어렵고 배터리 케이스로 사용되는 알루미늄 가격이 비싸다는 단점이 있다. 각형 배터리의 경우에는 내구성이 뛰어나고 안전성이 높지만, 형태 변경이 어렵고 무게가 많이 나가기 때문에 주행거리가 상대적으로 짧은 단점이 있다(그림 1-4-3). 초기에는 테슬라가 원통형 배터리를 사용하면서 원통형이 주류였지만, 이후 후발주자인 완성차업체들이 경량화에 유리하

구분	원통형	파우치형	각형
장점	생산성 높음	공간 활용도 높음	내구성 강함
단점	공간 활용도 낮음	발열에 취약	주행거리가 짧음
제조사	LG에너지솔루션, 삼성SDI	LG에너지솔루션, SK온	삼성SDI

그림 1-4-3 전기차 배터리의 형태별 특징

며 에너지 밀도가 높고 다양한 사이즈로 제작이 가능한 파우치형이나 각형 배터리를 사용하면서 그 비중이 점차 증가하고 있다.

2) 리튬이온 배터리의 내부 구조

리튬이온 배터리를 구성하는 4대 소재는 양극재, 음극재, 분리막, 전해질이다(그림 1-4-4). 배터리 생산비의 39%를 차지하는 양극재는 리튬이온의 집과 같은 역할을 담당하면서, 배터리 용량과 전기 파워를 결정한다. 양극재는 니켈-코발트-망간으로 구성되는 NCM 배터리와 리튬-인산철로 구성된 LFP 배터리 등으로 구분된다. 음극재(18%)는 주로 흑연으로 구성되며 리튬이온의 저장소 역할을 담당하면서, 양극재와 마찬가지로 배터리 용량과 전기 파워를 결정한다. 전해질(13%)은 액체로 구성되는데, 양극재와 음극재를 오가는 리튬이온을 신속히 실어 나르는 역할을 한다. 안전을 위해 전기화학적 안정성, 발화점이 높아야 한다. 분리막(19%)은 양극재와 음극재의 접촉에 따른 폭발 방지 역할을 담당하는데, 이때 리튬이온이 통과할 수 있도록 만들어진다(전국투자자교육협의회, 2022).

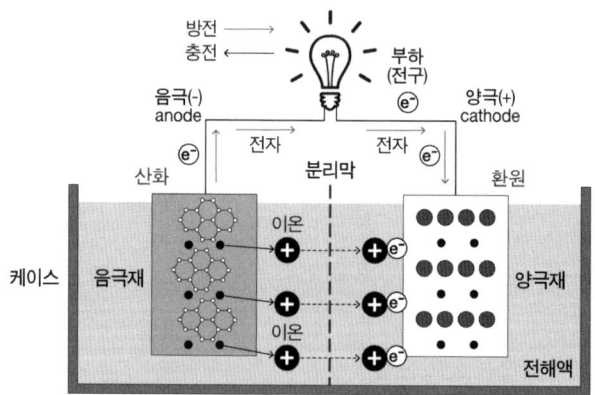

그림 1-4-4 리튬이온 배터리의 구조
자료: 해시넷(2024).

3) 리튬이온 배터리의 탑재

전기차에 탑재되는 리튬이온 배터리의 구성을 제조 단계별로 보면, 다음과 같다. 먼저 셀은 전기에너지를 충전, 방전해 사용할 수 있는 기본 단위이다. 하나의 셀은 양극재, 음극재, 분리막, 전해질로 구성된다. 모듈은 배터리 셀을 외부 충격과 열, 진동으로부터 보호하기 위해 일정한 개수로 묶어 프레임에 집어넣은 조립체이다. 배터리 팩은 다시 여러 개의 모듈과 BMS(Batter Management System), 냉각시스템 등 각종 SW 제어 및 보호 시스템으로 구성된다(삼성SDI, 2023). 예컨대, 아이오닉5에 들어가는 배터리 팩의 경우를 보면, 12개 셀로 구성된 모듈 30개를 직렬로 연결한 BMA를 다시 6층으로 쌓아 올린 것이 배터리 팩 1개를 구성한다. 이처럼 고전압 배터리 셀을 많이 장착해야 전기차가 강력한 출력을 내고 주행거리도 오래 가기 때문에, 주요 전기차 모델은 고가인 경우가 많다. 배터리 셀의 무게가 많이 나가기 때문에, 다른 부품을 경량화하려는 노력이 함께 이루어지고 있다. 차체 소재를 철강 대신 탄소섬유로 대체하려는 움직임도 이런 맥락에서이다.

4. 배터리 동아시아 삼국지

1) 한중일 경쟁

현재 배터리 글로벌 시장은 중국, 한국, 일본 세 나라가 장악하고 있다(표 1-4-1). 2024년의 1위 배터리업체는 중국의 CATL(시장 점유율 37.9%)이다. CATL은 2011년에 쩡위친이 설립한 회사로서, 배터리 전 산업의 연구개발 및 제조 능력을 갖추고 있다. 국내외의 여러 자동차업체들과 제휴하여 배터리를 공급하고 있으며 현재까지 일본 TDK에 기술료를 지불하고 있다. 중국 업

표 1-4-1 연간 누적 글로벌 전기차 배터리 사용량(단위: GWh)

순위	그룹명	2023.1~12	2024.1~12	Growth Rate(%)	2023 점유율(%)	2024 점유율(%)
1	CATL	257.7	339.3	31.7	36.6	37.9
2	BYD	111.8	153.7	37.5	15.9	17.2
3	LG에너지솔루션	95.1	96.3	1.3	13.5	10.8
4	CALB	33.8	39.4	16.6	4.8	4.4
5	SK온	34.7	39.0	12.4	4.9	4.4
6	Panasonic	42.8	35.1	-18.0	6.1	3.9
7	삼성SDI	33.1	29.6	-10.6	4.7	3.3
8	Gotion	16.4	28.5	73.8	2.3	3.2
9	EVE	16.0	20.3	26.9	2.3	2.3
10	Sunwoda	10.8	18.8	74.1	1.5	2.1
	기타	50.9	94.3	85.3	7.2	10.5
	합계	703.2	894.4	27.2	100.0	100.0

자료: SNE리서치, Gloval EV and Battery Monthly Tracker, 2025.

체는 이외에도 BYD(17.2%), CALB(4.4%), 고션(Gotion 3.2%), 이브(2.3%), 신왕다(2.1%) 등이 10권 내에 들어 있다. 대부분이 중국 정부의 기술장벽 설정과 보조금에 힘입은 중국 국내시장의 매출이었지만, 최근 해외시장에서도 급속히 점유율을 높여 가고 있다.

　기술력에서 세계 1위의 배터리 업체는 한국의 LG에너지솔루션이다. LG는 원래 가전업체였지만, 미래 주력 제품을 고민하다가 1992년부터 2차전지 연구를 시작해서 자동차용 2차전지 연구를 지속적으로 수행했다. 2000년 세계 최초로 전기차용 리튬이온 배터리 개발에 착수했고, 2009년 세계 최초로 리튬이온 배터리를 양산하여 GM의 전기차 볼트에 공급하는 데 성공했다. LG는 2013년에는 어떠한 디자인에도 리튬이온 배터리를 장착할 수 있는 미래형 배터리를 개발하는 등 기술혁신을 선도해 왔다. 2020년 LG에너지솔루션으로 분사화하여 현대차그룹, 스텔란티스, 혼다 등과 미국 내 합작공장을 건설하여 배터리를 공급하고 있다(LG에너지솔루션, 2021).

한국은 LG(10.8%)뿐 아니라 SK온(4.4%), 삼성SDI(3.3%)도 연간 누적 글로벌 전기차 배터리 사용량 10위권 내에 들어 리튬이온 배터리의 국제 경쟁력을 자랑하고 있다. SK온은 SK이노베이션으로부터 분사한 배터리 사업 법인으로 급속히 성장하고 있다. 2010년부터 현대차그룹을 비롯하여 벤츠, 포드, 폭스바겐 등에 배터리 제품을 납품하고 있다. 삼성SDI는 삼성그룹의 계열사로서 2000년부터 리튬이온 배터리 사업에 진출하여 유럽 자동차업체에 배터리를 공급해 왔으며, 스텔란티스, GM, 포드와의 미국 합작공장에도 배터리를 납품할 예정이다(나무위키, 2023).

유일하게 10위권 내에 든 일본 업체가 종합 가전업체 파나소닉(3.9%)이다. 파나소닉은 2009년 산요를 인수하여 배터리 원천 기술을 확보했지만, 한국, 중국의 배터리업체들에게 추월당하는 양상이다. 파나소닉은 테슬라의 배터리 주 공급업체로서 테슬라와의 합작공장 건설을 통해 경쟁력을 유지하고 있다.

요컨대, 전기차용 리튬이온 배터리 분야에서는 한국 업체들이 NCM 배터리의 기술혁신을 선도했지만, 최근 후발주자 중국 업체들이 점유율에서 추월하는 형세라고 할 수 있다. LFP 배터리가 가격이 저렴할 뿐 아니라 저온에서 에너지 밀도를 높일 수 있다는 이점이 발견되면서 중국 업체들이 세계시장에서 점유율을 높여 가고 있기 때문에, 한국 업체들도 LFP 배터리 제품 개발에 나서고 있다.

2) 전고체 배터리 개발 경쟁

리튬이온 배터리는 에너지 밀도, 출력 특성, 사용 시간 등 성능 면에서 우수하지만, 액체 전해질이 사용되어 폭발 위험이 있고, 부피를 축소하는 데 한계가 있다. 폭발 위험에 대한 보다 근본적 해결 방안으로 논의되고 있는 것이 '전고체'(all-solid) 배터리이다. 아직 상용화되지는 않았고 2027년 이후에나 탑재될 것으로 보이지만, 차세대 배터리로 많은 관심을 받고 있다. 전고체 배터리가 본격적으로 상용화되면, 자동차 시장에서 내연차는 완전히 퇴장하고 진정한 전기차 시대가 열릴 것으로 기대된다. 이 분야에서는 관련 특허를 가장 많이 확보한 토요타가 앞서고 있지만, 한국 배터리업체들도 개발 경쟁에서 충분한 잠재력을 갖추고 있다.

전고체 배터리를 탑재하면, 안전성이 높아진 만큼, 외부 충격을 막기 위한 장치나 열 관리 시스템을 대폭 줄일 수 있다. 같은 공간에 더 많은 배터리 셀을 탑재할 수 있는 것이다. 배터리 셀을 많이 넣으면 전기차 주행거리가 늘어난다. 완성차업체 입장에서는 전기차 구조를 단순화할 수 있어 원가를 절감하고, 경량화를 추구하기가 쉽다. 하지만, 전고체 배터리가 상용화되기 위해서는 생산 단가, 생산 수율 등 기술적 문제가 아직 남아 있다. 시장조사업체는 2035년 전고체 배터리의 시장 점유율이 10~13% 수준일 것으로 전망한다. 전기차용 주류는 여전히 리튬이온 배터리가 될 것이며, 전고체는 일부 프리미엄 자동차나 UAM 정도에 사용될 것이라는 전망이 우세하다.

3) 배터리 경쟁의 향후 전망

배터리 분야에서 한국의 기술적 우위는 상당 기간 지속될 것처럼 보인다. 전고체 분야에서도 배터리 3사는 배터리 개발과 파일럿 생산을 준비하고 있다. 현대차의 경우 2025년 전고체 배터리를 탑재한 전기차를 시범 양산하고 2030년 본격적 생산에 돌입한다는 로드맵을 세우고 있다(이건혁, 2023.6.26).

한국의 배터리 3사는 '인플레이션감축법'(Inflation Reduction Act: IRA) 등 해외 규제에도 잘 대응하고 있다. 미국 의회가 미국 시장에서 생산하지 않은 차량에 대한 세액공제를 취소하는 IRA 법안을 통과시키자, 한국의 배터리 3사는 대규모 금액을 직접 투자하여 미국 현지에서 대량생산하는 배터리 공장을 단독 또는 합작으로 건설하고 있다. 무역 장벽을 넘어 현지에서 직접 고객사를 확보하기 위한 것이다(아시아타임스, 2025.3.23). 일본이나 중국과는 비교할 수 없을 만큼, 야심 찬 대규모 투자이다.

흥미로운 점은 완성차업체들이 직접 배터리를 개발하기 시작했다는 것이다. 내연차에서 핵심 부품인 엔진과 변속기를 완성차업체가 직접 개발, 생산했던 것을 감안하면, 전기차 원가의 40% 정도를 차지하는 배터리의 원가 절감을 위해 자체 개발에 나서는 것은 자연스럽다고 할 수 있다. 주행 시 열 관리, 운전 습관 등의 주행 데이터를 확보하기 위한 것도 완성차업체가 배터리 사업에 참여하는 이유이다. 설사 양산까지는 가지 않는다고 하더라도, 완성차업체의 배터리 기술 축적은 배터리 공급 업체에 대한 교섭력을 높인다는 의미이기도 하다. 테슬라는 파나소닉과 LG에서 배터리를 공급받고 있지만, 이미 자체 설계 단계를 넘어 원통형 배터리의 양산 단계까지 진행했다. 노스볼트로부터 배터리를 공급받던 폭스바겐도 배터리 자회사 파워코를 만들고 자체 설계와 생산 계획을 밝힌 바 있다(박피터슨, 2024.3.26).

한편, 세계 최대의 전기차업체인 BYD도 배터리 기술혁신 경쟁에 뛰어들었다. 원래 배터리업체로 출발했던 BYD는 최근 5분 충전으로 400킬로미터를 달릴 수 있는 배터리와 충전 시설 '슈퍼 e-플랫폼'을 공개하고, 이 플랫폼을 적용한 승용차를 출시하겠다고 발표했다(이영관, 2025.3.18). 이것이 사실이라면, 배터리와 충전 경쟁에서 '게임 체인저'가 될 것으로 주목된다.

4) 테슬라의 인프라 공세

마지막으로 주목할 점은 충전 방식을 둘러싼 표준 경쟁이 본격화되고 있다는 것이다. 그동안 한국을 비롯한 미국, 유럽 등 대부분의 완성차업체들은 '합동충전방식'(Combined Charging Standard: CCS)을 적용해 왔다. 테슬라만 단독으로 '북미충전표준'(North American Charging Standard: NACS)을 사용해 왔다. 그러나 테슬라는 최근 미국 GM과 포드를 NACS 우군으로 포섭했다. 이들이 2025년부터 NACS 포트가 탑재된 전기차 제품을 출시하겠다고 발표한 것이다. 미국 정부의 전기차 충전기 네트워크 구축을 위한 보조금을 받으려면, 어느 전기차든 충전이 가능해야 한다는 규정이 있기 때문이다. 테슬라는 이 규정을 충족시키기 위해 미국 전역의 충전소인 슈퍼차저 7,500개를 개방하기로 했고, 다른 회사들도 이에 화답했다는 것이다(박경수, 2023.2.23). 미국 전기차 시장 점유율의 70% 이상을 차지하는 업체들이 테슬라 진영에 서게 된다. 이렇게 되자 GM, 포드, 벤츠, 혼다 등 주요 레거시업체들도 테슬라 충전 방식을 적용한 제품을 출시하겠다고 선언했다. 현대차그룹도 현지에서 판매되는 차량에 테슬라 충전 방식을 채택할 것이라고 밝혔다. 테슬라 충전 방식이 사실상의 표준이 된 것이다.

　이렇게 되면 충전을 통해 확보되는 소비자 정보도 테슬라가 독점할 수 있고, 충전소의 충전료 수입이나 외부 광고 설치 수입 등도 테슬라가 확보하게 된다. 또한 테슬라는 앞으로 개발하는 전기 장비 부품의 전압을 그동안 표준이던 12볼트가 아니라 48볼트로 사용하겠다고 발표했다. 이렇게 되면 차량의 배선이 단순화되어 차량 1대당 중량이 30~60킬로그램 줄어들면서 전비(電費)도 향상될 것이다.

　테슬라는 CATL 등 중국 배터리업체로부터 LFP 배터리를 공급받기로 하면서 차량 가격 인하에도 앞장서고 있다. 테슬라가 전기차 생태계를 뒤흔드는 것은 전기차 후발 업체들을 견제하기 위한 의도로 해석된다. 영업이익률을 낮추더라도 일단 경쟁자들을 고사시키겠다는 것이다(나병헌, 2022.4.21). 배터리를 둘러싼 글로벌 경쟁은 점점 더 복합적 양상으로 전개되고 있다.

5장

자동차 생활의 근본적 변화

> 디트로이트가 가장 힘든 암흑기를 견뎌 내는 동안 구글, 테슬라, 우버, 리프트 같은 대담한 기업들이 모습을 드러냈다. … 모빌리티 서비스 모델에 사용되는 자율주행 전기차는 자동차라는 발명품이 탄생한 이래로 자동차업계를 가장 강력하게 뒤흔들 최대의 사건이 될 것이다. _로렌스 번스 외, 『오토노미, 제2의 이동 혁명』

　자동차산업의 미래차 전환은 GM, 포드로 대표되는 디트로이트와는 다른 맥락에서 진전되어 온 것임을 강조할 필요가 있다. 자동차산업의 전환이 세 가지 차원(① 전기차 출현, ② 자율주행차 기술 개발, ③ 모빌리티 서비스)으로 구성된 것임은 2장에서 살펴본 바와 같다. 디트로이트가 아니라 실리콘 밸리에서 성장한 구글, 테슬라, 우버 등 테크 기업들이 중심이 되어 전환의 계기를 마련한 것이다. 이 장에서는 미래차 전환의 구체적 경로를 좀 더 구체적으로 살펴보자.

1. 자율주행차 기술 개발

먼저, 자율주행차의 기술 개발은 어떻게 이루어졌는가? 미국 국방부 산하 연구기관인 '국방부고등연구계획국'(Defence Advanced Research Project: DARPA) 은 2014년부터 캘리포니아주의 네바다, 모하비 등 사막에서 자율주행차 경진 대회를 수시로 개최했다. 초대형 컴퓨터, 인터넷, 드론, 로봇, GPS 등의 첨단기술도 모두 DARPA 경진 대회를 통해 군사적 목적으로 개발된 후 상용화된 것이다. 자율주행차의 기술 개발 역시 DARPA 경진 대회를 통해 이루어졌다. 경진 대회에 참여한 자율주행차들의 초기 모습은 우스꽝스럽기 짝이 없었다(그림 1-5-1). 기존 내연차에 라이다와 레이더, 카메라를 장착해서 만든 초기 자율주행 차량은 알고리즘에 따라 센서로 교통신호를 수신하면서 비포장도로를 운행했지만, 외부의 신호와 차량 간의 정보교환이 원활하지 못해 때로는 멈추기도 하고 쓰러지기도 하는 등 수많은 시행착오를 거쳐야 했다. 심지어는 자율주행 차량이 관중들에게 돌진하는 걸 막기 위해 운전석 밑에 사람이 숨어 있는 경우도 있었다.

DARPA 경진 대회를 통해 자율주행차를 제작, 운행할 수 있는 능력을 가진 엔지니어 집단이 형성된다. 그중에서도 카네기 멜론 대학교의 로봇공학 연구소 팀은 경진 대회에서 여러 차례 우승하면서 자율주행차가 실현 가능한 것임을 입증했다. 2008년경 이들 중 일부는 구글의 최고 경영진을 설득하여 자율주행차를 개발하

그림 1-5-1 DARPA 경진 대회에 참가한 칼텍 팀의 자율주행차
자료: Wikipedia(2023).

는 본격적 프로젝트를 시작한다. 구글 프로젝트 팀은 3D 지도를 통해 차량을 움직이는 물체를 자율적으로 파악할 뿐 아니라 안전하게 운행할 수 있는 SW를 개발하여, 1천 마일을 무사고로 주행했다. 불가능이라고 여겼던 자율주행차 기술이 비로소 실현된 것이다. 2010년 뉴욕타임스는 자율주행차 기술 개발의 성공을 보도했다. 뉴욕타임스는 당시 기사에서 구글의 자율주행차를 '지상의 스푸트니크'라고 지칭했다. 구글의 자율주행차 개발 성공이 마치 소련이 우주로 스푸트니크호를 쏘아 올린 것처럼 충격적이었다는 의미에서이다(번스 외, 2019).

그러나 구글이 개발한 자율주행차 시제품을 상용화하기 위해서는 완성차업체나 대형 1차 부품업체 등 기존 제조업체의 참여를 이끌어 내야 했다. 구글은 테크 기업이긴 하지만, 주행 가능한 자동차를 대량으로 만든 경험이 없었기 때문이다. 자율주행차를 상용화하기 위해서는 디트로이트 자동차업체들의 생산기술과 자본이 필요했다. 디트로이트 완성차업체 경영진들이 보인 반응은 전반적으로 냉담했다. 구글의 프로젝트 팀원이 디트로이트의 CEO에게 자율주행차를 개발하고 있다고 얘기하면 일단 미소를 지어 보인 후 부정적 반응을 보였다. "그런 일(=자율주행차 개발)은 절대로 일어나지 않을 겁니다. 사람들은 운전을 좋아하거든요." GM의 고위 임원에게 자율주행차의 시승을 제안하자, 그 임원은 시승하는 내내 부정적 의견만 늘어놓았고, 더 이상 잘난 체할 수 없을 만큼 엄청나게 거들먹거리다 돌아갔다(번스 외 2019: 313). 2008년 이후의 글로벌 금융위기 속에서 디트로이트의 완성차업체들은 도산할 정도로 심각한 위기에 직면했음에도 불구하고, 자율주행차 사업에 적극적으로 참여하기에는 시간이 더 필요했다.

2. 배터리 전기차 출현

미래차 전환의 두 번째 계기인 전기차 개발 역시 실리콘 밸리에서 시작되었다. 2003년 마틴 에버하드와 마크 타프닝은 새로 개발된 리튬이온 배터리를 기존 자동차에 적용해 볼 만하다는 아이디어를 떠올리고 테슬라 모터스라는 벤처 기업을 설립했다. 이들은 주행 가능한 배터리 전기차를 만들기 위해 투자 유치에 노력하던 중 2004년 일론 머스크를 영입하여 650만 달러의 투자를 유치한다. 일론 머스크가 최고 경영진으로 참여한 테슬라는 리튬이온 배터리를 병렬로 결합해서 플랫폼을 구성한 전기차 전용 아키텍처를 개발하여 전기차의 주행거리를 획기적으로 늘리는 데 성공했다. 테슬라는 전기차 상용화에 성공한 최초의 자동차업체가 된 것이다. 테슬라는 전기차 관련 원천 기술을 공개함으로써 다른 업체들이 쉽게 참여할 수 있도록 진입 장벽을 낮추었다.

그러나 테슬라의 전기차 개발이 순조로웠던 것만은 아니다. 테슬라는 로드스터(2008), SUV 모델 X, 세단 모델 S(2012) 등을 개발하는 데 성공했지만, 매출 부진으로 오랜 기간 대규모 적자를 면치 못하다가, 중저가형 차량으로 개발한 모델 3(2016)의 대량 생산·판매에 성공함으로써 마침내 흑자 전환에 성공했다. 테슬라는 2010년 미국 주식시장에 상장되었고, 그로부터 10년 후인 2020년에 토요타, GM 등 주요 완성차업체들의 주가를 합산한 것보다 더 높은 주가 총액을 실현하고 있다(이준우, 2020). 시장이 테슬라의 미래 가치를 그만큼 높게 평가하고 있는 것이다.

3. 승차 공유 서비스

미래차 전환의 세 번째 계기인 승차 공유(car sharing) 서비스 사업 역시 실리콘 밸리에서 출현했다. 자율주행차가 상용화되면, 공유 서비스 경제도 확대될 것이다. 자동차가 더 이상 배타적 사적 소유를 기반으로 이용될 필요가 없기 때문이다. 출퇴근 교통 체증에 시달리는 자동차 안에는 운전자가 1명씩 앉아 있는 경우가 대부분이다. 자동차 한 대에 2명씩 타거나, 같은 차량을 여러 사람이 교대로 이용하는 승차 공유 서비스가 시작된 것은 이런 맥락에서이다. 여기에는 스마트폰의 보급이 결정적 역할을 했다. 스마트폰으로 차를 호출하면 공유 서비스를 이용하는 사람이 서로의 프로필을 간단하게 확인할 수 있으므로, 운전자와 탑승자를 연결시키기가 수월해진다. 승차 공유에서는 탑승자가 입력한 운전자 정보와 운전 기술을 SNS로 열람할 수 있다. 이는 운전자의 신원을 파악하기 어려운 택시 서비스에 비해 승차 공유의 뚜렷한 장점으로 떠올랐다. 상대의 프로필과 거래 이력, 거래 상황, 평판 등을 신용 정보로 파악할 수 있게 됨으로써, 승차 공유 서비스를 안전하게 이용할 수 있게 된 것이다(다나카 미치아키, 2018: 240~243). 2009년 우버는 최초의 승차 공유 회사로서 캘리포니아주에 등록했다. 2012년 좀 더 공유경제 정신에 부합되는 기업으로 설립된 리프트(Lyft)는 우버와 함께 경쟁하면서 승차 공유 사업을 발전시키게 된다.

    여기서 승차 공유 서비스가 자동차산업의 전환을 주도하는 이유를 좀 더 살펴보자. 미국 앤아버시를 예로 들 경우, 총 20만 대의 개인 소유 차량 중 오전 6시부터 오후 8시까지 개인 자가용의 가동률은 8%, 즉 67분에 불과했다. 자동차 한 대가 하루에 운행하는 횟수는 4.4회에 불과했다. 하루 평균 1.4명을 태우고 평균 9.3킬로미터를 주행하는 셈이다. 자율주행차의 승차 공유 서비스를 이용할 경우에는 1만 8천 대의 차량만으로 모든 고객에게 이동 서비스를 제공할 수 있다. 즉, 전체 차량의 15% 정도만 자율주행차로 운행하면, 모든 사람들이 이동할 수 있는 것이다. 그뿐만 아니라 고객들의 이동 정보를 데이터 베이스화하면 승객이 호출을 한 지 2분 이내에 도착하는 자율주행 택시를 이용할 수 있다. 이는 다른 모든 도시들에도 적용되는 것이다. 2012년부터 리프트와 우버는 원하는 사람은 누구든 승차 공유를 할 수 있도록 지원하는 모빌리티 서비스를 선보인다.

자율주행차는 불과 2~3년이면 누적 이동 거리 24만 킬로미터를 주행하지만, 그 후에도 계속 달릴 수 있다. 자율주행차의 베이스는 전기차라는 점이 필연적이다. 전기차는 내연차에 비해 구조가 간단하기 때문에 닳아서 못 쓰게 되는 부품의 개수도 훨씬 적다. 자율주행 전기차가 운행되면 자동차의 숫자가 현재보다 절반 이하로 줄어들 것이다. 이에 따른 배기가스의 파격적 감소 효과는 두말할 나위도 없다. 미래차 전환에서 공유경제 서비스가 왜 가장 중요한지를 알 수 있다. 구글의 창업자 세르게이 브린은 다음과 같이 말한다. "저는 전 세계 대부분의 지역에 적합한 비즈니스 모델은 자동차를 소유하지 않는 것이라고 생각합니다. (중략) 대개는 서비스를 제공하는 방식으로 자율주행차를 공급하게 될 것입니다"(번스 외 2019: 343~347). 코로나 팬데믹 이후 자동차 공유가 위축된 후, 공유 서비스는 아직 제대로 회복되지 않고 있다. 다른 사람과 사적 공간을 공유하는 것에 대한 거부감을 가진 사람도 상당수 존재한다. 그러나 향후 자율주행차의 상용화가 이루어지면, 공유경제도 본격적으로 확대될 것으로 예상된다.

흥미로운 것은 구글의 자율주행차 기술이 실현되자 승차 공유업체 우버가 가장 적극적인 관심을 보였다는 것이다. 운전자 없는 무인 자율주행 택시로 모빌리티 서비스를 제공하면, 인건비만큼 비용을 절약할 수 있기 때문이다. 우버의 비용에서 인간 운전자가 차지하는 비중은 약 70~90%에 이른다. 공유형 모빌리티 서비스는 네트워크 효과를 통해 이익이 증가할 수 있다. 서비스를 이용하는 사람이 늘어날수록 서비스의 매력 또한 커진다. 차를 운전하는 사람이 없으면, 우버를 타고 다니는 비용이 직접 자동차를 소유하는 비용보다 훨씬 저렴해진다(번스 외 2019: 405~412). 머지 않아 자율주행 택시가 지배적 비즈니스 모델이 될 것이라는 전망이 나오는 이유이다.

이상에서 살펴본 바와 같이, 미래차 전환의 계기는 실리콘 밸리에서 만들어졌다. 2008년 디트로이트의 레거시업체들이 글로벌 금융위기에 빠진 이후 실리콘 밸리의 테크 기업들이 배터리 전기차, 자율주행차, 모빌리티 서비스라는 세 가지 계기를 마련한 것이다. 이 세 가지는 서로 밀접히 연관되면서, 미래차 전환을 촉진하게 된다.

4. 자동차 콘셉트의 근본적 변화

20세기 초 헨리 포드가 T카를 대량생산하여 대량 판매한 이후 미국을 중심으로 '모토라이제이션'(=자동차 대중화)이 본격적으로 진행되고, 노동자들까지 대거 마이카 족에 합류하게 된다. 이동 가능한 공간 범위가 확대되면서 자동차의 용도는 단순한 이동 수단에서 레저 영역으로 확대되어 갔다. 사람들은 자동차를 운전하여 주중에는 직장으로 출퇴근하고, 주말에는 좀 더 먼 곳으로 이동하는 여행을 즐기게 된다. 그 후 자동차는 전 세계로 확산되면서 현대인의 생활에 필수 아이템으로 자리 잡았고, 미래차로의 전환이 이루어지는 현시점에서도 이동 수단으로서의 중요성은 오히려 커지고 있다.

미래차 전환에 따라 자동차산업의 가치사슬에서 생산이 차지하는 비중이 축소되고, 신차 개발, 소재/부품의 업스트림과 판매·영업, 정비·AS의 다운스트림이 확대된다. 특히 다운스트림은 이용자가 수동적으로 서비스를 받는 것이 아니라, 스마트폰과 연결되면서 이용자가 전문적 소비 주체, 즉 프로슈머로 나서게 되는 변화가 진행되고 있다. 전통적 자동차산업이 생산 중심의 '밀어내기' 방식이었다면, 미래의 자동차산업은 유통과 소비가 중심이 되는 '끌어당기기' 방식으로 변화되고 있는 것이다.

미래차 고객은 하드웨어 차량을 구입한 후 자율주행, 모빌리티 서비스 등 특정 기능을 수행하는 SW를 추가로 업데이트하게 된다. 동일한 하드웨어가 SW를 통해 성능이 향상되는 것이다. 완전한 의미의 자율주행차가 되면 차량이 '자율적'으로 이동하는 동안 탑승객들은 실내에서 엔터테인먼트, 즉 오디오 감상, 비디오 시청, 온라인 쇼핑, 게임, 검색, SNS 등 다양한 활동을 즐기게 될 것이다.

최근 전기차 캐즘으로 수요 확대가 지체되고 있는 것은 사실이다. 충전 시설 등의 인프라 부족이 불편함을 초래하고 있고, 전기차 보조금을 고려하더라도 구입 가격이 내연차에 비해 저렴하지 않기 때문이다. 한국의 전기차 성장률은 2022년에 전년 대비 109%까지 상승했다가, 2022년에는 57%, 2023년에는 33%로 계속 둔화되고 있다. 이에 따라 전기차 비관론이 확산되고 있고, 하이브리드차의 수요가 다시 확대되고 있다. 주요 완성차업체들이 전기차 관련 투자를 축소하고 있고, 애플이 전기차 개발을 포기했다는 소식도 들린다(동아일보, 2024.2.29).

그러나 중장기적으로 전망할 때 전기차를 포함한 미래차 수요의 증가는 필연적인 것처럼 보인다. 지구 온난화로 인한 국제 협약이 탄소 배출 없는 이동 수단의 확산을 강제할 것이기 때문이다. 또한 전동화의 진전과 배터리 가격의 인하, 충전 방식의 표준화 추세는 수년 내로 내연차에 비해 가격 경쟁력을 갖춘 전기차의 등장을 예고한다. 전기차에 기반한 자율주행차의 기술혁신도 진전되리라 전망된다. 챗GPT로 촉발된 AI 개발 경쟁이 자율주행차의 레벨 업으로 연결될 것이기 때문이다. 머지않아 자동차라는 제품은 완전 자율주행차, 즉 AI가 조종하는 '로봇'이 되어, 사람들의 안전한 공간 이동을 실현할 것이다. 기후 전환과 디지털 전환이라는 이중의 전환이 미래차로의 전환을 촉진하고 있다.

전기차를 기반으로 한 자율주행차가 확산되면 일상적으로 어떤 일이 일어나게 될까? 고속도로에서 정속 주행, 차간거리 유지 등 자율주행 2단계 기능을 경험해 본 운전자들은 "운전이 편해졌다"라고 입을 모은다. 완전 자율주행이 실현되면, 자동차의 이용 방식은 구체적으로 어떻게 변화되는가? 자동차의 정의는 "엔진에서 만든 동력을 바퀴에 전달하여 승객이나 화물을 운반하는 교통수단"이다(위키백과, 2024). 하지만, 자율주행차가 되면 자동차의 정의 자체가 달라진다. 엔진이 내연기관이 아니라 배터리나 수소연료전지가 되는 것도 큰 변화이지만, 더 큰 변화는 사람이 자동차를 조작하는 운전 자체가 필요 없게 된다는 것이다. 자율주행차는 탑승자가 행선지를 입력하면, AI 자율주행 프로그램으로 운행된다. 운행의 목적에 따라 승객이나 화물을 운반하는 다른 용도의 서비스 수단으로 변화된다. 자율주행차가 실용화되면 운전 자체가 불필요해진다는 점에서, 이동 수단의 근본적 혁신이 일어나게 된다. 수동으로 운전하는 기능이 없어지면서, 누구나 안전하게 자동차를 이용하게 되는 것이다. 무인 자율주행 차량은 24시간 승객을 안전하게 실어나른다. 진정한 의미에서 모든 사람이 보편적으로 이용하는 이동 수단이 실현되는 것이다.

물론 자율주행차의 긍정적 측면만 존재하는 것은 아니다. 자율주행차의 안전성은 아직 완벽하게 실현되지 않았다. 구글, 테슬라 등의 자율주행차 시범 사업이 지난 수년간의 인명 사고로 인해 차질을 빚고 있다. 자율주행차가 본격적으로 확산되려면, 기술적 문제뿐 아니라 인간의 생명을 안전하게 보호할 수 있는 법적·제도적 보완책도 마련될 필요가 있다. 사고가 발생할 경우 법적 책임을 져야 할 주체가 차량 소유자인지, 제조사인지의 판단도 아직 해결되지 않고 있는 것이다. 하지만, 이런 문제들이 조만간 해결되면서 자율주행차가 대중적으로 확산된다면, 수동 운전을 고집하며 이동의 자유를 즐기려는 사람들은 별도로 마련된 카 레이스 경기장에서 '그들만의 리그'를 즐겨야 할지도 모른다. 자율주행차의 등장과 확산은 지난 150여 년간 계속된 자동차의 콘셉트와 이용 방식 자체를 바꿀 것으로 예상되고 있다.

6장

일자리의 미래

시간이 흐를수록 기계의 능력이 계속 향상되어 한때 인간의 몫이던 업무를 차지한다. 대체하는 해로운 힘이 익숙한 방식으로 노동자를 밀어낸다. 한동안은 보완하는 유익한 힘이 그렇게 일자리를 잃은 노동자를 찾는 수요를 다른 경제 영역에서 계속 늘린다. 하지만, 업무 잠식이 이어질수록 더 많은 업무가 기계의 몫이 되고 인간을 보완하는 유익한 힘은 약해진다(서스킨드, 2020).

서스킨드가 전망한 것처럼, 미래차로의 전환이 본격화되면 자동차산업의 일자리는 점차 사라질 것인가? 이번 장에서는 미래차 전환에 따른 일자리의 변화에 대해 본격적으로 검토해 보려고 한다.

1. 파이 총량 논쟁

기술 변화에 따른 일자리의 감소 전망에 대해 대다수 학자들은 우려할 필요가 없다고 한다. 1장에서 본 것처럼, 학자들의 낙관적 반박을 요약하면 다음과 같다. "기술 변화에 따라 기존의 일자리는 사라지더라도, 이를 보완하는 ① 생산성 증대, ② 파이 확대, ③ 파이 전환의 효과 때문에 일자리의 총량은 늘어난다." 그러나 영국 정부의 총리 자문관을 역임한 대니얼 서스킨드는 비관적 관점에서 학자들의 낙관적 주장을 다시 반박한다. AI의 발전에 따라 일자리 총량의 절대 규모가 늘어나는 것이 아니라, 오히려 줄어든다는 것이다. 서스킨드는 "AI가 발전하여 인간의 지능을 대체하게 되면서 단순 반복적 일자리뿐 아니라, 단순 반복적이지 않은 고숙련 일자리까지 사라질 것으로 전망한다. 따라서 일자리의 총량이 급격히 줄어든다"라고 주장한다(서스킨드, 2021: 158~183).

일자리의 미래에 대한 서스킨드의 비관적 전망을 필자가 자동차산업의 사례에 그대로 적용해 보면 다음과 같다. "자율주행 SW가 인간보다 자동차를 더 잘 운전하게 되면 인간에 의한 생산성 증대 효과가 사라진다. 또한 자율주행차의 수요가 증가하여 파이 총량이 확대되더라도 인간의 직접 노동을 필요로 하는 공장 작업자, 정비공 등의 일자리 수요는 그에 비례하여 늘어나지 않는다. 또한 기존 일자리가 인포테인먼트, 모빌리티 서비스 등의 새로운 분야로 전환하는 데 따라 발생하는 파이 전환 효과도 크지 않을 것으로 본다. 인간보다 유능하고 값싼 AI가 미래차의 개발, 생산과 관련된 SW 프로그램, 로봇 등 새로운 일자리를 담당하게 되기 때문이다." 매우 비관적인 전망이다.

2. 미래차 직무 분류

먼저, 미래차 전환에 따라 새롭게 나타나는 직무부터 살펴보기로 하자. 산업기술진흥원이 펴낸 보고서(2022)에 따르면, 미래형 자동차(전기차) 산업에 종사하게 되는 인력의 직무 구분 및 정의는 다음과 같다(표 1-6-1). ① 연구개발 인력: 전기차의 원천 기술을 개발하는 선행 연구개발 인력, ② 설계·디자

표 1-6-1 미래형 자동차산업의 직무 구분 및 정의

직무명	정의
연구개발	미래형 자동차 관련 완제품 또는 부품·서비스 등을 개발하고 성능을 높이기 위해 연구하는 기술인력 및 선행 연구개발 인력
설계·디자인	미래형 자동차 관련 완제품 또는 부품에 대해 성능 및 내외관 등을 설계 및 디자인하는 인력
시험평가·검증	미래형 자동차 관련 완제품 또는 부품 및 SW에 대해 시험장비 및 도구를 이용하여 평가 및 검증하는 인력
생산기술	미래형 자동차 관련 완제품 또는 부품에 대해 전문적 지식을 이용하여 생산, 설비를 유지·보수하는 기술을 가진 인력
품질관리	미래형 자동차 관련 완제품 또는 부품에 대해 조립 및 시험장비에 관한 지식을 이용하여 기업 내부 품질을 관리하는 인력

자료: 한국산업기술진흥원(2022: 42).

인 인력: 전기차 제품의 성능 및 외관 등을 설계 및 디자인하는 인력, ③ 시험평가·검증 인력: 전기차 제품 및 SW를 시험장비 및 도구를 이용하여 평가 및 검증하는 인력, ④ 생산기술 인력: 전기차 제품을 전문적 지식을 이용하여 생산하는 기술 인력, ⑤ 품질관리 인력: 전기차 제품에 대해 조립 및 시험장비에 관한 지식을 이용하여 품질을 관리하는 인력. 전기차산업이 발전함에 따라 이렇게 다섯 가지 유형의 직무가 중요해진다는 것이다.

필자는 산업기술진흥원의 이러한 직무 분류를 토대로 하여 다음과 같이 3유형으로 전기차 관련 직무를 통합, 단순화하고자 한다. ① 연구개발 인력: 선행 개발 및 설계·디자인, 시험평가·검증 인력, ② 생산기술 인력: 생산기술, 품질관리 인력. ③ 현장 인력: 생산 현장에서 단순 반복적 작업을 수행하는 오퍼레이터. 이들 각각의 직무에 요구되는 학력을 구분해 보면, ① 연구개발 인력은 4년제 대학 이상 출신, ② 생산기술 인력은 4년제 대학과 2년제 전문대학 출신, ③ 현장 인력은 2년제 전문대학 및 고졸 출신이 담당한다. 이 장에서는 4년제 대학을 졸업한 연구개발 및 생산기술 인력, 즉 엔지니어의 직무에 초점을 맞춰 논의해 보기로 하자.

내연차를 개발, 생산하는 기존 자동차산업의 성격이 그대로 유지된다면, 엔지니어들의 직무 내용에는 별다른 변화가 없을 것이다. 하지만, 표 1-6-1에서 살펴본 것처럼, 미래차 전환에 따라 자동차 제품을 개발하는 직무는 기존 내연차와는 상이하게 변화된다. 무엇보다도 내연차의 동력 발생 및 전달 장치인 파워트레인(엔진/변속기)이 전기차에서는 배터리/PE(Power Electronics) 모듈(전기 모터, 감속기, 인버터)로 대체된다. 이에 따라 전기차를 개발하고 생산하는 엔지니어의 직무 능력도 이에 상응하는 변화를 요구받게 된다. 대부분의 완성차업체들은 이미 내연차의 새로운 파워트레인 개발을 중단했고, 배터리/PE 모듈을 포함한 전기차 제품 개발에 집중하고 있다. 즉, 기존의 기계공학 부품을 개발하던 엔지니어의 직무가 화학, 전기전자 부품을 개발하는 직무로 대체되는 것이다.

그뿐 아니라 전기차로 전환되면 자동차 제품 자체가 네트워크 연결성(connectivity)을 실현한 SDV로 바뀌게 된다. 이러한 직무는 기존의 기계공학과는 질적으로 상이한 ICT 융합의 직무로서 SW 프로그램 개발, 빅데이터 수집과 관리, AI 제어, 통신 네트워크 등의 직무를 담당하는 다수의 인력이 필요해진다. 또한 생산 분야에서도 자동화 기계, 로봇, 스마트 팩토리 등의 직무가 증가한다. 미래차 분야의 개발과 생산을 담당할 엔지니어의 직무 내용이 급속히 변화하게 되는 것이다.

3. 미래차 일자리의 감소 전망

그럼, 미래차 전환에 따라 자동차산업에 종사하는 인력의 일자리는 어떻게 변화되는가? 일자리의 미래를 비관적으로 보는 서스킨드의 전망은 자동차산업의 사례에 적용하더라도 설득력 있게 들린다. 전기차로 전환되면 부품 수가 내연차에 비해 30~40% 정도 감소하기 때문에, 완성차업체의 일자리 수요가 줄어들게 된다. 대부분을 외주에 의존하게 되는 배터리/PE 모듈 부서뿐 아니라, 전기차를 최종 조립하는 부서에서도 일자리가 그만큼 줄어든다. 또한 자율주행차가 완전한 단계로 실현되면, 운전자가 필요 없게 되고 대당 운행 시간이 증가함에 따라 자동차 수요 자체도 줄어들게 될 것이다. 자동차산업의 새로운 가치사슬을 담당하면서 성장하게 될 ① 차량 공간 내부의 인포테인먼트, ② 온라인 마케팅, ③ 전기차 충전소 등의 일자리도 인간보다는 SW나 기계가 대체할 가능성이 커진다.

그러나 서스킨드는 이러한 일자리의 감소가 어느 만큼 빠른 속도로 진행될 것인지에 대해서는 유보적이다. 다양한 변수들의 작용으로 인해 불확실성이 크기 때문이다. 최근 인명 피해가 자주 발생하면서 자율주행차의 실용화가 주춤하게 되고, 충전 인프라의 부족으로 전기차 수요가 둔화되는 추세를 감안할 때, 가까운 미래에 미래차 전환에 따른 일자리의 급격한 감소, 대량 실업이 실현될 가능성은 크지 않은 것처럼 보인다.

또한 장기적으로는 미래차 전환에 따른 생산성 증대, 파이 확대, 파이 전환의 효과를 구체적으로 따져 봐야 할 것이다. 하지만, 자동차산업의 일자리 감소는 과거의 경험과 질적으로 상이한 차원에서 급격히 진행될 수도 있다는 것을 염두에 두고 주목할 필요가 있다. 그 핵심에는 AI 기술의 발전이 있다. 오픈 AI에서 개발한 생성형 AI인 챗GPT가 이전의 AI와는 질적으로 상이한 능력을 보여 주는 것처럼, 미래차에 탑재될 AI도 조만간에 자율주행의 안전성 문제를 해결하면서, 자동차산업의 노동시장에 커다란 충격을 던질 것으로 예상된다.

4. 미래차 일자리 수요 초과

이처럼 비관적인 장기 전망에도 불구하고, 현재 미래차 전환과 관련된 신사업 분야의 일자리는 줄어들기는커녕 오히려 수요가 급속히 늘어나면서, 노동력 공급이 수요를 충족시키지 못하는 미스 매치 현상을 보이고 있다. 미래차 관련 직무 능력을 지닌 신규 인력의 공급이 크게 부족할 뿐 아니라, 노동시장도 분절되어 있어서 공급이 원활하게 이루어지지 못하고 있기 때문이다. 달리 말하면, 미래차 관련 노동시장의 현황은 일자리가 줄어 구조적 실업이 나타나기보다는 공급 부족으로 만성적 인력난인 상태이다. 따라서 미래차 인력 노동시장의 공급 부족을 어떻게 해소할 것인가가 커다란 현안으로 대두하고 있다.

미래형 자동차산업 기술인력의 구인/구직 수요와 공급 실태를 좀 더 살펴보기로 하자. 여기서는 구체적 수치보다 분야별로 부족률을 비교해 보는 것이 의미가 있다. 표 1-6-2를 보면, 대졸과 석·박사 학위자를 기준으로 할 때 제품을 개발하는 분야, 즉 연구개발, 설계·디자인, 시험평가·검증 인력의 부족률이 생산 분야, 즉 생산기술, 품질관리 인력의 부족률에 비해 높게 나타난다. 역시 미래차 제품 개발 분야의 인력이 많이 부족한 것이다. 이에 비해 생산 분야 인력의 부족률이 낮은 것은 생산기술에서는 내연차와 미래차의 차이가 상대적으로 크지 않기 때문에, 신규 인력이 덜 필요하다고 볼 수 있다. 또한 미래차 분야 차량의 양산이 아직 본격적으로 이루어지지 않고 있기

표 1-6-2 미래형 자동차산업 기술인력 부족 현황

	전체	고졸	전문대졸	대졸	석·박사
전체	3.5	3.3	4.5	3.6	1.3
연구개발	3.0	0.0	0.6	3.6	0.8
설계·디자인	3.8	0.0	1.6	4.8	1.1
시험평가·검증	7.1	100.	0.2	8.1	6.3
생산기술	4.1	3.3	6.4	3.5	0.0
품질관리	2.0	12.2	1.1	2.0	0.0

자료: 한국산업기술진흥원(2022: 73).

때문이기도 하다.

 딥시크 R1에게 "미래차로의 전환에 따라 자동차산업 일자리의 미래를 전망해 볼 것"이라는 질문을 던졌더니 다음과 같은 원론적 답변이 돌아왔다. "미래차로의 전환은 자동차산업에 새로운 일자리를 창출할 큰 잠재력을 가지고 있습니다. 그러나 이 변화는 기존 일자리의 감소와 재교육의 필요성을 동반합니다. 정부, 기업, 교육기관의 협력이 이러한 전환을 성공적으로 이끌어내고, 근로자들이 새로운 기회를 잡을 수 있도록 지원하는 것이 중요합니다."

소결

기술혁신과 일자리의 미래

1부에서는 미래차 전환에 따라 자동차산업의 지형이 어떻게 변화되고 있는지 살펴봤다. 미래의 자동차산업에는 제조업, 네트워크, 서비스라는 3차원이 공존하고 있다. 미래 사회라고 해서 제조업이 사라지는 것은 아니다. 인간에게 필요한 재화를 생산하는 제조업은 자본주의 경제의 필수 항목이다. 인간의 욕구를 선제적으로 또는 사후적으로 충족시키는 신제품의 개발과 생산은 자본주의를 발전시켜 온 중심 동력이다. 2007년 애플이 처음 출시한 스마트폰은 불과 15년이 지난 현시점에 전 세계 남녀노소의 필수 불가결한 생필품이 되었다. 이전의 영화나 드라마 장면을 볼 때 뭔가 허전한 느낌이 드는 이유가 스마트폰이 없기 때문이라는 걸 깨닫고 나면, 금석지감이 드는 걸 어찌할 수 없다.

그러나 스마트폰의 핵심은 하드웨어가 아니라 SW에 있다. 애플은 스마트폰 기기를 폭스콘에 위탁 생산하지만, OS에 기반한 SW는 직접 개발하여 소비자들의 효용을 증대시킨다. 통신 회사의 유·무선 네트워크를 통해 소비자들은 실시간으로 정보를 공유하고 소통한다. 소비자들은 스마트폰을 통해 항상 연결되어 있다. 정전이나 사고로 인해 네트워크 연결이 중단될 때 패닉 상태에 빠지는 걸 보면, 우리가 평소에 얼마나 서로 긴밀하게 연결되어 있는지를 역설적으로 확인하게 된다.

스마트폰의 더 큰 효용은 서비스 기능에 있다. 앱 스토어에는 사람들의 다양한 욕구를 충족시키는 수많은 SW 제품들이 등록되고 있으며, 소비자들은 이를 자신의 기호에 맞게 선택, 스마트폰에 설치하여 사용한다. 인스타그램, 페이스북, 블로그, 내비게이션, 워드프로세스, 이북, 신용카드 등 다양한 앱들의 가치는 사용자 수가 증가할수록 수확 체증의 법칙에 의해 증가하게 된다. 우리는 스마트폰을 통해 현대사회가 서비스 중심의 사회로 가고 있다는 걸 실감한다.

자동차산업도 스마트폰과 동일한 질적 변동을 경험하고 있다. 스마트폰으로 경험한 미래 사회의 '기억'은 이제 SDV로의 전환을 통해 자동차의 영역으로 확대 재생산되고 있다. 주택 다음가는 고가의 이동 수단인 자동차는 미래를 향해 진화하면서 스마트폰 이상으로 사람들의 일상을 변화시키고 있다.

전기차를 기반으로 한 SDV와 자율주행차가 완전한 단계로 실현되면, 운전자가 필요 없게 되고 대당 운행 시간이 증가함에 따라 자동차 일자리의 수요 자체가 줄어들 가능성이 크다. 자동차산업의 새로운 가치사슬을 담당하면서 성장할 ① 차량 공간 내부의 인포테인먼트, ② 온라인 마케팅, ③ 전기차 충전소 등의 일자리도 인간보다는 SW나 기계가 대체할 가능성이 커지고 있다.

2부

미래차 글로벌 대전

미래차 전환의 계기가 마련됨에 따라 디트로이트의 자동차업체들도 실리콘 밸리 테크 기업들과의 제휴 또는 경쟁의 형태로 미래차 전환에 뛰어들게 된다. 그러나 미래차 글로벌 대전의 선두주자는 단연코 실리콘 밸리 출신의 신흥 전기차업체 테슬라였다. 테슬라는 순수 전기차의 실용화에 최초로 성공했을 뿐 아니라, SDV와 자율주행차 경쟁에서도 앞서가고 있다. 미래차 글로벌 대전의 양상은 선두주자 테슬라의 질주와 이를 추격하는 레거시 자동차업체들 간의 경쟁이라고 집약된다.

그러나 최근 수년간 중국 민영업체들의 추격이 본격화되면서 미래차 글로벌 대전의 양상이 변화되고 있다. '딥시크' AI의 충격에 버금가는 중국의 거센 도전이 미래차 분야에서도 진행되고 있는 것이다. 내연차에서 국제 경쟁력을 획득하지 못한 채 영원히 변방에 머무를 것 같았던 중국이 정부의 압도적인 지원에 힘입어 전기차의 대량생산과 대량 수출을 실현했고, 이제 자율주행차 분야에서도 테슬라를 위협하는 성과를 보여 주고 있다. 달리 말하면, 미래차 글로벌 대전의 양상은 선두 그룹 테슬라 및 중국 민영업체들의 질주와 이를 추격하는 레거시 자동차업체들 간의 경쟁이라고 집약된다.

2부 1장에서는 신흥 전기차업체 테슬라의 기술혁신을 설명하고, 보론(1장)

에서는 미래차 전환을 지원하는 미국 정부의 산업 정책을 정리한다. 2장에서는 또 다른 '신흥' 전기차업체인 중국 민영업체들의 '굴기'(崛起)*를 보여준다. 보론(2장)에서는 중국 민영업체들의 미래차 분야 압축성장을 가능케 한 중국 정부의 산업 정책을 설명한다. 3장에서는 미래차 경쟁의 또 다른 주체인 모빌리티 서비스 분야의 우버 등 승차 공유업체를 소개한다. 4장과 5장에서는 기존 내연차 분야의 최강 레거시 자동차업체들인 폭스바겐과 토요타가 미래차 전환에 어떻게 대응하고 있는지를 설명한다.

향후 미래차 전환의 양상은 "신흥 전기차업체들이 주도하는 쪽으로 권력이 이동하는가, 아니면 기존 레거시 자동차업체들이 적절한 대응으로 수성에 성공하는가"에 따라 구체화될 것이다. 현시점에서 권력 이동의 추는 신흥 전기차업체 쪽으로 기우는 듯 보이지만, 글로벌 경쟁의 최종 승자가 누가 될지는 아직 불확실하다.

---

* '굴기'(崛起)란 산이 우뚝 솟은 모양을 지칭한다. 2000년대 들어 중국 정부는 자신들의 개혁개방 정책을 '화평굴기'(和平崛起)라는 용어로 집약하고 있다. 이는 중국 경제를 평화적인 방법으로 선진국 수준으로 발전시키겠다는 의미이다.

1장

신흥 전기차업체의 질주 I

테슬라

경제성 있는 전기차를 최초로 개발한 기업은 실리콘 밸리의 신생 기업 테슬라였다. 기존의 자동차업체들이 내연차에 대한 집착에서 쉽게 벗어나지 못할 때, 실리콘 밸리의 신생 기업 테슬라가 기술혁신을 통해 전기차 제품의 선두주자가 된 것이다. 2003년에 설립된 '테슬라'의 회사명은 니콜라 테슬라라는 발명가의 이름에서 따온 것이다. 세르비아 출신의 이민자였던 테슬라는 교류용 전동기의 상용화를 최초로 실현한 사업가로서, 토머스 에디슨보다 뛰어난 엔지니어였다. 테슬라는 이런 의미에서 혁신적 전기차업체에 어울리는 사명이라고 할 수 있다.

남아공 출신의 이민자 일론 머스크도 아메리칸 드림을 기술혁신을 통해 실현한 엔지니어였다. 머스크는 ICT 사업에서의 성공을 토대로 하여 전기차 사업을 시작한다. 혁신적 온라인 결제 서비스업체 페이팔을 설립해서 성공한 머스크는 2004년 페이팔을 이베이에 매각한 대금 중 일부를 테슬라에 투자하면서 공동 설립자들을 제치고 테슬라의 최고 경영자로 취임했다.

머스크는 단순한 투자자가 아니라 제품 개발에 몰입하는 열정적인 엔지니어이다. 모델 3의 양산이 차질을 빚었을 때 생산 현장에 야전침대를 갖다놓고 진두지휘를 했다고 한다. 머스크는 경영자라기보다는 자신의 혁신 기술을 불확실한 경제 환경 속에서 실현해 내려 한다는 점에서 비저너리(visionary)에 가깝다. 달리 말하면, 기술혁신 자체보다는 그 기술을 상업화하는 데 재능을 가졌다는 점에서 아이폰을 개발한 스티브 잡스와 유사하다. 테슬라는 머스크 1인이 모든 의사결정을 독점하는 탑다운의 수직적 의사결정체계를 가지고 있다. 머스크의 리더십이 지금까지 테슬라의 성공을 이끌어 온 것은 사실이지만, 최근의 주가 변동 추세를 보면 머스크 1인에 의존하는 데 따른 위험 부담도 동시에 가지고 있다.

지금부터는 테슬라의 전기차와 SDV, 자율주행 시스템 개발에 대해 살펴보기로 하자.

1. 전기차와 SDV

테슬라는 이전까지와는 전혀 다른 방식으로 설계된 전기차 제품을 개발하는 데 성공함으로써, 전기차 제품에서 사실상의(de facto) 표준을 확립하게 된다. 수백 개의 리튬이온 배터리를 차 바닥에 모듈 방식으로 배열, 결합시킴으로써 전비(電比) 효율을 극대화한 것이다. 내연차의 동력 발생 장치에 해당하는 엔진 기능을 전기차에서는 배터리가 담당한다. 배터리에서 나오는 전기 동력은 전동 모터를 통해 4바퀴에 전달된다. 내연차의 변속기에 해당하는 기능으로는 감속기가 있지만, 매우 단순하다. 전기차는 내연차에 비해 부품 수가 작을 뿐 아니라, 구조와 기능 간의 관계에서도 일대일로 대응하는 모듈 제품으로서의 성격이 강해졌다. 제품 디자인에서도 엔진 룸과 내부 공간이 여유 있게 확보되어 설계상의 우위를 드러낸다.

머스크가 혁신적 전기차 구상을 실현하여 최초로 개발한 모델은 로드스터였다. 테슬라는 설립 후 계속 적자를 면치 못했지만, 2018년 모델 3의 양산이 안정화되면서 흑자로 전환했고, 2022년까지 세계 전기차시장의 점유율 1

표 2-1-1 전기차업체별 배터리 전기차 판매량(단위: 대, %)

	2020		2021		2022	
	판매대수	점유율	판매대수	점유율	판매대수	점유율
테슬라	494,244	22.3	938,435	19.6	1,313,887	16.4
BYD	123,627	5.6	335,582	7.0	925,782	11.5
상하이자동차	235,425	10.6	612,867	12.8	900,418	11.2
VW	220,818	9.9	442,960	9.3	574,708	7.2
지리	43,581	2.0	120,637	2.5	422,903	5.3
르노닛산	196,471	8.8	261,736	5.5	392,244	4.9
현대차그룹	145,609	6.6	245,174	5.1	374,963	4.7
기타	760,581	34.3	1,820,926	38.1	3,115,650	38.8
전기차 합계 (비중)	2,220,356 (2.9%)	100.0	4,778,317 (5.9%)	100.0	8,020,555 (9.9%)	100.0
완성차 전체	77,766,294	-	81,439,571	-	80,631,101	-

자료: 한국자동차연구원(2023).

위를 고수했다(표 2-1-1). 테슬라의 주요 모델을 생산하는 자동차 공장은 캘리포니아주 프리몬트에 위치하고 있는데, 이 공장은 2010년 테슬라가 GM과 토요타의 합작 법인 NUMMI를 인수한 것이다. NUMMI는 토요타가 토요타 생산방식을 미국에 이식하는 데 성공했다고 자랑하던 현지 공장으로서, 이 공장이 테슬라의 주력 공장으로 변모한 것은 자동차산업의 새로운 전환을 상징하는 사건이다.

테슬라는 전기차 하드웨어 기술에서만 앞서 나가는 것이 아니라, '소프트웨어 중심 차량'(SDV)의 개념을 구현하고 있다. SDV는 전기·전자 제품과 유사하게 차량의 구동을 소프트웨어로 제어하는 것뿐 아니라, 성능의 업데이트도 소프트웨어를 통해 한다. 기존의 내연차 차량은 완벽하게 검증이 된 다음에 출시하지만, SDV는 일단 출시하고 문제가 되면 중간에 보완해서 수정 배포하는 과정을 지속적으로 반복하는 것이다. 즉, 소프트웨어의 개발과 배포를 동시에 운영하는 것이다(면담 정리, 2025).

테슬라는 SDV에 기반하여 자율주행 기술에서도 선두주자의 위치를 고수하고 있다. 테슬라 차량은 8대의 카메라로 비전을 확보해 최대 250미터 범위까지 360도 시야를 제공한다. 3차원으로 전환된 이미지 정보에 시간 개념을 추가하여, 컴퓨터 비전의 인지 정확도를 향상시킨 것이다. 테슬라는 차량에 설치된 카메라와 '엔드투엔드'(end to end) 방식을 통해 다른 차량, 주변 도로와 소통함으로써 실시간 교통정보를 수집한다.

테슬라는 ADAS(첨단운전자보조시스템) 기능을 '오토파일럿'과 '완전 자율주행'으로 구분하여 제공하고 있다. 오토파일럿 기능이란 자율주행 레벨 2 정도에 해당하는 것으로서, 운전자의 개입 없이도 차선 내에서 자동으로 조향, 가속 및 제동을 하도록 도와주는 기능이다. 이를 통해 차량 간 간격을 유지하는 크루즈 컨트롤, 차로 유지 기능 등을 기본으로 수행한다. 추가로 향상된 오토파일럿 옵션을 유료로 구입하면 자동 차로 변경, 자동 주차, 차량 호출 등의 기능을 사용할 수 있다. 여기서 더 나아가 고가의 FSD 옵션을 구입하면 신호등 및 정지 표시판 인식, 오토파일럿 내비게이션 시내 주행 등을 사용할 수 있다. 이는 자율주행 레벨 3 정도에 해당하는 것이다.

테슬라 전기차의 가장 큰 특징은 OTA 기능이다. 테슬라는 OTA 기능을 통해 자사가 판매한 전기차 제품에 최신 SW를 실시간으로 무선 업데이트하고 있다. OTA가 적용된 차량은 회사로부터 업데이트된 SW 정보를 실시간으로 전송받아 바로 적용할 수 있을 뿐 아니라, 동력 장치 등 차량 자체의 성능까지 업데이트할 수 있다. 테슬라의 OTA 기능이 활성화됨에 따라 테슬라의 중고차 잔존 가치가 경쟁사 제품에 비해 획기적으로 높아졌다. 예컨대, 구입 후 3년 된 아이오닉의 감가율은 47.7%인 데 비해, 테슬라 모델 3의 감가율은 10.2%에 불과하다(이현주, 2022). 테슬라 고객의 충성도가 높은 이유를 이해할 수 있다.

그러나 테슬라가 실현하고자 하는 보다 중요한 기능은 자율주행 AI 모델의 개발이다. 이를 위해서는 양질의 데이터를 활용한 인공 신경망의 학습이 필요하다. 테슬라는 OTA를 통해 고객 차량의 각종 운행 정보를 전달받는다. 회사는 이렇게 전달받은 운전자의 주행 습관, 주행 기록, 도로 사정, 사건 기록과 같은 운행 정보를 빅데이터로 저장한다. 테슬라는 자사의 차량을 이용하는 운전자가 늘어날수록 더 많은 데이터를 모을 수 있게 된다. 테슬라는 인공 신경망의 빅데이터 학습을 통해 인간을 대체할 수 있을 정도의 예측 정확성을 확보하고자 한다. 요컨대, 테슬라는 향상된 SW 제품을 고객 차량으로 전달해 업데이트해 주고, 역으로 고객 차량의 각종 운행 정보를 회사로 전달해 자율주행 AI 모델의 개발을 추진하고 있다(김진성, 2022).

테슬라는 올해 내에 로보택시를 출시하겠다고 선언했다. 로보택시가 상용화되면, 택시 기사의 인건비를 절약할 수 있기 때문에, 운임을 4분의 1 정도로 낮추면서 대중교통의 혁명을 촉발할 것으로 예상된다. 테슬라 경영진의 발표에 따르면, 모델 Y를 개조한 로보택시는 처음에는 원격으로 모니터링되지만, 점차 완전 자율주행으로 전환하게 될 것이라고 한다. 텍사스 오스틴에서 10대로 시작해 점차 지역과 운행대수를 늘려 갈 것이라고 한다(이현, 2025. 6.14).

흥미로운 것은 머스크가 사업을 하는 목적이 자율주행 전기차를 많이 팔아 수익을 많이 올리는 데 그치지 않는다는 것이다. 머스크는 친환경 녹색

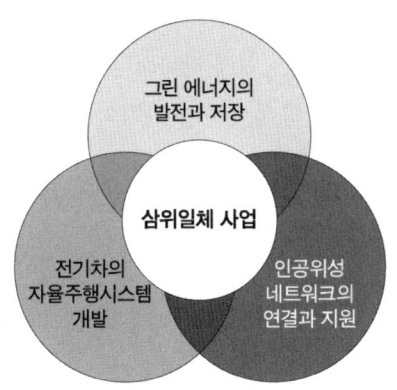

그림 2-1-1 일론 머스크의 그린 에너지 비전
자료: 다나카 미치아키(2018: 95).

기술을 계속 발전시켜 위기에 처한 인류를 구원하겠다는 원대한 비전을 가지고 있다. 머스크는 페이팔을 매각한 돈으로 세 가지 꿈을 실현했다. ① 전기차 제조업체 테슬라, ② 태양광 전기공급업체인 솔라시티, ③ 민간 우주항공기업 스페이스 X를 설립한 것이다. 이 세 가지 사업은 서로 밀접히 연관된다. ① 전기차의 자율주행 시스템 개발은 이를 실현하기 위한 ② 그린 에너지의 발전과 저장, ③ 인공위성 네트워크 '스타링크'의 연결과 지원이라는 요소로 밀접히 연관되어 있다(그림 2-1-1).

2. 그린 에너지와 네트워크 연결

테슬라는 앞으로 늘어날 자율주행 전기차의 대중화와 확산을 위해서는 기존의 발전 시스템을 넘어서는 그린 에너지의 발전과 축적이 필요하다고 본다. 화력발전과 같은 탄소 배출을 통한 전력 공급이 아니라, 완전한 탄소 제로, 즉 태양광 등 그린 에너지의 효율적 생산·저장·공급·사용을 위한 에너지 시스템을 구상하고 있는 것이다. 이를 위해서는 그린 에너지의 대규모 축적을 위한 전기저장시스템(Electric Storage System: ESS)뿐 아니라 낮은 원가로 에너지를 공급받는 배터리 셀이 중요한 구성 요소이다. 테슬라는 그린 전기를 대용량으로 저장하는 ESS를 통해 전기차뿐 아니라 민간 주택에까지도 미래차 전기를 공급하고자 한다. 또한 테슬라는 현재 파나소닉, LG 등으로부터 공급받는 배터리 셀을 자체적으로 개발하여 저렴한 가격의 친환경 배터리 셀로 점차 교체해 나갈 계획이다.

테슬라의 전기차가 자율주행을 실현하기 위해서는 네트워크로 상호 연결된 커넥티드카의 실현이 필수적이다. 테슬라는 저궤도 위성 간의 레이저 네트워크를 구축해서 수많은 차량·클라우드를 연결하는 대용량 데이터의 고속 이동을 추진하고 있다. 이와 관련하여 테슬라의 관계사인 스페이스 X의 우주항공 기술혁신은 놀라운 것이다. 스페이스 X는 미국항공우주국(NASA) 등으로부터 우수한 엔지니어를 대거 영입하여 기존 로켓의 발사 비용을 10분의 1 이하로 줄였을 뿐 아니라, 한 번 발사 후에 폐기하는 것이 아니라 여러 차례 재활용이 가능한 로켓을 개발했다.

스페이스 X의 기술혁신이 자율주행 차량의 개발과 관련하여 중요한 것은 저궤도 위성들로 구성된 데이터 네트워크가 작동하고 있다는 사실이다. 테슬라는 저궤도 위성 기반의 데이터 네트워크를 자율주행 AI 모델을 훈련하기 위한 데이터 레이블로 사용하고, 개선된 모델의 차량 전송 OTA 업데이트를 위해 활용하고 있다. 이 네트워크는 향후 보급될 자율주행 차량의 클라우드 제어를 위해, 그리고 지구 어디서든 접속 가능한 초고속 데이터 네트워크를 확보하는 데 활용될 예정이다. 우크라이나 정부의 전쟁 수행에 테슬라가 자사의 인공위성 네트워크를 사용하도록 지원했다는 것은 시사하는 바가 크다. 테슬라는 2030년까지 현재의 7천 기를 돌파한 인공위성을 4만 2천 기까지 궤도에 올려 스타링크를 통해 실시간 정보를 소통함으로써 자율주행을 완성할 계획을 추진하고 있다(돈파이트페드, 2024). 실로 야심 찬 계획이 아닐 수 없다.

그러나 테슬라 전기차의 자율주행 수준은 아직 레벨 2~3에 불과하다. 운전자를 필요로 하지 않는 완전 자율주행 단계인 레벨 4~5에 도달한 것은 아니다. 최근 오토파일럿 모드의 오작동 사고가 여러 차례 발생한 것은 테슬라 자율주행 시스템의 불완전함과 취약성을 보여 준다. 테슬라는 일련의 충돌 사고를 빚은 후 미국도로교통안전국(NHTSA)의 조사를 받고 있다. 예컨대, 2016년 5월 클리블랜드에서 모델 S가 오토파일럿 모드로 주행하던 중 커다란 트레일러를 감지하지 못해 정면충돌로 운전자 조슈아 브라운이 사망하는 사고가 발생했다. 이는 맑은 날씨 때문에 레이더와 카메라가 트레일러의 선명한 흰색 표면을 하늘로 인식해 트레일러를 감지하지 못했다는 것이다(번스, 2019: 479). 이 사고의 책임 원인에 대해서는 아직 법정 공방이 진행 중이다. 테슬라는 충돌 전 차량의 경고음이 울렸다고 하는데, 운전자가 오토파일럿 기능을 사용하다가 경고음이 울린다고 해도 곧바로 운전으로 복귀하기는 쉽지 않은 것이 현실이다.

요컨대, 테슬라의 야심 찬 계획에도 불구하고, 전기차의 자율주행 기능은 아직 완전하지 않다. 챗GPT에게 테슬라의 FSD 기능에 대해 설명해 달라고 했더니 다음과 같은 답변이 돌아왔다. "FSD란 테슬라가 제공하는 선진적인 운전자 보조 시스템입니다. 운전자를 전혀 필요로 하지 않는 완전한 의미의 자율주행은 아직 아니지만, 테슬라는 FSD를 유료 SW 업그레이드를 통해 제공하고 있습니다. 자율주행 기능은 주위 환경을 파악하고 대응할 수 있는 카메라, 레이더, 초음파 센서를 조합하여 자동 조향, 내비게이션, 차선 변경 등을 포함합니다."

테슬라는 기존의 레거시로부터 자유로운 전기차업체이다. 실질적 오너인 머스크의 리더십으로 기술혁신을 선도할 뿐 아니라, 기존 인력의 부담 없이 자율주행차를 개발하고 있다. 테슬라에는 아직 노조가 존재하지 않고, 자체적으로 생산하지 않는 부품들은 시장 거래를 통해 조달한다. 2023년에는 180만 대를 생산했지만, 2030년까지 2천만 대 생산을 목표로 하고 있다.

그러나 테슬라가 전기차 선두업체로서의 지위를 유지하고 있음에도 불구하고, 언제 완전한 의미의 자율주행을 실현할 수 있는지 예견하기란 쉽지 않다. 기술의 안전성 향상, 복잡한 주행 시나리오를 위한 좀 더 정교한 알고리즘 개발, 자율주행 차량에 대한 규제 정비 등 기술적, 정책적 과제를 해결해야 한다. 테슬라가 완전한 FSD를 실현하기 위해 노력하고 있음에도 불구하고 완전한 자율주행, 즉 운전석 자체가 필요 없는 레벨 5의 실현은 아마도 10년 이상의 시간이 걸릴 것으로 예상된다. 그럼에도 불구하고, 테슬라의 기술혁신은 미래차 전환의 프런티어에 위치한다.

3. 테슬라의 미래

끝으로, 테슬라의 기술중심주의를 언급하지 않을 수 없다. 머스크는 종업원을 최대한 AI로 대체하는 것을 추진하고 있다. 머스크는 그가 일자리를 없앤 숫자를 자신의 성취의 기준으로 삼는다.

이런 사고방식은 그가 트럼프 행정부의 '정부 효율부'(DOGE) 장관으로 취임해서 추진한 업무에서도 그대로 반복되었다. 머스크는 민주적으로 선출된 공무원을 과학자와 엔지니어로 대체하는 것을 목표로 삼았던 것이다. 과학자와 엔지니어만이 경제의 핵심인 산업 현장을 이해할 수 있다고 생각했던 셈이다(Lepore, 2025).

미래차 전환을 향한 글로벌 경쟁이 점차 본격화되고 있다. 테슬라 경영에서 최고 경영자 머스크 개인의 비중이 너무 커서, 그의 처신 자체가 큰 변수로 작용하는 것이 사실이다. 그러나 미래차 글로벌 경쟁은 환경 규제, 기술 혁신, 산업 정책 등의 변수들이 복합적으로 작용하면서 전개되고 있다. 미래차 글로벌 경쟁에서, 최후 승자가 누가 될지 지켜보기로 하자.

보론: 실리콘 밸리와 미국 정부의 미래차 지원 정책

보론에서는 ① 테슬라의 성공을 가능케 했던 실리콘 밸리의 창업 생태계와 ② 미국 정부의 미래차 지원 정책을 소개하고자 한다. 미래차 전환에서는 현재 테슬라를 비롯한 실리콘 밸리의 테크 기업들이 앞서가고 있다. 다른 한편으로, 미국 정부는 보조금과 제조업 르네상스 정책을 통해 미래차 전환을 지원하고 있다. 산업 정책을 통해 미국 자동차산업의 경쟁력과 좋은 일자리를 회복하려는 것이다. 여기서는 이 두 가지 흐름이 미국의 미래차 분야 전환에 어떻게 작용하는지를 살펴보고, 향후를 전망하려 한다.

1. 실리콘 밸리 생태계

테슬라의 성공을 개별 기업의 혁신 능력만으로 설명할 수는 없다. 테슬라의 성공의 이면에는 수많은 첨단 기업들로 구성된 실리콘 밸리의 생태계가 인프라로 작용하고 있다. 실리콘 밸리는 정부의 직접적인 산업 정책을 기피하고, 시장 경쟁을 중시하는 미국의 경제구조에서 생겨났다. 실리콘 밸리는 전문성을 기초로 하여 기업 활동을 수행하고 있으며, 노동시장 역시 직능을 중심으로 형성된 외부 노동시장에 의존하는 미국 경제의 특징을 보여 준다.

이러한 특징은 '돌파적'(breakthrough) 기술혁신을 창출하는 데 적합하다. 전문가들의 인력 이동이 실리콘 밸리를 중심으로 이루어지기 때문에, 특정 기업이 망하더라도 기술혁신의 능력이 지역 내부에 집적되는 것이다.

또한 기업 간의 상호 학습을 통해 기술 능력이 향상되는 동태적 네트워크가 작동하고 있다. 지역 차원의 네트워크 생태계를 통해 기술혁신이 촉진되는 외부경제 효과를 보이는 것이다(서울대 지역종합연구소, 1994).

수많은 테크 기업들이 창업을 하고 성공한 것은 실리콘 밸리 생태계와 밀접히 연관된다. 기업 간의 개방적이고 상호 보완적 네트워크를 통해 정보를 공유하고 협업할 수 있을 뿐 아니라, 실패를 하더라도 다시 창업하는 것이 용이하기 때문이다. 머스크가 플랫폼 기업인 페이팔 같은 테크 기업을 창업 후 성공시켜 매각한 다음, 테슬라를 인수한 것도 실리콘 밸리라는 생태계가 있기 때문에 가능했던 일이다. 테슬라가 전기차의 핵심 부품을 폐쇄적 가치사슬을 통해 내부에서 조달한다고 하더라도, 전후방 연관이 있는 모든 소재 및 부품과 서비스까지 자체 조달하는 것은 불가능하다. 테슬라는 유능한 인재들도 실리콘 밸리의 개방적 노동시장을 통해 조달하고 있다.

실리콘 밸리에서 창업한 전기차, 자율주행차 테크 기업만 하더라도 루시드 모터스, 리비안, 바이톤, 웨이모 등이 있다(표 2-1(보론)-1). 현재는 테슬라가

표 2-1(보론)-1 실리콘 밸리의 전기차 및 자율주행차 업체들

업체명	주요 제품/서비스	특징 및 성과
루시드 모터스	루시드 에어(전기차)	최대 400마일 주행 가능, 현대차 출신 임원 영입
리비안	전기 픽업트럭, SUV	아마존과의 파트너십, 혁신적인 디자인 및 기술
바이톤	스마트 전기 SUV	사용자 경험을 중시한 혁신적인 인터페이스 개발
웨이모	자율주행 택시 서비스	구글의 자율주행차 부문, 다양한 테스트 및 상용화 진행

가장 성공한 전기차업체이지만, 빙산의 일각에 불과하다. 그 저변에는 수많은 신생 기업들이 성장하고 있다.

2. 미국 정부의 미래차 지원 정책

2008년 글로벌 금융위기 이후 미국 정부는 산업 정책의 재정비를 통해 미래차 전환을 지원하고 있다. 미국 정부는 전기차 기술혁신을 위해 R&D, 생산, 대출 보증 등 다양한 방법을 사용하고 있다. 미국 정부는 연비 기준을 강화하여 전기차에 대한 수요를 증가시켰고, 의회와 긴밀히 협력하여 배터리 및 전기차 산업에 경기 부양 자금을 할당했다. 이 경기 부양책에는 구매 인센티브 등 다양한 수단을 사용하고 있다. 소비자와 생산자 모두에게 상당한 보조금을 지원하고 배기가스 규제도 강화했다.

미국 정부는 자율주행차 개발을 촉진하기 위해서도 여러 가지 지원 정책과 프로그램을 시행하고 있다(GPT 4o, 2025).

① 연구 및 개발 지원: 미국교통부(DOT)와 미국도로교통안전국(NHTSA)은 자율주행차 기술의 연구 및 개발을 위해 자금을 지원하고 있다. 이들은 다양한 연구 프로젝트와 시범 프로그램을 통해 자율주행차의 안전성과 효율성을 높이는 데 기여하고 있다.

② 규제 프레임워크 구축: 정부는 자율주행차의 안전성을 보장하기 위해 규제 체계를 마련하고 있다. NHTSA는 자율주행차 관련 가이드라인을 발표하고, 제조업체들이 안전기준을 준수하도록 유도하고 있다.

③ 시험 및 시범 운영: 캘리포니아 등 여러 주에서 자율주행차의 시험 운행을 허용하고 있으며, 정부는 이러한 시범 프로그램을 지원한다. 이를 통해 자율주행차의 실제 도로 상황에서의 성능을 평가하고, 필요한 규제를 개선하는 데 도움을 주고 있다.

④ 인프라 투자: 자율주행차의 안전하고 효율적인 운영을 위해 도로 및 교통 인프라에 대한 투자를 확대하고 있다. 이는 차량과 인프라 간의 통신(V2I) 기술 혁신을 지원하며, 자율주행차의 성능을 향상시키는 데 기여한다.

⑤ 산학 협력 및 파트너십: 정부는 대학 및 연구 기관과 협력하여 자율주행차 기술을 연구하고 개발하는 프로젝트를 지원하고 있다. 이러한 협력은 새로운 기술의 개발과 상용화를 촉진한다.

3. 미국 정부의 제조업 르네상스 정책

2010년대 이후 장기적 관점에서 지속적으로 추진되고 있는 미국 정부의 제조업 르네상스 정책도 주목할 필요가 있다. 오바마 행정부 이후 미국 정부는 제조업 지원 정책을 도입하기 시작했다. 시장 경쟁에만 맡겨 둔 결과, 기업들이 제조업 기반을 해외로 옮기면서 미국 산업의 공동화 현상이 심각해졌기 때문이다. 여기서 '산업 공유자산'(industrial commons)의 개념을 소개할 필요가 있다. 산업 공유자산이란 혁신을 창출·유지하는 지리적으로 착근된 집합적 연구개발, 엔지니어링 및 제조 역량이다. 자동화가 지배적이라고 하더라도, 고숙련, 고부가가치 일자리는 생산 현장에서 여전히 중요하다. 제품 혁신, 시제품 검사, 현장 근로자의 숙련, 산학 협력 등과 같은 산업 생태계를 필요로 하기 때문이다. 디자인과 R&D 역량도 제조 역량과 불가분의 관계를 맺고 있다. 제조업 르네상스 정책은 이러한 산업 공유자산의 미국 내 회복을 목표로 추진되고 있다(정준호, 2016).

바이든 행정부의 인플레이션감축법(IRA)도 제조업 지원 정책과 여러모로 연관되어 있다. 바이든 행정부의 IRA와 제조업 지원 정책은 미국의 자동차 산업이 지속 가능한 성장과 혁신을 이루는 데 중요한 역할을 해 왔다. 트럼프 행정부의 관세 인상 정책도 궁극적으로는 미국 내 제조업의 현지 생산을 유인하려는 의도를 갖고 있다. 트럼프 정부는 외국산 철강 제품에 이어 자동차 제품에 대해서도 25%의 관세 부과를 추진하고 있다. 이로 인해 수입품 가격이 상승하면 미국 내 소비자들은 상대적으로 저렴한 국산 제품을 선택하게 되고, 기업들은 해외 생산보다 미국 내 생산을 확대하는 유인이 생긴다. 예를 들어 중국산 전기차 부품에 고율 관세가 적용되면, 테슬라와 같은 기업은 국내 생산을 늘려 비용을 절감하려 할 것이다.

요컨대, 미국 정부는 미래차 전환을 직접적으로 지원하는 산업 정책과, 중장기적으로 제조업 생산 기반을 확충하는 제조업 르네상스 정책을 추진하고 있다. 이 두 가지 정책은 미래차 전환을 지원하되 리쇼어링을 통해 미국 내 제조업 생산 기반을 확충한다는 점에서 상호 보완적이라고 할 수 있다.

4. 트럼프 행정부의 미래차 지원 정책 철회

하지만, 트럼프 행정부 이후 미래차 전환을 과거로 되돌리려는 일련의 정책이 시행되고 있다. 첫째, 연비 및 배출기준 완화. 오바마 행정부 때 SAFE Vehicles Rule을 도입하면서 설정했던 2025년까지의 자동차 연비 기준(54.5마일/갤런)을 약 40마일/갤런으로 하향 조정했다. 내연차가 중심인 미국 자동차업체들의 전환 비용 부담을 완화해 주기 위한 것이다. 둘째, 캘리포니아주 정부의 독자적 배출기준 권한을 철회하고 연장 정부가 권한을 행사하기로 했다. 이는 미래차 의무 판매 비율 규제에도 영향을 미칠 것으로 예상된다. 셋째, 전기차에 대한 연방 세금 공제(7,500달러)를 폐지하려고 시도하고 있고, 테슬라, GM 등 일부 제조사의 세금 공제는 기존 규정에 따라 이미 종료된 상태이다.

미국 정부는 자율주행 차량에 대한 규제도 완화하고 있다. DOT는 자율주행 차량에 대한 규제를 연방 정부 차원에서 통합하려고 한다. 'NHTSA'가 설정했던 각 제조업체의 연간 자율주행 차량 운행대수 제한(2,500대)도 완화될 것으로 전망된다. 테슬라의 로보택시 운행에 대한 규제도 완화될 것으로 예상된다. 또한 2024년 말 미국 정부는 "자율주행 차량을 위한 국가 프로그램" 법안을 공포했다. 이는 기존의 자율주행차 규제를 대폭 완화하고, 상용화를 위한 면제 조항을 확대하는 내용이다.

하지만, 미국 정부의 규제 완화만으로는 중국 우위의 판도를 바꾸기 힘들 것이라는 회의론도 있다. 트럼프 행정부가 관세 장벽을 높이면서 전기차 대신 내연차 중심 정책으로의 복귀를 예고하고 있기 때문이다(조선일보, 2024. 11.22).

이러한 정책 변화는 미래차 전환을 늦추고 기존의 내연차 산업을 지원하는 방향으로 이루어지고 있다. 트럼프의 관세 정책은 수입 의존도 감소와 현지 투자 유인을 통해 제조업 생산 기반을 강화하려는 전략이다. 트럼프 행정부의 경제자문위원회 위원장 스티븐 미런의 발언은 이러한 문제의식을 확인해 준다.

"우리는 우리의 제조업 및 방위산업 기반을 약화시키고 금융 시스템을 교란하려는 적대적 경쟁국들의 공격을 받고 있습니다. 우리의 제조 역량이 공동화된다면 우리는 국방도 기축 자산도 제공할 수 없게 될 것입니다"(미런, 2025).

트럼프 행정부의 산업 정책은 미래차 전환을 지연시키고 내연차 경쟁력을 회복시키려 한다는 점에서, 오바마 행정부 이후 제조업 르네상스 정책과는 상치되는 것이다. 트럼프의 관세 정책은 글로벌 공급망 재편 비용과 물가 상승 리스크를 동반할 것이다. 이 정책의 지속 여부는 향후 국가 간 협상과 경제지표에 따라 달라질 것으로 예상된다(Perplexity-reasoning, 2025).

결론적으로, 미래차 전환과 관련하여 미국에는 두 가지 흐름이 교차하고 있다. 실리콘 밸리라는 첨단산업 생태계가 테슬라, 리비안 등 테크 기업들의 자생적 창업과 성장에 필수적인 생태계로 작용하고 있다. 이들 테크 기업은 미래차 전환의 선도적 역할을 담당하고 있다. 다른 한편으로 오바마 행정부 이후 미국 정부는 미래차 지원 정책과 함께 자동차산업의 경쟁력 회복을 지원하는 제조업 르네상스 정책을 추진하고 있다. 해외로 이전한 생산능력의 리쇼어링을 통해 미국 자동차산업의 생산 기반을 확충하려는 것이다.

그러나, 트럼프 행정부 이후 미래차 전환 정책에 제동이 걸리고 있다. 빅 3 레거시업체와 8개의 자동차 협회를 포함한 관련 주체들은 경쟁적으로 로비 활동을 하면서 조율된 목소리를 내지 못하고 있다. 이해관계자 간의 수평적 조정이 부족하여 통일된 정책 수립이 이루어지지 못하고 있는 것이다(Jeong et al., 2024). 미국 정부의 산업 정책이 향후 미국 자동차업체들의 미래차 전환에 얼만큼 긍정적으로 작용할지 주목된다.

2장

신흥 전기차업체의 질주 II

중국 민영업체의 굴기

중국은 이미 세계 최대의 자동차 시장으로서 생산과 판매에서 미국과 일본을 추월한 지 오래이다. 2021년 기준으로 글로벌 자동차 판매대수 8,300만 대 가운데 2,600만 대는 중국 시장에서 판매되었다. 이는 글로벌 판매대수의 3분의 1 정도를 차지하는 것이다(자동차공업협회, 2023). 중국은 자동차 '대국'이긴 하지만, 자동차 선진국은 아직 아니다. 내연차 분야에서 선진 업체들과 합작하여 자동차를 대량생산하긴 하지만, 고유 브랜드, 자체 기술로 자동차 강국이 되진 못했기 때문이다. 중국 정부가 미래차 전환을 집중적으로 지원하는 것은 이런 맥락에서이다. 최근 미래차 분야에서 중국의 '굴기'(倔起)가 진행되고 있다. 중국은 전기차 성공에 힘입어 자율주행차에서도 자동차 선진국으로 떠오르고 있다.

이 장은 미래차 전환과 관련된 중국 자동차산업의 '굴기'를 해명하고자 한다. 이 장은 다음과 같이 구성된다. 먼저, 중국 자동차산업의 전기차 분야 성공을 해명한다. 중국 정부의 적극적 지원에도 불구하고, 내연차 분야에서 내수 시장 위주의 성장을 벗어나지 못하던 중국 자동차산업이 어떻게 전기차 분야에서 글로벌 경쟁력을 획득하게 되었는지 민영업체들을 중심으로 설명한다. 다음으로는 중국 민영업체들이 자율주행차 분야에서 어떻게 상호 경쟁하면서 발전하고 있는지를 SW 플랫폼에 초점을 맞춰 분석한다.

1. 내연차 굴기의 실패

덩샤오핑의 개혁개방 이후 중국 정부는 국영 자동차업체들이 글로벌 자동차업체와 50 대 50 지분으로 합작하도록 유도했다. 레거시업체들과의 합작과 기술 도입을 통해 중국 국영기업들이 경쟁력을 획득하길 기대한 것이다. 중국 정부는 대출금과 보조금 지급을 통해 국영기업을 지원했다.

1980년대 중반 다른 레거시업체들이 머뭇거리고 있을 때, 폭스바겐은 상하이자동차와 합작하여 현지 생산을 시작하면서 중국 시장에서의 선두 자리를 확보했다. 이어서 GM, 토요타, 닛산 등이 합작 법인으로 중국 현지 생산을 시작했다. 현대차그룹도 좀 늦긴 했지만, 2002년 현대차가 베이징자동차와 합작하여 현지 생산을 시작했다. 기아차도 둥펑자동차·위에다 유한공사와 합작하여 현지 생산을 하고 있다.

그러나 합작 투자 방식을 통해 선진 기술과 지식을 이전받으려는 오랜 노력에도 불구하고, 중국은 글로벌 수준의 자동차업체를 배출하지 못했다. 중국 정부의 정책은 '자동차 대중화'를 통해 2008년 이후 중국 내수 시장이 세계 최대 규모로 성장하는 데 기여했지만, 중국 자동차업체들이 선진 기술을 이전받는 데는 실패했다고 평가된다. 내연차 제품은 '통합 아키텍처'를 특징으로 한다. 달리 말하면, 내연차 제품은 제품의 특성상 구조와 기능을 일대일로 연계하기 어렵기 때문에, 제품 개발 과정에서 복합적 조율을 필요로 한다(Ulrich, 1995: 422). 엔진 등 내연차의 핵심 기술은 '암묵지'의 비중이 커서 합작이나 기술 협력을 통한 공식적 기술이전이 쉽지 않았다. 세계시장을 선도하는 레거시업체들과 합작했음에도 불구하고, 이들 업체는 한 세대 지난 모델을 중국에서 생산했을 뿐 아니라, 핵심 기술을 중국 기업들에 이전하는 데는 소극적이었다(Jeong et al., 2024).

2. 내연차에서 전기차로의 전환

중국 자동차산업의 굴기는 2010년대 후반 이후 본격화되고 있다. 먼저, 중국 자동차산업의 현황을 살펴보자. 중국 자동차산업의 추세를 보면, 기존 내수 중심의 양적 팽창에서 수출 확대, 차종 및 수출국의 다양화, 그리고 해외 생산 증가 등 질적 성장이 진행되고 있다(표 2-2-1). 최근 5년간 중국 내수 시장은 2,400만~2,500만 대 수준에 정체되고 있음에도 불구하고, 수출이 2019년 100만 대 수준에서 2023년 491만 대로 4배 이상 확대되었다. 내수 둔화에도 불구하고, 수출구조 다변화를 통해 세계 1위 자동차 수출국으로 부상한 것이다. 중국 자동차업체들은 관세 회피, 물류비 절감, 미국·EU 등 주요국의 보호무역 강화에 대응하기 위해 해외 공장 설립, 인수, 합작 법인(Joint Venture: JV) 설립 등의 방법으로 현지 생산을 확대하는 추세이다(한국자동차모빌리티산업협회, 2024).

그림 2-2-1을 보면, 수출 중에서도 전기차가 차지하는 비중(회색 실선 그래프)이 20%를 상회하는 것을 확인할 수 있다. 2024년 상반기 해외의 전기차

표 2-2-1 중국 자동차산업의 생산, 판매, 수출(단위: 대, %)

연도	생산	판매	비율	수출	비율
2009	13,790,994	13,644,794	98.4	215,171	1.6
2010	18,264,761	18,061,936	97.0	557,849	3.0
2015	24,567,250	24,661,602	97.0	750,807	3.0
2020	25,225,242	24,309,098	96.0	1,001,971	4.0
2023	30,160,966	25,183,701	83.7	4,909,997	16.3

자료: 한국자동차모빌리티산업협회(2024).

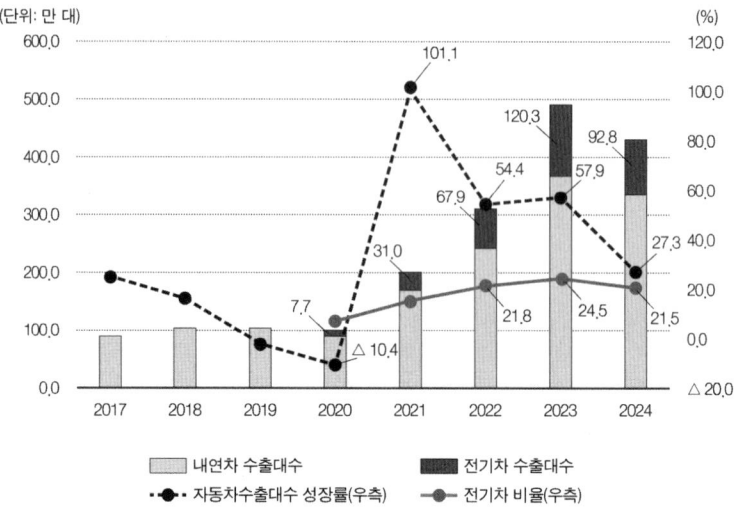

그림 2-2-1 중국 자동차 수출대수 추이
자료: 国汽車工業協会(CAAM).

시장에서 중국계 브랜드 판매량은 약 42만 대(점유율 16.3%)로 증가했으며, 주요국의 보호무역 기조에 따라 상대적으로 무역 장벽이 낮은 신흥 시장으로 수출을 확대하고 있다.

2010년대 후반부터 중국 자동차업체들은 전기차 분야에서 뚜렷한 경쟁 우위를 발휘하기 시작하고 있다. 2017년을 기점으로 중국은 판매대수 기준으로 세계 최대의 전기차 대국이 되었다.

2023년 BYD는 전기차 판매대수에서 선두주자인 테슬라를 추월했다. 같은 해 중국은 수출대수 기준으로 일본을 제치고 세계 최대 자동차 수출국으로 올라섰다. 이 중 전기차가 차지하는 비중은 25%에 달한다. 2024년 중국의 전기차 판매대수는 세계 최초로 월 100만 대를 돌파했다(한국자동차모빌리티산업협회, 2024).

3. 민영 자동차업체 중심의 성장

표 2-2-2는 중국 자동차업체들의 순위가 어떻게 변화되었는지를 뚜렷이 보여 주고 있다. 2010년의 10대 자동차업체 가운데 1위에서 6위까지가 국영 자동차업체들이다. 이들은 해외 자동차업체들과의 50 대 50 합작을 통해 내연차 기술을 도입, 소화하려고 했지만, 국제 경쟁력을 획득하는 데 실패했다. 내수 시장은 세계 최대 규모로 성장했지만, 수출은 거의 전무한 상태였다.

하지만, 전기차 전환을 계기로 중국 자동차산업의 국제 경쟁력은 뚜렷하게 강화된다. 2023년 10대 자동차업체를 보면, 2010년에는 포함되지 않았던 BYD, 장성, 리오토, 샤오펑 4개 업체가 신규로 진입한 것을 알 수 있다. 흥미로운 점은 이들이 모두 민영업체라는 것이다. 2010년에 10대 자동차업체에 포함되었던 지리, 체리까지 포함하면 도합 6개가 민영업체들이다. 중국 자동차산업의 주도권이 국영기업에서 민영업체로 전환된 것이다. 이들 민영업체 가운데 리오토와 샤오펑은 100% 순수 전기차만 생산하는 업체들이고, BYD

표 2-2-2 중국 자동차업체의 판매 순위(단위: 만 대, %)

순위	2010년			2023년		
	기업명	판매대수 (만 대)	국영/민영	기업명	판매대수 (만 대)	국영/민영 (전기차 비율)
1	상하이자동차	355.6	국영	BYD	302.1	민영(45%)
2	제일자동차	282.5	국영	상하이자동차	251.3	국영(30%)
3	둥펑자동차	255.2	국영	지리자동차	246.6	민영(35%)
4	창안자동차	190.2	국영	광저우자동차	235.8	국영(25%)
5	베이징자동차	148.3	국영	장성자동차	182.4	민영(20%)
6	광저우자동차	107.2	국영	체리자동차	176.5	민영(30%)
7	지리자동차	102.7	민영	둥펑자동차	174.2	국영(15%)
8	화천자동차	98.5	민영	창안자동차	168.7	국영(40%)
9	장화이자동차	95.8	민영	리오토	152.1	민영(100%)
10	체리자동차	68.2	민영	샤오펑	141.6	민영(100%)

등 나머지 업체들도 전기차의 비중이 높다. 불과 10여 년 사이에 중국 자동차산업의 주력 제품이 내연차에서 전기차로 전환된 것이다. 이들 업체는 2023년 중국이 일본을 제치고 세계 최대의 자동차 수출국으로 떠오르는 원동력이 되고 있다. 이들은 무역 장벽을 넘어서기 위해 유럽, 동남아시아, 남미 등 주요 지역의 현지 생산도 추진하고 있다.

다시 강조하지만, 전기차 분야에서 경쟁 우위를 나타내고 있는 자동차업체들은 대부분 민영업체이다. 기술 및 가격 경쟁력을 모두 갖춘 BYD와 니오(NIO), 샤오펑(Xpeng), 리오토(Li Auto) 같은 신흥 기업 3사, 화웨이와 샤오미 등 빅테크 ICT업체들이 글로벌 확장을 주도하고 있다.

중국 내수 시장에서 전기차 판매대수만을 기준으로 보면, BYD가 압도적인 1위로서 32.7%의 점유율을 보이고 있다(표 2-2-3). 미국 업체인 테슬라는 2위로서 8.3%의 점유율을 차지하고 있다. 이 중 아이온(AION)(4위), 리오토(5위), 니오(9위), 샤오펑(10위)은 100% 전기차만을 생산하는 민영업체들이다.

표 2-2-3 중국 자동차업체 전기차 판매대수(2023년)

순위	자동차업체	대수(만 대)	전년비 증감(%)	점유율(%)
1	BYD	239.0	50.9	32.7
2	테슬라	60.4	36.8	8.3
3	상하이자동차	45.2	1.2	6.2
4	아이온	44.2	107.0	6.1
5	리오토	37.7	178.8	5.2
6	지리자동차	31.2	97.7	4.3
7	창안자동차	28.0	42.6	3.8
8	장성자동차	20.7	93.4	2.8
9	니오	16.0	33.1	2.2
10	샤오펑	13.4	10.9	1.8

자료: 中国自動車流通協会乗用車市場情報聯席分会(CPCA).

4. 전기차 선두주자 BYD

현시점에서 전기차 분야를 선도하는 민영업체는 'BYD'이다. BYD는 1995년 중국 선전에서 소형 배터리 제조업체로 출발했지만, 2003년 국영 친촨(秦川)자동차를 인수하여 완성차를 제조하기 시작한 후 전기차의 비중을 늘려왔다. BYD는 워런 버핏이 성장 잠재력을 보고 대규모 투자를 한 기업으로 유명하다. 2008년 버핏은 자신의 회사인 미드아메리칸에너지를 통해 2.3억 달러를 투자하여 BYD의 지분 9.9%를 인수했다. 그 후 BYD의 주가가 등락을 거듭했음에도 불구하고, 버핏은 "BYD에 대한 투자는 잘한 결정"이라고 평가했다.

2022년의 글로벌 전기차 판매대수 802만 대 가운데 BYD는 93만 대로 테슬라 131만 대에 다음가는 판매대수 2위를 기록했다(표 2-1-1). 이는 순수 전기차 판매만을 집계한 것으로서, 플러그인 하이브리드 전기차(PHEV) 판매대수까지 합하면, BYD는 테슬라를 앞질러 1위를 기록했다(한겨레, 2023.2.13). 작년의 글로벌 전기차 판매량 10대 업체 중에는 BYD뿐 아니라 상하이(3위), 지리(5위) 등 중국 업체 3개가 포함되었다. 이는 글로벌 전기차 시장의 63%를 차지하는 중국 내수 시장의 판매에 힘입은 바가 크다. 중국의 전기차 시장은 글로벌 전기차 시장의 60%를 상회한다(자동차연구원, 2023). 그럼에도 불구하고, 중국이 전기차에서 강국으로 부상하고 있는 것은 분명한 사실이다. 중국의 전기차 수출은 전년 대비 120% 증가했다. 내연차에서 뒤졌던 중국의 경쟁력이 전기차에서는 선두로 진입하고 있다(동아일보, 2023.5.3).

BYD가 어떤 기업인지 좀 더 알아보기로 하자. "Build Your Dreams"의 약자인 BYD는 중국 토착 민간기업으로서 창업과 발전 과정이 미국 실리콘 밸리의 벤처 기업을 연상케 한다. BYD를 설립한 왕찬푸 회장은 1966년 안휘성의 가난한 농촌에서 태어났다. 왕찬푸는 어려운 가정환경에서 중난대학교 야금물리화학과를 우수한 성적으로 졸업한 후, 베이징 비철금속연구원에 근무하면서 배터리를 연구했다. 1995년 왕찬푸는 친척에게 빌린 250만 위안을 자본금으로 20여 명의 직원과 함께 배터리 전문 제조업체 BYD를 설립했다. 왕찬푸는 1997년 아시아 금융위기를 넘긴 후, 2003년 주주들의 반대에도 불구하고 자동차산업 진출을 선언한다.

왕찬푸 회장은 공학도 출신의 엔지니어로서 처음부터 배터리를 포함한 주요 부품의 자주 개발을 목표로 연구개발에 집중했다. BYD의 매출액에서 R&D 투자 비율은 6%로, 이는 주요 자동차업체의 평균 연구개발 비율 3~5%를 상회하는 수준이다. 중국에서 왕찬푸 회장의 별명은 '기술광인'이다. 현재 BYD는 세계 배터리업체 중 배터리 출하량 기준으로 CATL, LG에너지솔루션에 이어 3위에 위치해 있다(남대엽, 2018). 이와 같은 배터리 기술과 배터리 출하량은 BYD가 전기차 시장에서 경쟁력을 발휘하는 핵심 요소로 작용하고 있다. 배터리가 전기차 원가에서 40~50%의 비중을 차지할 뿐 아니라, 가격 변동 폭도 크기 때문이다. 전기차업체 가운데 배터리 내재화를 성공적으로 실현한 업체로는 BYD가 유일하다. 테슬라를 비롯한 폭스바겐, 토요타 등이 배터리 내재화를 추진하고 있지만, 아직 충분치 못한 것이 현실이다.

BYD는 소수의 전략 모델을 중심으로 전기차 라인업을 점진적으로 확대하고 있는 다른 전기차업체들과는 달리 이미 세단, 크로스오버, MPV(다목적 차량), SUV, 상용차 등 다양한 제품 포트폴리오를 갖추고 있다.

BYD의 생산기술도 선진국 수준으로 올라섰다. 예컨대, 중국 선전시의 BYD 공장 차체 라인에는 로봇 1,740대가 설치되어 용접 공정 자동화율이 87%에 이르고, 대당 사이클 타임은 58초이다. 24시간 가동되면서 10개의 전기차 제품을 혼류로 유연하게 생산하고 있다(한국경제, 2024.11.25). BYD는 전기 승용차 시장에서 내수 시장의 한계를 넘기 위해 해외시장 진출을 추진하고 있다. 이미 독일, 스웨덴, 말레이시아 등 15개 국가로 수출하고 있고, 런던의 상징으로 여겨지는 빨간색 2층 전기 버스도 BYD가 수출한 것이다. 인도, 태국, 브라질에서는 현지 생산 공장을 가동하고 있다(이건한, 2023.4.6).

이 정도면 중국 토착 기업으로서의 한계를 넘어선 것 아닐까?

하지만, BYD는 SDV로의 전환이라는 관점에서는 SW의 내실이 부족하다고 평가된다. 오토파일럿이나 자율주행은 아직 제대로 하지 못하고 있다. 리버스 엔지니어링(reverse engineering)을 해 보면 현대차보다 조금 나은 정도라고 한다. 하지만, 휴대폰 사업을 하고 있기 때문에, SW의 성격을 잘 알고 있다는 것은 장점이라고 할 수 있다(면담 정리, 2024).

테슬라와 비교할 때 BYD의 경쟁 우위가 무엇인지 챗GPT에게 물어봤더니 이런 대답이 돌아왔다. "BYD의 경쟁 우위는 배터리 기술과 중국 시장에서의 유리한 지위에 있습니다. 첫째, BYD는 2차전지에서 세계 최대 제조업체 중 하나가 될 정도로 20년 이상 배터리 사업을 지속해 왔습니다. 둘째, BYD는 전기차 최대 시장인 중국에서 확고한 지위를 갖고 있습니다. 이러한 노하우와 관계를 활용하여 중국 소비자의 취향에 부합되는 제품을 개발하고 있습니다. 더욱이 BYD는 중국 토착 자동차업체들과의 제휴를 통해 그들의 연구개발 및 유통망을 활용할 수 있습니다. 반면, 테슬라는 선진적인 자율주행 기술, 강력한 브랜드 인지도, 고급차 이미지, 전용 충전소 등에서 경쟁 우위가 있습니다. 결론적으로 BYD와 테슬라는 서로 구분되는 고유한 강점과 경쟁 우위를 지닌 선도적인 전기차업체라고 할 수 있습니다."

5. 자율주행차 분야의 추격

여기서 주목할 것은 자율주행차 분야에서도 중국 자동차업체들의 추격이 본격화되고 있다는 것이다. 자율주행차는 운전자 대신 AI가 운전하는 차량을 의미한다. 기존에 운전자가 수행하던 인지-판단-제어의 과정을 인공지능이 데이터에 기반한 자율주행 SW를 통해 수행하는 것이다. 이를 위해서는 현실 세계의 이동에 대한 데이터의 확보와 훈련이 요구되며, 그리고 이를 수

시로 차량에 무선 업데이트시켜 줄 필요가 있다(메리츠증권, 2024). *

흥미로운 것은 중국 정부와 테슬라의 협력이다. 중국 정부는 테슬라에게 합작 법인이 아닌 100% 자회사로 현지 생산 법인의 설립을 허용하고, 데이터 센터의 가동도 인가했다. 2025년에는 테슬라 완전 자율주행 SW의 시장 진입을 허용할 예정이다. 중국 정부의 파격적인 테슬라 허용은 자율주행 선두주자인 테슬라의 '메기 효과'를 통해 중국 업체들의 이 분야 경쟁을 촉진하려는 의도이다(메리츠증권, 2024).

테슬라도 데이터 축적과 사용이 자유로운 중국을 자율주행차의 테스트 베드로 활용할 생각이다. 중국 최대의 포털업체인 바이두(百度)와 협력하여 자율주행 시스템의 상용화에 나섰고, 2026년경부터 본격화할 것으로 예상되는 자율주행 로보택시 시장 진출도 모색하고 있다(M Today, 2024.4.30).

중국 민영업체 중에서는 화웨이가 앞서가고 있다. 2024년 화웨이는 테슬라의 FSD에 해당하는 SW 프로그램 ADS 3.0을 공식 출시했다. 화웨이는 로보택시 시장을 테슬라와 함께 주도할 것으로 예상된다.

중국 자율주행 SW의 개발은 ① 스마트카 자체 SW를 개발 중인 자동차업체에게 드라이브 플랫폼을 공급하는 엔비디아, ② 스마트카의 SW/HW를 개발하여 자동차업체에게 라이선싱 중인 화웨이의 양대 진영으로 구분된다.

좀 더 구체적으로 보면, 민영업체들(샤오미, 니오, BYD)은 주로 엔비디아의 스마트카 플랫폼을 기반으로 자율주행차를 개발하고 있고, 이에 맞서 국영 레거시업체들이 화웨이의 스마트카 드라이브 플랫폼(=추론칩)에 기반하여 자율주행차를 개발하고 있다. 그러나 최근 니오, 샤오펑, 리오토 등은 화웨이나 엔비디아에 의존하지 않고 자체 추론칩을 설계하여 하드웨어 비용을 절감하고 SW 최적화를 추진하는 새로운 움직임도 목격되고 있다(메리츠증권,

---

* 자율주행차의 하드웨어는 구조가 복잡한 내연차보다는 모듈적 성격이 강하고 각종 전자부품의 활용이 용이한 전기차를 기반으로 하고 있다.

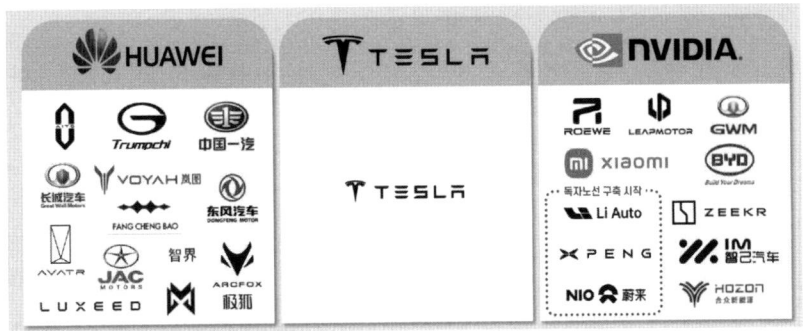

그림 2-2-2 스마트카 개발을 둘러싼 중국 시장의 경쟁 구도
자료: 메리츠증권 리서치 센터(2024).

2024). 미국의 반도체 수출 규제와 치열한 시장 경쟁 속에서 저가의 자체 추론칩을 개발하기 위해 노력하고 있는 것이다. 자율주행차 개발을 둘러싼 중국 업체 간의 경쟁 구도를 정리하면 그림 2-2-2와 같다.

중국 미래차 시장은 급속히 변하고 있기 때문에, 이러한 경쟁 구도는 잠정적일 뿐 수시로 재편되고 있다. 예컨대, 최근 화웨이는 전기차업체 세레스와 공동 개발한 아이토 M9을 출시하여 고급차 시장 1위에 올랐다.

6. 바이두의 아폴로 프로젝트

자율주행차에서 새롭게 떠오르는 또 다른 기업이 '바이두'이다. 어쩌면 중국 정부는 바이두나 화웨이에 전기차 개발에서 뒤처진 중국 국영 자동차 기업을 SW 측면에서 서포트하라는 임무를 맡겼을 수 있다.

바이두에 대해 좀 더 알아보기로 하자. 바이두는 현 회장인 리옌훙이 2000년 베이징에서 창업한 회사이다. 리옌훙은 베이징 대학교에서 정보과학 학사, 뉴욕 주립대학교 버팔로 캠퍼스에서 컴퓨터과학 석사를 취득한 후 인포시크 등에서 근무하다가 바이두를 창업하게 되었다. 2005년 미국 나스닥에 상장했으며, 현재 4만 5천여 명의 직원이 근무하고 있다. 바이두는 실리콘 밸리에 AI 연구소를 설립하고, 3년간 10만 명의 AI 엔지니어를 육성하겠다고 선언했다.

중국은 세계 최대의 검색업체인 구글이 사업을 포기하고 철수한 유일한 나라이다. 2010년 구글은 중국 정부의 검열이 심하다는 이유로 철수를 선언했고, 중국 정부 역시 구글 서비스를 차단했다. 구글이 떠난 후 검색 시장의 공백을 채운 중국판 검색 서비스업체가 바이두이다. 바이두는 구글이 떠난 중국 검색 서비스 시장의 70~80%를 점유하여 사실상 독점적 지위를 확립하고 있다.

바이두는 검색 서비스 분야뿐 아니라 자율주행 분야에도 적극적으로 진출하고 있다. 바이두는 2013년부터 체리자동차 등 중국 토착 자동차업체들과 협력하면서 완전 자율주행에 필요한 고해상도 3차원 지도, 차량 위치 센싱, 행동 예측, 운행 계획, 운행 지능형 제어 등 자율주행에 관련된 기술을 개발해 왔다. 2015년에는 무인운전 사업부를 설립하여 베이징 주변에서 자율주행차 테스트 운행을 실시했다. 2016년에는 자율주행의 연구개발과 테스트를 위해 실리콘 밸리에 거점을 설립하고, 캘리포니아주에서 자율주행차의 테스트 주행을 실시하는 허가를 취득했다.

2017년 바이두는 '아폴로 계획'이라고 하는 야심 찬 자율주행 플랫폼 계획을 발표했다. 바이두가 추진하는 아폴로 계획은 중국 정부가 지원하는 국책 플랫폼이다. 미국 NASA의 유인 우주비행 계획에서 이름을 따온 아폴로 계획은 글로벌 차원에서 자율주행 기술의 플랫폼을 구축하려는 방대한 계획으로, 국내외 유수한 기업들을 파트너로 참여시키고 있다. 중국의 5대 자동차 회사뿐 아니라 독일의 다임러, 미국의 포드, 한국의 현대차, 일본의 혼다가 참여하고 있다. 부품업체 중에서도 보쉬, ZF, 콘티넨탈 등 유수의 대기업이 참여하고 있다. 그 외에도 자율주행의 심장부 역할을 하는 반도체업체 엔비디아, 인텔, 그리고 클라우드 서비스에서 마이크로소프트 등 실로 다양한 분

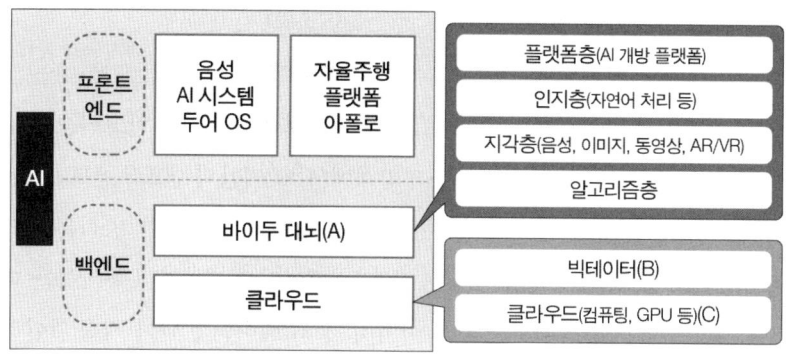

그림 2-2-3 바이두의 AI 사업 체계
자료: 다나카 미치아키(2018).

야의 기술 대기업들이 참여하고 있다(다나카 미치아키, 2018).

그림 2-2-3은 바이두가 지금까지 추진해 온 AI 기술의 전략적 집대성을 보여 준다. '바이두 대뇌'란 검색에서 사용자 편의성을 향상시키기 위해 컴퓨터로 신경망을 만들어서 다층적 학습 모델과 대량의 기계학습을 통해 데이터 분석과 예측을 수행하는 것이다. 아폴로 계획의 핵심은 자율주행 플랫폼을 구축하는 사업으로서, 두어 OS와 함께 방대한 AI 사업 체계를 구성하고 있다.

두어 OS란 사람이 말을 걸기만 해도 AI 비서가 처리하는 스마트 기기와 솔루션을 단기간에 개발해 주는 기본 SW이다. 엔터테인먼트, 생활 스타일, 스마트 폼 등 10개 영역에서 스피커, 가전, 모바일, 자동차 등 다양한 스마트 기기를 통해 사용자에게 서비스를 제공할 예정이다. 아폴로 계획은 AI 기술, 빅데이터, 자율주행 기술을 공개하고 상호 공유함으로써, 파트너사들이 단기간에 독자적 자율주행 시스템을 구축하도록 하는 것이 목적이다. 아폴로 계획의 특징은 첫째, 개방 플랫폼이다. 둘째, 기술 플랫폼 형태를 취하고 있다. 셋째, 참여하는 파트너사가 다양하다(다나카 미치아키, 2018).

7. 중국 미래차의 전망

최근 중국 전기차업체들의 자율주행 방식이 사전에 준비된 알고리즘에 따라 이루어지는 '규칙기반'(Rule-Based) 방식에서 AI 기반의 엔드투엔드(end to end) 방식으로 점차 전환하고 있다는 점이 흥미롭다. '규칙기반' 방식은 미리 코딩한 대로 교통신호, 차선, 도로표지판 등 데이터에 기반하여 동작하는 데 비해, 엔드투엔드 방식에서는 AI가 이미지, 센서 데이터를 받아 직접 판단하여 제어한다. 즉, 운전 데이터를 기반으로 AI가 자체적으로 학습하여 최적의 방식으로 운전하는 것이다. 전자는 기존의 ADAS(첨단운전자보조시스템)에서 사용되던 자율주행 방식이고, 후자는 테슬라가 주도해 온 방식이다. 중국 업체들의 실주행 데이터가 축적되면서 자신감이 커짐에 따라, BYD, 바이두 등이 엔드투엔드 방식의 자율주행으로 전환하면서 테슬라를 위협하고 있다.

또한, 중국 민영업체들은 저가의 중국산 라이다를 장착함으로써 근거리 주행에서, 또한 테슬라가 추진하는 카메라에만 의존하는 방식을 앞서고 있다. 자율주행차에 필수적인 라이다, 카메라 센서 등은 중국 제조업체들이 대규모로 생산해서 가격을 낮췄다. 자율주행차 부품 조달에 필요한 생태계를 구축한 것이다.

이 장에서 우리는 미래차 전환과 관련된 중국 민영업체들의 굴기를 해명하고자 했다. 중국 자동차산업은 내연차 분야에서는 선진국 추격에 실패했지만, 미래차 분야에서는 전기차 내수 시장 석권뿐 아니라 선진국 대량 수출과 현지 생산을 통해 굴기하고 있다. 이는 보조금 지원과 수요 창출을 통한 중국 정부의 적극적 지원 정책과 이에 부응한 중국 민영업체들의 치열한 시장 경쟁이 상승작용을 일으킨 결과라고 할 수 있다. 중국 민영업체들은 자율주행에서도 SW 개발과 반도체, 라이다 등 저렴한 부품에 기반한 경쟁력, 그리고 정부의 파격적 스마트카 인프라 정책에 힘입어 테슬라 등 선두주자들을 위협하고 있다.

보론: 중국 정부의 산업 정책

1. 미래차 분야의 성공 요인

중국 자동차산업이 내연차 분야에서는 실패했던 데 비해, 미래차 분야에서 성공한 이유는 무엇일까? 첫째, 전기차 제품의 모듈적 성격을 고려할 필요가 있다. 자동차 제품은 기본적으로 통합적 아키텍처이지만, 전기차 제품은 배터리, 반도체 부품 등의 비중이 커지면서 모듈화가 진전되어 왔다. 모듈화란 기능과 구조가 일대일로 상응하는 모듈 아키텍처 원리에 입각하여 설계된 제품을 생산과정에서는 모듈이라는 하나의 중간 부품 단위로 만들어 최종 조립 라인에 투입하는 생산방식을 말한다(Fujimoto, 2007: 84~85). 따라서 1부 3장에서 설명한 것처럼, 오픈 아키텍처의 성격이 강한 중국 전기차는 내연차에 비해 '암묵지'보다 '형식지'의 비중이 커서 차량 설계와 생산기술 습득이 상대적으로 용이하다. 2천여 전기차업체들 간의 치열한 시장 경쟁이 진행되는 가운데, BYD 등 전기차 분야에서 선진국 수준의 경쟁력을 갖춘 민영업체들이 급속히 출현하게 된 것이다.

둘째, 정부의 적극적 지원에 의해 마련된 탄탄한 부품 소재 공급망 등 우수한 전기차 생태계를 지적할 수 있다. 중국 정부는 전기차(NEV) 산업 집중 육성과 10년 이상 지속된 구매 보조금 등 지원 제도, 보조금 기준 강화 등 구조 조정과 경쟁 촉진을 통해 민영업체의 기술 경쟁력 제고를 지원하면서 세계 최대의 전기차 생태계를 조성했다. 전기차 핵심 소재 공급망에 대한 중국 정부의 주도권 확보와 기업 차원의 핵심 소재 및 배터리 등 부품 수직계열화를 통해 가격 경쟁력을 확보할 수 있었다(한국자동차모빌리티산업협회, 2024).

2. 중국 제조 2025

중국 자동차산업 굴기의 근본적 이유는 중국 정부의 중장기적 산업 정책이 효과적으로 작용했기 때문이다. 중국 정부가 오랜 기간 지속적으로 추진한 산업 정책이 효과를 보고 있는 것이다. 중국의 산업 정책은 환경보호라는 과제뿐만 아니라, 내연차에서 좌절되었던 자동차산업 굴기의 열망을 반영한다. 2009년부터 중국 정부는 막대한 보조금을 지급하고 정부 구매를 통해 전기차 수요를 촉진함으로써, 중국산 전기차가 국내시장을 장악하고 해외시장 진출에도 성공할 수 있도록, 적극적 산업 정책을 추진했다(이항구, 2024.9.23). 2015년 중국 정부는 "중국 제조 2025"를 발표했다. 전기차, 배터리, 드론, 5G 통신, 고속철 등 10개 분야에서 산업 경쟁력을 끌어올려 제조업 강대국이 되겠다는 계획이었다. 이 계획은 중국 정부의 강력한 지원에 힘입어 대부분 실현된 것으로 평가된다(조성호, 2025).

2017년 중국 정부는 "자동차산업 중장기 발전 계획"을 발표하고 2020년까지 세계에 통용되는 중국 브랜드를 구축해 자동차 선진국에 수출하는 것을 목표로 삼았다. 중국은 10년 후 세계 자동차 강국이 되는 것을 최종 목표로 내걸었다(다나카 미치아키, 2018). 중국 정부는 전기차산업을 육성하기 위해 특정 지역의 소비자를 위한 넉넉한 보조금과 지방정부에 대한 강력한 전기차 구매 압력을 포함한 다양한 정책을 시행했다. 구체적으로 전기차 정책 수단으로는 정부 주도 R&D 지원과 조달, 보조금(예: 구매 보조금과 세금 면제)과

규제 인센티브(예: 무료 주차, 버스 전용차로 이용, 통행료 면제 등)을 들 수 있다. 그리고 2035년을 내연차 판매 금지의 데드라인으로 설정하고 있다(Li et al., 2018; Li et al., 2022). 이처럼 중국 정부의 다양한 정책에 힘입어 전기차업체들은 내수 시장뿐 아니라 글로벌 시장에서도 두각을 나타내기 시작했다.

민영업체들의 경쟁력 강화를 가능케 한 중국 정부의 산업 정책은 어떻게 효율적으로 기능했던 것일까? 우리는 중국 공산당의 권위주의적 중앙집권 통치의 비효율성과 부정부패에 대해 잘 알고 있다. 그렇기 때문에 서방의 시각은 중국의 굴기에 대해 비관적이었다. 외연적 성장에서는 성공했지만, 내포적 성장이 요구되는 단계에서는 권위주의 통치가 지속될 수 없으리라고 전망했던 것이다.

하지만, 중국 자동차산업의 전기차 굴기는 이러한 비관적 전망을 반박하고 있다. 여기서는 지방정부와의 협력을 통해 전기차 굴기를 성공시킨 중국 정부의 산업 정책을 '위계적 실험주의'(Heilmann, 2008)라는 이론을 적용하여 설명하고자 한다. 중국의 중앙정부는 자동차산업을 전략적 핵심 산업으로 생각하여 이를 발전시키기 위한 다양한 정책들을 시행착오를 감수하면서 시행해 왔다(Bai et al., 2020). 흥미로운 것은 권위주의인 중앙정부 통치 엘리트들 간의 상호 견제와 내적 갈등으로 인해 지방정부의 일정한 자율성이 허용되었다는 것이다(Zhang et al., 2025). 이러한 구조적 조건은 특정 지방정부의 혁신이 성공할 경우 전국적으로 확산되는 동력으로 작용했다. '위계적 실험주의' 이론은 중국의 전기차 굴기에 상당한 설명력을 제공한다. '위계적 실험주의'를 자동차산업의 사례에 적용한다면, 지방정부와 민영업체들 간의 조정이 긴밀하게 이루어지고 지방정부 간 경쟁이 진행되는 가운데, 지리적으로 특정 지방정부의 성공 사례가 중국 전역으로 확산된 것이라고 볼 수 있겠다.

3. 중국 자동차산업의 미래

현재로서는 상황이 유동적이기 때문에, 중국 자동차산업의 미래를 단정적으로 전망할 수 없는 것이 사실이다. 중국 기업들의 자율주행 분야 약진은 정부의 스마트카 인프라 정책과 맞물려 있다.

중국 정부는 2017년에 발표한 '차세대 AI 발전 계획'에서 2030년까지 AI 분야에서 세계 최고 선진국이 되겠다고 선언했다. 국책 AI 사업으로 네 가지 과제가 설정되었고, 각 과제에 대한 위탁 기업이 선정되었다. 네 가지 과제란 도시계획, 의료영상, 음성인식, 자율주행이다. 이어서 2023년 중국 정부는 "디지털 중국" 전략을 발표하면서 첨단 제조업 중 스마트카(자율주행차) 분야 육성을 선언했다. 스마트카 정책은 ① 자율주행 SW 개발, ② 지능형 도로, 법 정비 등 인프라 구축, ③ 자율주행 SW 차량 이용 허용, 무인 주차, 무인 배달 등 서비스에 대한 허용 등을 내용으로 한다. 전기차 분야의 성공을 자율주행차 분야로 이어 가겠다는 것이다.

2024년 중국 정부는 베이징, 상하이, 우한 등 20개 도시를 '스마트 커넥티드카 응용 시범지역'으로 선정하여 자율주행차 운행을 전면적으로 허가했다. 커넥티드카란 전기차 기반의 차량이 도로, 클라우드와 통합하여 자율주행을 하는 개념이다(Economy Insight, 2024.10.1). 정부의 지원에 힘입어 중국은 세계 최대의 자율주행차 시험장으로 성장하고 있다. 데이터 수집이나 프라이버시 규제가 느슨한 것이 자율주행차 운행에는 유리한 조건으로 작용하고 있다. 중국의 자율주행차 업체들은 과감한 규제 완화로 글로벌 기술 경쟁에서 앞서가고 있다. 20개 도시에서 로보택시 운행이 가능해지면서, 이미 수억 킬로미터에 달하는 주행 데이터를 축적했다. 여기에 SW 기술력까지 더해져 자율주행차 분야에서 급성장하고 있다.

이런 양상이 지속될 경우, 자율주행차 분야에서 중국 업체들이 테슬라를 추월할 수 있다는 전망이 대두하고 있다. 화웨이, 샤오펑 등 중국 민영업체들은 자율주행차 분야에서 테슬라를 추월할 것인가? 중국과 미국의 패권 경쟁이라는 정치경제적 측면은 일단 논외로 하고 산업 내부의 측면으로만 본다면, 중국 민영업체의 약진 가능성이 상당하다고 할 수 있다.

중국 민영업체들의 자율주행차 개발이 정부의 데이터 수집, 인프라 조성 등 파격적인 지원 정책과 맞물릴 때, 테슬라에 버금가는 비약적 발전 가능성을 배제할 수 없을 것이다. 최근 테슬라가 바이두의 지도 데이터를 접목해 FSD의 주행 능력을 높이기로 했다는 결정은 무척 흥미롭다. 중국 정부의 데이터 외국 유출에 대한 규제 때문에 현지 주행 데이터를 활용하지 못했던 테슬라가 바이두와 협력하기로 한 것이다.

다른 측면에서는, 중국 내수 시장에 주로 의존해 온 전기차업체들이 공급 과잉 상태에서 출혈경쟁을 하고 있어, 정부의 보조금이 줄어들 경우 심각한 구조 조정의 소용돌이에 직면할 가능성이 큰 것도 고려할 필요가 있다.

중국 자동차산업의 미래는 어떻게 전망할 수 있을까? 딥시크 R1에게 중국 자율주행차 개발의 기술력을 미국 테슬라와 비교해 달라고 질문했더니 다음과 같은 답변이 돌아왔다. "중국의 자율주행차 기술을 미국 테슬라와 비교할 때, 현재 기술 수준과 전략적 차이점을 고려해야 합니다. 검색 결과에 따르면 중국 기업인 바이두는 테슬라와의 기술 경쟁에서 특정 분야에서는 우위를 점하고 있지만, 전반적인 생태계 측면에서는 아직 격차가 존재합니다."

중국 정부의 권위주의적 정책을 고려할 때, 중국 전기차산업의 미래에 대해 어떻게 생각하느냐고 챗GPT에게 물었더니 다음과 같은 답변이 돌아왔다. "중국 정부의 권위주의적 정책은 양면성을 갖고 있습니다. 중국 정부의 권위주의적 정책이 인권과 자유에 대한 우려를 낳고 있는 것은 사실입니다. 그럼에도 불구하고, 중국 정부는 전기차의 생산과 판매를 촉진할 수 있는 보조금, 세금 감면, 규제 등 다양한 정책을 시행하고 있습니다. 또한 전기차업체, 공급업체, 인프라 제공자 등으로 구성되는 강력한 생태계를 발전시키고 있습니다. 결론적으로, 중국 전기차산업의 미래는 지속적인 투자와 혁신뿐 아니라, 정부와 이해관계자들이 지속 가능하고 공정한 교통 시스템을 발전시키기 위해 어떻게 노력하는가에 달려 있습니다."

3장

승차 공유업체 우버와 글로벌 경쟁자들

> 공유경제가 제시하는 모빌리티 모델의 스펙트럼은 매우 방대하다. 공유경제는 (우리가) 이동하는 방식을 계속해서 급진적으로 바꿔 놓을 것처럼 보인다. _두덴 회퍼, 『누가 미래의 자동차를 지배할 것인가』

이 장에서는 모빌리티 서비스, 그중에서도 승차 공유 서비스에 대해 살펴보려고 한다. ① 먼저 승차 공유 서비스의 구조를 설명한 후, ② 우버 등 주요 업체들에 대해 알아보고, ③ 승차 공유의 쟁점을 소개하려고 한다.

1. 승차 공유 서비스

우버가 가장 먼저 시작한 승차 공유 서비스가 어떻게 이루어지는지를 구체적으로 살펴보자(그림 2-3-1). 첫째, 승차 공유를 이용하기 위해 승객은 스마트폰에 앱을 설치하고 이름, 신용카드, 전화번호 등 개인정보를 미리 등록해 놓아야 한다. 배차를 의뢰하고 싶을 때는 앱을 열고 근처에 있는 차량을 검색해서 연락한다. 이때 앱에는 운전자의 이름과 차종, 과거 평가 등이 표

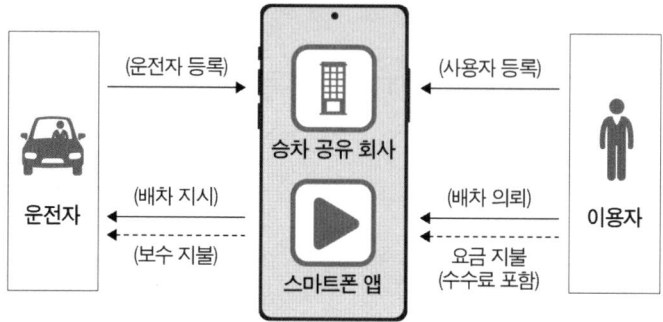

그림 2-3-1 승차 공유 서비스의 구조

시된다. 승차 공유에서는 승객이 평가한 운전자 정보와 운전 기술을 SNS에서 열람할 수 있다. 차에서 내린 뒤에는 미리 등록한 신용카드로 결제가 이루어진다. 승객이 운전자에게 신용카드로 비용을 지불하면, 운전자는 그중에서 일정액의 수수료를 승차 공유업체에 지불한다.

둘째, 운전자 측은 앱에서 배차 의뢰를 승인함으로써 수주한다. 승인 전에 알 수 있는 정보는 승객까지의 거리와 현지 도착까지의 추정 시간 등이며, 승인하고 나서야 승객의 이름과 목적지를 알 수 있다. 승차 공유는 운전자가 일반 면허만 있으면 된다. 승차 공유업체는 승객과 운전자를 중개할 뿐 운행에는 책임을 지지 않는다. 사고 대응도 운전자 개인이 책임진다. 요금의 경우 수요가 높은 지역일수록 기준치보다 높아지는 구조이다. 참고로 샌프란시스코 지역에서는 우버의 이용 요금이 택시의 70% 정도이다.

셋째, 하차 후 승객은 앱을 통해 운전자의 운전 기술과 서비스 태도, 경력 등을 상세히 평가한다. 이것이 다른 승객들의 선택에 영향을 미치기 때문에, 평가가 낮은 운전자는 승객을 받기 어려워진다. 승객은 상황에 따라 타고 싶은 차량을 고르는 재미도 있다. 승차 공유업체 플랫폼에는 저렴한 소형차부터 짐을 싣는 대형 SUV, 스포츠카 등 다양한 차량이 제공된다. 운전자 자신도 과거에 태운 승객을 평가할 수 있다(다나카 미치아키, 2018: 242~244).

2. 글로벌 경쟁자들

1) 우버의 창업과 성장

미국의 승차 공유업체 우버가 모빌리티 서비스와 관련하여 새로운 관심의 대상이 되고 있다. 승차 공유는 외형상으로 기존의 카풀이나 택시 서비스와 별 차이가 없는 것처럼 보인다. 그러나, 우버는 새로운 차원의 서비스를 제공한다는 점에서, 모빌리티 분야의 대표적 혁신 기업이다. 우버는 고객이 스마트폰 앱으로 차량을 호출해서 배정받고 이용이 끝난 후에는 운전자를 평가함으로써, 신용 데이터에 기반한 비즈니스 모델을 실현해 가고 있다(Lee et al., 2018). 한국에서 대중화된 카카오 택시, 타다 등 모빌리티 서비스는 모두 우버를 벤치마킹한 것이다.

우버는 2009년 미국 샌프란시스코에서 설립되었다. 창업자 트래비스 캘러닉이 눈 내리는 파리에서 아무리 손을 흔들어도 택시가 잡히지 않았던 경험이 창업의 계기였다고 한다. 우버의 강점은 정보기술을 모빌리티 서비스에 결합시킨 것이다. 영화 <007 카지노 로열> 첫 장면에서 주인공 제임스 본드의 휴대전화에 지도가 나오는 것을 보고, '휴대전화로 차량이 어디 있는지 추적할 수 있으면 좋을 텐데' 하고 생각한 것이 창업으로 연결되었다고 한다(다나카 미치아키, 2018: 246).

우버의 창업자 캘러닉에 대해 좀 더 알아보기로 하자. 캘러닉은 UCLA에서 컴퓨터 공학과 경제학을 전공했지만, 창업 실패의 충격으로 대학을 중퇴한 후, 정보기술 분야에서 P2P(peer to peer) 서비스 사업을 하면서 경력을 쌓다가 우버를 공동 창업하게 된다. CEO가 된 캘러닉은 승차 공유 플랫폼 사업을 통해 우버를 성공적인 벤처 기업으로 발전시켰다. 하지만, 캘러닉은 우버 기사와의 막말 논쟁, 트럼프 행정부의 경제자문위원 수락, 회사 내의 성추행과 인종차별 등 각종 스캔들에 휘말리면서 몰락하기 시작했다. 가장 심각한 것은 고객이 스마트폰에서 앱을 삭제한 후에도 우버 측이 계속 사용자 정보를 훔쳐 가는 것이 애플에 의해 발각된 것이다. 애플의 CEO 팀 쿡은 캘러닉에게 사용자 정보를 지우지 않으면 앱 스토어에서 축출할 거라고 경고했다고 한다.

캘러닉의 사례는 아무리 혁신적 CEO라고 할지라도 사회적 책임으로부터 자유로울 수 없음을 보여 준다. 캘러닉은 2017년 경영 일선에서 완전히 물러나고, 이란 출신의 이민자인 다라 코스로샤히가 새로운 CEO로 취임했다. 현재 우버는 유니콘 기업 중에서도 독보적 위상을 확보하고 있다. 우버의 기업 가치는 벤처 기업들 중 가장 높은 680억 달러로 추정된다(위키피디아, 2023).

우버는 세 가지 유형의 승차 공유 서비스 사업을 제공하고 있다. 첫째는 '우버 X'이다. 우버에 개인 차량을 등록하면 우버 X 기사로 등록되어, 일반 승객이 콜택시처럼 이용할 수 있게 된다. 둘째는 '우버 블랙'이다. 운전기사가 고급 차량으로 승차 서비스를 하는 프리미엄 서비스이다. 셋째는 '우버 택시'이다. 일반 개인/법인 택시와 파트너십으로 이루어지는 우버 서비스로서, 기사와 승객 서로가 일대일 매칭으로 연결되는 서비스이다. 이외에도 우버는 음식 배달업체인 우버 이츠(Uber Eats), 구글의 자회사 웨이모의 자율주행 기술을 이용한 화물운송 사업 등을 운영하고 있다.

2) 차별적 경쟁자 리프트

다른 승차 공유업체는 모두 우버의 플랫폼 비즈니스 모델을 벤치마킹한 후발 업체들이다. 리프트는 우버의 최대 경쟁업체로서 2012년 존 짐머가 설립했다. 리프트는 같은 승차 공유업체임에도 불구하고 우버와는 대조적인 경영 방식으로 주목받고 있다. 리프트는 미국 내 약 300개 도시에서 사업을 하고 있는데, 시장 점유율은 우버에 크게 못 미치지만, 이용자 증가율은 우버를 웃돈다. 우버와의 가장 큰 차이점은 경영 철학에 있다. CEO 존 짐머는 리프트가 도시 디자인을 변혁하는 기업이며, 사회문제를 해결할 기업이라는 비전을 갖고 있다. 승차 공유를 통해 도시의 교통량이 줄어들고 주차 공간도 필요 없어지면, 녹지와 공원, 주택과 기업이 그 자리를 메우게 될 것으로 전망한다. 이때 승차 공유는 대중교통과 융합하게 되는데, 리프트가 교두보 역할을 해야 한다는 것이다. 리프트는 승객뿐 아니라 운전자의 처우에 관해서도 최대한으로 배려하고 있다. 신입 운전자가 선배 운전자로부터 노하우를 전수받는 프로그램도 있다고 한다.

3) 중국의 디디추싱

다음으로 주목해야 할 승차 공유업체는 중국의 디디추싱(DiDiChuXing)이다. 디디추싱은 중국 최대의 승차 공유업체이다. 청웨이 CEO는 알리바바 출신으로 2012년 디디추싱을 설립한 후 성공적으로 경영해 왔다. 디디추싱은 2012년에 창업해 중국 400개 도시에 진출, 이용자 4억 명을 돌파하면서 중국 내에서 압도적인 점유율을 자랑하는 기업으로 성장해 왔다. 디디추싱이 중국 내에서 우버를 축출한 과정은 드라마틱하다. 디디추싱은 운전자에게 수익이 나오지 않을 정도로 요금 설정을 낮춘 대신 장려금을 지급해 운전자를 모집했다. 우버도 이 방식을 따르면서 양사의 장려금 전쟁이 촉발되었다. 디디추싱이 여기서 그치지 않고 승객을 대상으로 요금을 인하하자 양사의 수익은 점점 더 나빠졌다. 이 소모전에서 먼저 패배를 인정한 쪽은 우버였다. 우버는 디디추싱의 주식 17%를 매입하고 10억 달러 투자를 허용받는 조건으로 중국 사업을 디디추싱에 양도하고 중국 시장에서 철수했다. 디디추싱이 중국의 거대한 승차 공유 시장을 독점하게 된 것이다(다나카 미치아키,

표 2-3-1 승차 공유 서비스의 글로벌 확산

승차 공유 서비스 회사	우버	디디추싱	우버 vs. 디디추싱이 투자한 현지 기업	우버가 투자한 현지 기업	우버 vs. 디디추싱
국가	캐나다	중국	폴란드	러시아	멕시코
	미국		프랑스	태국	브라질
	콜롬비아		포르투갈	베트남	
	페루		이집트	필리핀	
	칠레		사우디아라비아	싱가포르	
	아르헨티나		파키스탄	인도네시아	
	영국		가나		
			나이지리아		
			케냐		
			탄자니아		
			남아프리카공화국		
			호주		
			뉴질랜드		

2018: 255~260).

그럼에도 불구하고, 우버는 승차 공유 사업에서 다른 업체들이 쉽게 추월하기 어려운 세계적인 위상을 구축하고 있다. 2023년 우버는 전 세계 70개국 1만 500개 도시에서 540만 명의 운전자와 1억 3,100만 명의 고객을 확보하고 있다. 매일 2,300만 번의 승차 공유가 이루어진다. 표 2-3-1을 보면, 글로벌 차원의 승차 공유 시장은 소수의 승차 공유 대기업이 직접 진출했거나 이들과 제휴한 현지 업체들이 점유하고 있음을 알 수 있다. 즉, 우버, 디디추싱, 리프트, 그랩(싱가포르 승차 공유업체) 등이 직·간접적으로 글로벌 시장을 과점하고 있다.

3. 승차 공유의 쟁점들

승차 공유 서비스와 관련하여 뜨거운 쟁점들을 살펴보기로 하자. 첫 번째 쟁점은 승차 공유 서비스의 불법성 여부에 관한 논란이다. 영업 운전면허가 없는 운전자가 운송 서비스에 참여함으로써, 택시 등 대중교통의 기득권을 침해하는 것이 불법이라고 보는 시각이 있다. 승차 공유는 일반 운전면허만 있으면 영업을 할 수 있기 때문이다. 미국에서는 수많은 법적 논란 끝에 승차 공유 서비스가 합법적 권리를 얻었다고 볼 수 있다. 한국에서는 아직 논란 중인데, 2020년 '타다'라는 승차 공유업체가 등장했을 때, 국회에서 '타다 금지법'이 통과되어 타다를 불법화한 적이 있다. 하지만 대법원은 2023년 최종적으로 타다의 승차 공유를 무죄로 선고함에 따라, 승차 공유의 불법성 여부가 다시 새로운 쟁점으로 부상하고 있다(조선일보, 2023.6.13).

두 번째 쟁점은 운전자의 고용상의 지위와 관련된 법적 논란이다. 미국에서는 승차 공유업체에 등록하고 서비스를 제공하는 운전자들을 노동자로 볼 것인지, 독립적인 도급업자로 볼 것인지에 대한 논쟁이 오랫동안 진행되었다. 2015년 캘리포니아주 법원은 우버에 등록한 운전자를 우버에 고용된 노동자로 봐야 한다는 판결을 했다. 같은 해 워싱턴주 시애틀시 의회는 우버 운전기사들이 노조를 결성할 수 있는 권리를 보장하는 법안을 통과시켰다. 그러나 우버 측은 승차 공유 운전자 스스로가 일할 시간을 결정하고 있기 때문에, 독립적 도급업자로 봐야 한다고 주장하고 있다. 이러한 쟁점은 운전자들의 건강보험 혜택이나 실업급여 수령, 단체협상권 등 민감한 이해관계와도 얽혀 있기 때문에 계속 논란이 되고 있다(한주희, 2016).

세 번째 쟁점은, 운전자 없는 자율주행이 본격적으로 확산되면, 자동차산업의 판매 수요를 위축시킬 것인지 여부와 관련된 것이다. 최근 챗GPT의 출현에서도 알 수 있듯이, 운전자의 인지, 판단, 제어 기능을 대신할 AI가 적용된 자율주행 차량이 레벨 4~5 수준으로 실용화되는 것은 시간문제라고 할 수 있다. 전 세계 자동차의 실제 가동률이 평균 5%에 불과한 것을 감안하면, 완전한 자율주행 서비스가 실현될 경우 자동차 수요가 크게 감소할 것은 분명하다. 또한 승차 공유업체들이 인건비를 절약하고 주행 중 사고를 줄이는 자율주행 차량을 선호할 것도 명확하다.

그러나, 자율주행 기술의 발전 속도와 정부의 규제, 이해관계자들 간의 갈등, 참여자 전략 등 복합적 변수에 따라 자율주행 기술의 발전이 자동차 판매 수요를 일방적으로 감소시키지는 않을 것이다(Wells et al., 2020). 자율주행의 실현에 따라 차량 수요가 급속히 감소하리라 예견하기는 어려운 것이다(Paul and Sharma, 2020).

지난 수년간 자율주행 시험운행 차량의 교통사고가 자주 발생하면서 자율주행의 완전한 실현이 예상보다 차질을 빚고 있다. 미국도로교통안전국(NHTSA)은 2016년 9월부터 2018년 3월까지 우버 차량이 자율주행 모드로 달리던 중 37건의 충돌 사고가 발생했다고 발표했다. 이외에도 자율주행 시험운행을 하던 구글 자회사 웨이모, 테슬라 등의 차량이 후방에서 추돌하거나 보행자를 다치게 하는 사고가 다수 발생하면서, 자율주행의 완전한 실현은 2030년 이후로 미루어진 상태이다(AI타임스, 2021.5.31).

그러나 우버가 주도하는 승차 공유 서비스의 확산이 미래차 전환의 양상을 결정할 핵심 요인임에는 틀림없다. 승차 공유 서비스는 궁극적으로 운전자 없는 자율주행을 목표로 한다는 점에서 미래차 전환에서 '태풍의 눈'으로 성장할 것이다. 올해 하반기 테슬라의 무인 자율주행차인 로보택시가 출시되면, 우버와의 경쟁이 본격화될 것이다. 우버는 구글 웨이모와 협력하여 자율주행을 승차 공유 사업에 도입하려 하고 있다.

보스턴 컨설팅 그룹은 2030년까지 미국을 주행하는 차들이 전체 주행거리 중 4분의 1을 자율주행으로 이동할 것이라고 예견하고 있다. 그러나 자동차 제조업체와는 상이한 성격을 지닌 승차 공유업체가 글로벌 차원의 상호경쟁과 협력 속에서 어떤 속도와 양상으로 미래차 전환에 참여할 것인지는 좀 더 유연한 시각에서 지켜볼 필요가 있다. 예컨대, 2018년 디디추싱은 승차 공유 플랫폼에 토요타, 폭스바겐, 보쉬, 콘티넨탈 등이 참여하는 공유기업연합의 설립을 발표했다. 미래차 전환을 구성하는 전기차, 자율주행, 모빌리티 서비스는 순차적으로 실현되는 것이 아니라, 서로 영향을 미치면서 복합적으로 진전되고 있다.

4장

레거시업체의 대응 I

폭스바겐의 전환과 위기

　20세기 초부터 자동차산업을 주도해 온 기존의 '레거시'업체들이 전기차로의 전환을 쉽게 받아들이기 어려운 것은 당연하다. 내연차의 경로 의존성(path dependency)과 기득권이 강하게 작용하고 있기 때문이다. 레거시업체들이 전면적으로 미래차로 전환하지 않을 수 없게 만든 직접적 계기는 테크기업 테슬라의 출현이었다. 2010년대 후반 테슬라가 전혀 새로운 디자인에 경제성을 갖춘 전기차 모델 3를 양산하는 데 성공함에 따라 전기차 분야의 시장이 본격적으로 형성되기 시작했다. 레거시업체들도 생존을 위해서는 테슬라를 모방하여 전기차 경쟁에 뛰어들지 않을 수 없는 추격자 처지로 전락한 것이다.

　레거시업체들이 전기차를 개발하기 위한 노력을 전혀 하지 않았던 것은 아니다. GM은 2016년 한국 GM이 개발한 전기차 볼트를 출시했지만, 화재 등으로 리콜이 계속되자 2021년 누적 생산대수 14만 대에서 생산을 중단하고 새로운 전기차 모델을 개발하고 있다. 포드도 2018년에 포커스의 전기차 버전을 출시했지만, 9천 대 판매에 그치면서 중단하고 말았다.

1. 디젤 게이트

대부분의 유럽 자동차업체들은 정부의 환경 규제에 대응하여 내연차의 기술혁신을 통해 배기가스량을 줄이려는 노력을 계속해 왔다. 유럽 자동차업체들은 디젤차의 비중이 높았기 때문에, 디젤 엔진의 효율성을 높이는 '클린 디젤' 프로젝트에 중점을 기울였던 것이다.

그러나 2015년 폭스바겐의 디젤 게이트는 사실상 내연기관의 종언을 알리는 징후적 사건이었다. 미국 환경보호국(EPA)은 폭스바겐이 디젤 엔진의 배기가스량을 SW 장치를 통해 은폐하는 불법행위를 해 왔다는 조사 결과를 발표했다. 배기가스량의 조작에는 폭스바겐뿐 아니라 포르쉐, 벤츠, 오펠 등 대부분의 유럽 업체들이 연루되어 있다는 사실이 속속 밝혀졌다. 폭스바겐 그룹의 마틴 빈터콘 회장은 2008년에서 2015년까지 판매된 1,100만 대의 디젤 차량에 배기가스 배출을 은폐하는 불법 장치가 부착되어 있었다는 사실을 인정한 후 사임했다. 디젤 게이트는 폭스바겐의 공신력을 결정적으로 손상시킨 사건으로서, 주가가 순식간에 40%나 폭락하고 말았다. 디젤 게이트는 유럽의 레거시업체들이 전기차 전환에 참여하는 결정적 계기로 작용하게 된다.

2. 전기차 추격

현재 테슬라의 추격자로서 가장 두각을 나타내고 있는 레거시업체는 역설적이게도 폭스바겐이다. 폭스바겐 그룹의 신임 회장으로 취임한 허버트 디에스는 디젤 게이트로 초래된 위기를 기회로 전환하겠다고 선언하면서 전기차에 올인하겠다는 계획을 발표한다. 폭스바겐은 최초의 전기차 전용 플랫폼인 MEB(Modular electric drive matrix)를 장착한 모델 ID.3의 개발 계획을 발표했다. 또한 두 번째 전기차 전용 플랫폼을 장착한 고급 전기차를 개발하여 2030년까지 700만 대를 양산하겠다는 계획도 발표했다. 2030년까지 전체 판매량의 절반을 전기차로 채우겠다는 폭스바겐의 계획은 다른 어떤 레거시업체도 흉내 낼 수 없는 야심 찬 계획이었다. 이를 위해 폭스바겐은 2022년까지 16개의 내연차 공장을 전기차 공장으로 개조하겠다는 후속 계획을 발표했다.

더욱 흥미로운 것은 폭스바겐 그룹이 모든 전기차 제품을 통합된 단일 운영체계(OS)로 관리하기 위해 자체 SW를 개발하고 있다는 것이다. 테슬라를 벤치마킹하여 전기차를 SW 중심의 제품으로 전환하고 있는 것이다. 이를 위해 폭스바겐이 직접 개발하는 SW의 비율을 10%에서 60%까지 늘리고, 4,500명에 달하는 SW 엔지니어를 새로운 자회사인 카리아드(CARIAD)로 통합시켰다. 2030년까지는 SW 엔지니어 수를 1만 명으로 늘릴 계획이라고 한다(Haas, 2021).

폭스바겐은 배터리 조달에서도 테슬라를 추격하기 위한 전략을 발표했다. 폭스바겐은 테슬라의 '배터리 데이'를 연상케 하는 '파워 데이' 행사에서 스웨덴의 노스볼트 등 제휴업체와 함께 6개의 배터리 셀 공장을 건설하여 2030년까지 연산 240 기가와트의 공급 능력을 확보하겠다고 발표했다.* 이는 한 해에 400만 대의 전기차를 생산할 수 있는 것으로, 이 중에서 80%는 직접 생산할 계획이라고 한다. 폭스바겐은 배터리의 비용 절감과 성능 향상을 위해 차세대 배터리인 전고체 배터리를 개발할 계획을 진행할 뿐 아니라, 배터리 재활용 공장까지 준비하고 있다.

폭스바겐의 계획은 장기적으로는 모든 차종을 전기차로 개발하겠다는 것

---

* 2024년 노스볼트의 파산은 유럽의 자체적인 배터리 조달에 암울한 소식이다. 노스볼트는 배터리 수율 문제와 중국산 저가 배터리와의 경쟁으로 인해 파산했다고 알려져 있다(전자신문, 2025.3.13).

표 2-4-1 폭스바겐 그룹의 전기차 모델

모델 내역	VW e-up	VW ID.3	VW ID.4	포르쉐 타이칸	아우디 e-tron
시장 출시	2013	2020	2021	2019	2019
구입가(유로)	~21,500	~32,000	~37,000	~85,500	~69,000
배터리 용량(kWh)	32.3	45	52	79.2	71
거리(km)	~260	~350	~350	~390	~310
엔진 성능(마력)	82	150	149	408	313

자료: Haas(2021).

으로서, 2025년까지 소형차에서 고급차에 이르는 50개의 전기차 모델을 출시하겠다고 발표했다. 이미 폭스바겐은 현재 인기리에 판매되고 있는 5개 차종(VW e-up, VW ID.3, VW ID.4, 포르쉐 타이칸, 아우디 e-tron)을 비롯해 8개의 전기차 모델을 출시한 바 있다(표 2-4-1).

ID.3는 폭스바겐이 추구하는 전기차 전용 플랫폼 MEB와 SW 운영체계(OS)에 기반해서 개발된 최초의 전기차 모델로 큰 기대를 모았다. 하지만, 이 모델은 출시일이 수개월 늦어졌음에도 불구하고 SW의 문제가 완전히 해결되지 않았을 뿐 아니라, 시스템 부품들이 잘 조율되지 않는 문제를 드러냈다. 후속 차종인 ID.4와 ID.5는 좀 더 나은 성능을 과시하면서 유럽과 중국 시장에서 판매를 늘려 가고 있다.

폭스바겐 그룹은 자율주행 기술에도 진출했다. 폭스바겐은 자동주차 기능을 담당하고, 아우디가 자율주행 기술을 개발하는 식으로 그룹 내 분담 체제를 갖추고 있다. 2017년에는 아우디의 고급 세단 A8에서 자율주행 3단계를 실현했고, 같은 해 제네바 모터쇼에서는 5단계 자율주행을 실현한 무인 택시 콘셉트카 세드릭을 발표하는 등 착실히 실적을 쌓아 가고 있다(다나카 미치아키, 2018: 162). 폭스바겐은 이러한 노력에 힘입어 다른 레거시업체들에 비해 높은 전기차 시장 점유율을 기록하고 있다. 폭스바겐 그룹의 주가도 20% 정도 회복되었다(Haas, 2021).

3. 의사결정 구조

폭스바겐의 전기차 전략에 대해 보다 심층적인 평가를 시도해 보기로 하자. 폭스바겐의 기업 거버넌스는 전문 경영인 리더십을 특징으로 한다. 최고 경영진은 내부에서 경영 능력을 검증받은 전문 경영인이 승진하거나 외부에서 영입된다. 이는 테슬라의 일론 머스크처럼 사실상 한 사람의 최고 경영인이 의사결정을 독점하는 기업에 비해 합리적이다. 풍부한 경험을 지닌 전문 경영인 집단이 의사결정을 하는 편이 장기적으로 안전하기 때문이다(두덴회퍼, 2016: 226~227).

폭스바겐 내부에서 이해 당사자 간의 갈등이 전혀 없는 것은 아니다. 폭스바겐 그룹의 전기차 전환 사업을 총괄하는 CEO 허버트 디에스는 BMW에서 최초의 전기차 개발을 담당했던 경험이 있다. 디에스는 폭스바겐 그룹의 전기차 전환 전략을 적극적으로 추진하면서 강력한 노조와 갈등을 빚고 있다. 노조는 자신들의 일자리를 위협할 수 있는 급진적 계획에 반대하기 때문이다. 디에스는 감사회의 민감한 내부 정보를 노조가 언론에 알렸다고 비난한 바 있다. 결국 2022년에 디에스는 사임하고 포르쉐 출신의 올리버 블루메가 신임 회장으로 취임했다.

그러나 폭스바겐 노조도 감사회의 의사결정에 함께 참여하고 있기 때문에, 장기적으로는 회사의 전기차 전환에 협조할 수밖에 없는 공동 운명체라고 할 수 있다. 폭스바겐의 감사회는 노동 측과 자본 측 대표가 각 10명씩, 총 20명으로 구성된다. 자본 측 대표 10명(니더작센 주정부 대표 2명 포함)은 주주총회에서 선출되며, 노동 측 대표 10명은 사업장 평의회 대표 6명, 노조 대표 3명, 임원 대표 1명으로 구성된다(이문호, 2015).

폭스바겐 보통주의 20%를 보유하고 있는 니더작센 주정부는 '생산 공장의 설립 또는 이전'을 막을 수 있다. 폭스바겐의 어떤 사업장도 니더작센 주정부의 동의 없이 이전하거나 폐쇄할 수 없기 때문이다. 폭스바겐 이사회는 포르쉐 53.3%, 니더작센 주정부 20%, 에미레이트 카타르 17%, 기타 9.7%로 이루어져 있다. 이 중에서 어떤 주주도 20% 이상의 투표권을 행사할 수 없다. 폭스바겐은 본사가 위치한 니더작센주 내의 전기차 전용공장 건설을 우선적으로 고려하면서 다른 지역으로 확대해 가는 전략을 추진하고 있다.

4. 전환지도

폭스바겐의 사업장 평의회는 전기차로의 전환에 따라, 현장 작업자들의 일자리가 어떻게 변화되는지를 구체적으로 파악하여 긍정적 기회를 확대하고 부정적 위험을 최소화하는 전략을 마련하기 위해 노력하고 있다. 이를 '전환지도'(transformation atlas)라고 지칭한다. 그림 2-4-1에서와 같이, 전기차로

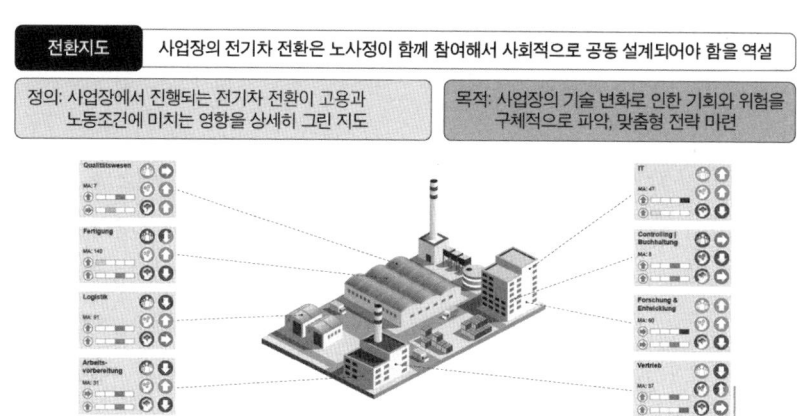

그림 2-4-1 독일 금속노조의 전환지도
자료: 독일 IG Metall(2018).

의 전환에 따라 일자리가 감소하는 부서는 빨간색으로, 증가하는 부서는 녹색으로 표시하여, 유형별로 그에 맞는 맞춤형 전략을 마련하고 있다. 달리 말하면, 노동력 규모 유지, 명예퇴직 패키지 마련, 훈련비용 증가와 고정비용 절감 등의 대책을 포함하고 있다(VW, 2023). 이처럼 노사가 전기차 전환에 공동으로 대응하는 것은 공동결정 시스템이라는 기업 거버넌스를 갖춘 독일 자동차산업의 특징이라고 할 수 있다.

폭스바겐은 인적자원관리에서는 신규 인력의 양성과 외부 충원뿐 아니라, 고용 승계를 중요시한다. 따라서 기존 종업원들에 대해서도 재교육을 통해 금형, PLC(Programmable Logic Controller), 로봇 티칭, 전자보전 등 미래차 분야의 인력으로 재배치되고 활용될 기회를 제공한다. 특히 엔지니어뿐 아니라 생산직에도 전기차 전환에 대응하여 재훈련의 기회를 제공한다. 자동화, 디지털화가 진행되더라도 신제품의 양산 준비와 자동화 설비의 유지보수를 담당할 생산기술 인력의 숙련은 더욱 중요해지기 때문이다(Juergens, 2018).

또한 소재·부품을 납품받는 기업 간 관계에서는 해당 분야의 기술력을 가진 부품업체들과 수평적 협력 관계를 유지, 발전시킨다. 해외 생산에서는 본사의 생산 체계를 이전하더라도 가급적이면 현지의 제도적 조건을 고려하여 '적응'(adaptation)의 정도를 높인다. 이와 같은 폭스바겐의 모델은 기업이 속한 생태계 차원의 이해당사자들을 유도하여 통합시키면서 선두업체와의 격차를 줄이는 결과를 수반한다.

요컨대, 폭스바겐의 거버넌스는 이해당사자들이 참여하기 때문에 신속한 의사결정이 어려운 게 사실이다. 하지만, 보훔 루르 대학교의 랏저 프리스 교수는 "폭스바겐이 의사결정을 할 때 오랜 시간이 걸리는 것은 사실입니다. 이해당사자들에게 충분한 정보를 제공하고 나서 협의가 이루어지기 때문입니다. 그러나 의사결정 과정에 폭넓게 참여하기 때문에, 일단 합의가 이루어지면, 강력한 추진력을 발휘하는 장점이 있습니다"라고 언급한다.

5. 위기의 현재화

충격적인 것은 최근 폭스바겐의 위기가 현재화되고 있다는 점이다. 2024년 폭스바겐 최고 경영진은 팬데믹 이후 유럽 시장의 수요가 회복되지 않고 있다면서, 독일 내 공장 10곳 중 4곳의 폐쇄 계획을 발표했다. 독일 내 공장 폐쇄는 폭스바겐 창사 이래 최초의 조치이다. 또한 1994년에 체결했던 '고용안정협약'의 파기를 선언하면서, 2025년부터 정리해고를 하겠다는 의지를 드러냈다. 회사의 일방적 협약 파기는 노동자들의 격렬한 반발을 초래하고 있다.

폭스바겐 위기의 직접적 원인은 유럽과 중국 시장에서의 부진이지만, 보다 근본적인 원인은 전기차 대응이 성공적으로 이루어지지 않고 있기 때문이다. 폭스바겐은 전기차와 SDV 분야에 엄청난 투자를 했음에도 불구하고 기대했던 만큼의 성과가 나타나지 않고 있다. 최근의 전기차 '캐즘'과 맞물리면서, 폭스바겐은 차세대 전기차 모델인 '트리니티' 프로젝트를 중단하기로 했다. 이는 볼프스부르크 공장의 전기차 전용공장 전환과 SDV 개발이 심각한 위기에 직면했음을 의미한다(오민규, 2024). 창사 이래 최대의 위기를 맞고 있는 폭스바겐이 미래차 전환에 어떻게 대응해 나갈지 주목된다.

> 미래차 전환과 관련하여 폭스바겐이 위기에 직면한 것은 사실입니다. 그러나 독일 모델의 특징인 공동결정 시스템이 해체된 것은 아닙니다. 폭스바겐 노사는 시간이 걸리더라도 합의 형성을 통해 위기에 대응해 갈 것입니다. 다만, 노조는 협상 과정에서 좀 더 많은 양보를 해야 할 것처럼 보입니다(쿠진스키, 베를린사회과학원, 2024).

폭스바겐은 2024년 SW 자회사인 카리아드에 투자를 중단하고, 미국의 전기차업체 리비안에 50억 달러를 투자했다. 외부 전문업체의 도움을 받아

SDV로의 전환 속도를 높이겠다는 계획이다. 폭스바겐은 새로운 전기차 제품인 ID.에브리1에 리비안의 SW를 탑재할 것으로 알려졌다(문화일보, 2025. 3.31).

5장

레거시업체의 대응 II

토요타의 병행 전략

토요타는 2024년에도 1,027만 대의 자동차를 팔아 부동의 세계 1위를 지켰다. 2010년대에는 폭스바겐과 세계 1위 자리를 놓고 다투기도 했지만, 2015년 디젤 게이트로 타격을 받은 폭스바겐의 판매량이 급속히 줄어든 이후에는 토요타가 부동의 1위 자리를 유지해 왔다.

토요타 아키오 사장은 2018년 CES에서 다음과 같이 선언했다. "저는 토요타를 자동차 회사를 넘어 사람들의 다양한 이동을 돕는 회사, 모빌리티 컴퍼니로 변혁하기로 결심했습니다." 아키오 사장은 렉서스 모델과 bZ 시리즈를 포함해 2030년까지 16종의 전기차를 출시하겠다고 예고했다. 내연차와 하이브리드차 중심의 라인업을 고수하던 토요타가 전기차에 전향적으로 나서기 시작했다는 걸 보여 준 의미 있는 행사였다.

1. 최초의 전기차 bZ4X

그러나 토요타는 최초의 전기차 출시 이후 큰 충격을 받았다. 2022년 4월 야심 차게 출시한 bZ4X가 고객의 외면을 받으면서 거의 팔리지 않은 것이

그림 2-5-1 토요타의 순수 전기차 bZ4X

다. 같은 해 6월까지 국내시장에서 주문받은 대수는 1,700대에 불과했다. bZ4X는 토요타의 첫 번째 전기차 전용 플랫폼(e-TNGA)에 기반한 순수 전기차 모델이었다(그림 2-5-1). 더욱 심각한 문제는 이 제품에서 중요한 결함이 발견된 것이다. bZ4X의 휠에 체결된 볼트가 느슨해질 가능성이 발견되었는데, 이러면 주행 중 바퀴가 빠질 위험이 높았기 때문에, 전 세계에서 2,700여 대의 리콜이 실시되었다. 토요타 측은 이런 문제가 발생한 이유에 대해 확인 조사 중이며, 이 결함에 따른 부상 혹은 사망자는 아직 발생하지 않았다고 밝혔다. 그럼에도 불구하고 토요타는 "리콜 조치가 끝날 때까지 아무도 이 차량을 운전해서는 안 된다"라고 강조했다.

토요타는 근본 원인을 해결하지 못했는지, 결국 bZ4X의 전면 수정 및 판매 회수라는 극약 처방을 내렸다. 이미 팔린 차에 대해서는 전액 환불조치를 취했다(모터그래프, 2023). 이 사건은 자동차 리콜 중에서도 가장 높은 수준의 조치로서 토요타 역사상 최초의 불명예스러운 사태로 기록될 법하다. 이번 바퀴 빠짐 사태로 토요타가 야심 차게 출범시킨 전기차 브랜드 'bZ' 시리즈는 이미지에 큰 타격을 입게 되었다. 토요타는 올해 하반기 bZ4X의 페이스 리프트 모델을 재출시할 예정이라고 한다. 모델명을 bZ로 단순화한 이 제품이 토요타 전기차의 실추된 명예를 회복시켜 줄지 주목된다.

2. 전기차 전환에 소극적인 이유

토요타 생산방식은 린(lean) 생산방식으로 지칭되면서 전 세계 제조업체들이 벤치마킹해야 할 '베스트 프랙티스'로 간주되어 왔다. 이는 자동차 생산뿐 아니라 개발, 구매, 판매 등 가치사슬 전반에서 토요타가 최고의 경쟁 우위를 실현해 왔음을 의미한다. 그렇다면, 토요타가 전기차 전환에 소극적인 것은 어떻게 이해해야 하는가?

첫째, 토요타는 전기차로의 전환 속도가 느릴 것이라 예상했던 것 같다. 토요타 아키오 사장은 2021년 전기차로의 전환이 이미 지연 중인 자율주행차처럼 느리게 올 수 있다고 보면서, "전기차뿐 아니라 하이브리드차, 수소연료전지차 등 다양한 모델로 고객을 최대한 만족시키겠다"라는 입장을 표명한 바 있다. 2022년 말 토요타는 약 78조 원에 달하는 미래차 관련 투자 계획 중 4조 엔만을 전기차 개발에 투자하겠다고 발표했다(중앙일보, 2022.10.10).

토요타는 전기차의 점유율이 급속히 증가하여 2040년에는 세계시장 전체의 절반을 상회할 것이라는 전망(그림 1-2-4)에 동의하지 않는 듯하다. 토요타는 배터리 충전 시설의 부족과 높은 가격 때문에 순수 전기차 수요가 급속히 성장하지 않을 것이라 예상하고 있다. 또한 토요타는 배터리 핵심 원료인 리튬과 니켈의 공급이 향후 5~10년 동안 원활하지 않을 것으로 예상했다. 이런 이유들로 전기차의 가격이 떨어지지 않아 수요가 급속히 성장하지 않으리라 본 것이다.

둘째, 전기차에 대한 토요타의 소극적인 태도는 하이브리드차 프리우스의 성공과도 연관되어 있다. 토요타가 1997년에 처음 출시한 프리우스는 21세기 들어 고유가 시대가 되면서 폭발적으로 판매되기 시작했다. 프리우스는 일본 신차 시장에서 1~2위를 달릴 정도로 인기가 좋다. 할리우드의 스타들도 환경보호 의식을 과시하는 의미에서 프리우스를 타고 다닐 정도이다. "프리우스는 하이브리드라는 단어와 동의어가 되었다"라고 할 만큼 하이브리드차 시장을 석권하고 있다. 2020년에는 전 세계적으로 200만 대 판매를 기록했고, 현재는 5세대 프리우스가 출시된 상태이다(연합뉴스, 2011.4.7). 토요타는 배터리 등 전기차 관련 기술특허를 가장 많이 보유하고 있다. 그럼에도 불구하고 토요타가 전기차 개발에 적극적이지 않은 것은, 하이브리드차는 내연기관에 연결된 전동 모터로 자체 충전을 하기 때문에 유지비가 적게 드는 반면, 전기차는 발전소에서 만든 전기로 배터리를 충전해야 하고, 배터리를 폐기하는 데도 비용이 들기 때문이라고 한다. 토요타는 전기차의 시장 확대 추이를 지켜보면서, 점진적으로 판매를 확대해 가겠다는 병행 전략을 쓰고 있는 셈이다.

3. 경쟁 우위는 변화되는가?

토요타의 이러한 병행 전략은 어떻게 평가해야 할까? 장기적 관점에서 자동차산업의 전환을 바라보면, 종래와는 다른 심층적 변화 추세가 감지된다. 자동차산업의 디지털 전환에 따라 '제조'보다 제품 개발 및 서비스의 비중이 높아지고 있는 것이다. 고객의 수요가 다변화됨에 따라 이를 신속하게 반영하는 제품 개발이 요구되고, 판매 후에도 지속적인 서비스와 데이터 확보가 중요해진다. 앞서 살펴본 바와 같이, 테슬라의 OTA 서비스는 이러한 변화 추세에 부합한다. 단순히 제품 판매로 끝나는 것이 아니라 무선을 통해 지속적으로 전기차 SW를 업데이트시켜 주고, 고객의 운전 습관이나 사고 데이터 등을 축적해서 제품 개발에 반영하고 있다.

이와 같은 추세는 '모노쓰쿠리'(제조)와 '현장 숙련'을 강조하는 토요타에게 불리하게 작용할 것으로 예상된다. 높은 수준의 품질과 생산성을 실현하기 위해서는 모노쓰쿠리 정신과 현장 숙련이 여전히 중요하다. 하지만, 토요타는 제품 개발이나 OTA 기능 등에서 전기차 분야의 선두주자에 뒤처지고 있

표 2-5-1 전기차(모빌리티) 혁신지수 순위

순위(2021)	순위(2020)	기업	혁신지수(2020)
1	1	Tesla	159.4
2	2	Volkswagen Group	122.6
3	4	BYD	70.0
4	3	Hyundai Group	58.2
5	5	Renault	41.4
6	8	GM	40.2
7	15	Geely	36.6
8	6	BAIC	34.4
9	9	PSA	31.9
10	20	SAIC	31.4
11	10	Daimler	26.0
12	17	GreatWall	24.3
13	11	BMW	18.8
14	25	Fiat-Chrysler	17.3
15	14	Tata	15.7
16	13	Nissan	13.2
17	28	Ford	12.8
18	18	Nio	9.2
19	29	Mazda	7.8
20	-	Xiaopeng	7.2
21	-	Always	5.6
22	22	Toyota	5.3
23	26	Honda	8.2
24	-	Lucid	0.0

자료: CAM(2021).

다. 표 2-5-1은 전기차 분야에서 토요타의 후진성을 충격적으로 보여 주고 있다. 이 표는 독일의 CAM(Center of Automotive Management)이 평가한 글로벌 자동차업체들의 2020년 전기차 혁신지수 순위이다. 이는 모빌리티 기술과 투자성 관련해서 291개 항목을 평가, 종합한 것이다.

토요타는 혁신이 지체되는 업체(laggard)라고 평가를 받아 충격적이게도 22위에 위치해 있다. 토요타가 내연차 부문에서 발휘했던 경쟁 우위가 모빌리티 전환에서는 오히려 부담이 되고 있는 것이다.

4. 토요타의 병행 전략

그러나 토요타가 과거의 성공에만 안주하다가 쉽게 몰락할 회사는 아니다. 토요타는 2009년 가속 페달과 바닥 매트의 기계적 오류에서 비롯된, 대규모(900만 대) 리콜 사태로 심각한 위기에 직면했음에도 불구하고 회사 전체의 혁신을 통해 다시 세계 1위의 자리로 복귀한 바 있다.

bZ4X의 실패에 충격을 받은 토요타는 기존 전기차 개발 계획을 완전히 '리부팅'(rebooting)하기로 했다. 현재 개발 중인 전기차 신차 프로젝트를 대부분 중단하고 올해 도입한 전기차 플랫폼 e-TNGA의 폐기까지 검토한다. 이는 이 플랫폼을 기반으로 개발 중인 10여 종의 전기차를 처음부터 다시 개발하겠다는 것이다. 토요타는 e-TNGA를 개발할 당시 전기차 시장의 급성장을 예상하지 못하고, 전기차 생산 라인에서 내연차와 하이브리드차도 함께 생산할 수 있도록 설계했다. 하지만 품질 불량이 발생하고 생산 비용이 줄어들지 않자, 아예 100% 전기차에만 집중할 수 있는 플랫폼을 재개발하겠다는 것이다(조선일보, 2022.6.30/10.28). 이러한 조치는 토요타가 본격적으로 전기차 시장 경쟁에 뛰어들었다는 의미이다. 토요타는 새 플랫폼 개발에 빠르면 2년이 걸릴 것으로 예상하고, 신차 출시 지연도 감수하겠다는 각오이다.

2023년 초 토요타에 경영진 개편이 있었다. 토요타 아키오 사장이 물러나고 새롭게 취임한 사토 쓰네하루 사장은 '계승과 진화'라는 표현을 통해 전 사장의 방침을 이어 가면서 흔들림 없는 축을 명확히 해 미래로 향한다는 방침을 발표했다. 이 중 전기차 분야 계획을 보면, 2026년까지 10개 모델을 신규 투입해서 연간 150만 대 판매를 목표로 한다. 또한 차세대 전고체 배터리를 장착하여 항속거리가 2배인 차세대 전기차 모델도 투입하겠다는 계획을 밝혔다. 그러나 순수 전기차, 플러그인 하이브리드차, 내연차 등을 각 지역의 사정에 맞게 투입하겠다는 멀티 패스웨이의 축은 그대로 유지할 것임을 다시금 밝혔다(토요타, 2023). 이는 "전기차는 하나의 선택지일 뿐 정답은 아직 불분명하다"라고 전기차의 미래에 대해 회의론을 제기했던 토요타 아키오 전 사장의 견해와 다르지 않은 셈이다.

한편, 토요타는 자율주행차 개발도 병행하고 있다. 토요타는 모빌리티 서비스 전용 차세대 EV 프로젝트인 '이팔레트 콘셉트'(e-Palette Concept)를 발표했다. 이팔레트는 EV, 공유, 자율주행과 같은 차세대 자동차의 기술 전부를 흡수해 용도에 따라 유연하게 형태를 바꾸는 PBV(Purpose Built Vehicle)이다(다나카 미치아키, 2018: 325). 이팔레트는 우븐 도시에서 승차 공유, 배달 서비스, 모바일 오피스, 호텔 등의 다양한 기능을 실증하기 위해 사용될 것이다(AI타임스, 2021.12.31).

이상에서 본 것처럼, 전기차 전환기에 토요타는 중대 기로에 직면해 있다. 디지털 전환에 따라 제품 개발과 판매 서비스의 비중이 커지기 때문에, 토요타 생산방식의 경쟁 우위가 위협받고 있는 것이다. 그럼에도 불구하고, 토요타는 전기차 개발 계획을 전면적으로 리부팅하면서도, 하이브리드차, 수소연료전지차, 순수 전기차 등의 병행 전략을 고수하고 있다.

이처럼 토요타가 병행 전략을 고수함으로써, 전기차의 선두주자 테슬라나 다른 레거시업체들과의 경쟁에서 토요타 생산방식이 경쟁 우위를 다시 입증할 수 있을지가 미래차 경쟁의 중요 관전 포인트이다. 미래차 경쟁은 누구도 예상할 수 없는 변수(=나비 효과)가 다른 변수들과의 상호작용을 통해 미래차 전환에 영향을 미치는 '복잡계'(complex system) 현상이라고 할 수 있다. 20세기 절대강자였던 포드의 몰락은 21세기 절대강자 토요타의 본격적인 전기차 경쟁 참여와 회복력(resilience) 여부에 대해 초미의 관심을 불러일으킨다.

5. 우븐 시티

여기서 주목할 것은 토요타가 후지산 아래의 한 공장을 재건하여 미래 모빌리티를 실증하는 프로젝트를 추진하고 있다는 사실이다. 토요타 아키오 사장은 이렇게 말한다. "우리는 생각했습니다. 그곳에 실제 도시를 건설하면 좋지 않을까, 실제로 사람이 그 도시에 살면서 모든 기술을 안전하게 검증해 보는 것은 어떨까! 우리는 일본 히가시후지(東富士)에 있는 175에이커(약 21만 평) 부지에 미래의 실증 도시를 건설하기로 결정했습니다. 사람이 실제로 거주하며 일하고 즐기면서 실증에 참여하는 도시입니다. 연구자, 엔지니어, 과학자들은 자율주행과 MaaS, 로봇공학, 스마트홈 커넥티드, AI 등의 기술을 자유롭게 테스트할 수 있습니다. 그것도 실제 환경에서 말이죠"(https://www.autoelectronics.co.kr).

토요타는 미래 모빌리티 기술의 테스트 베드가 될 물리적 공간인 '우븐 시티'(Woven City)를 후지산 기슭에 건설하고 있다(그림 2-5-2). 그물망처럼 도로가 연결되어 있는 우븐 시티는 모빌리티 서비스의 실증 도시이다. 2025년에 완공될 이 도시에는 자녀 양육 세대, 고령자, 발명가·연구자 등 2천 명 이상의 직원과 가족들이 각종 첨단기술이 활용되는 미래 도시의 삶을 체험하면서 개선 방안을 제시하게 된다(이태문, 2022.10.11). 미래차로의 성공적 전환을 위해 토요타 생산방식이라는 기존의 경로 의존성으로부터 완전히 자유로운 혁신을 시도하고 있는 것이다.

그림 2-5-2 토요타 우븐 시티 조감도

그런데, 우븐 시티의 최고 경영진과 토요타 최고 경영진 간의 갈등에 대한 보도가 흘러나오고 있다. 2023년 초 우븐 시티의 핵심 인물이었던 제임스 커프너 CEO가 사임했다. 그는 토요타 연구소의 최고 디지털 책임자로서 우븐 시티의 비전을 주도해 왔는데, 그의 사임은 프로젝트 방향성에 관한 내부 의견 충돌을 암시하는 것이다. 토요타의 전통적인 내연기관 중심 전략과 우븐 시티가 추구하는 미래 기술 비전 사이에 긴장이 존재했다. 특히 전기차 전환 속도와 관련해 의견 차이가 있었던 것으로 알려졌다. 직접적으로는 2023년 토요타의 CEO가 아키오 토요타에서 고지 사토로 바뀌면서 우븐 시티 프로젝트의 우선순위와 자원 배분에도 변화가 있었던 것으로 추측된다. 일부 우븐 시티 담당자들은 더 과감한 혁신을 원했으나, 경영진은 비용과 현실성을 고려한 접근을 선호했던 것이다(Claude 3.7 Sonnet Thinking, 2025). 우븐 시티 프로젝트가 토요타의 미래차 전환을 위한 견인차가 될 수 있을지 주목된다.

소결

권력 이동 시나리오

2부에서는 미래차 전환을 둘러싼 글로벌 경쟁을 선두업체 테슬라와 중국 민영업체들의 질주, 승차 공유 서비스업체들의 부상, 그리고 이에 맞서는 레거시업체들의 대응이라는 관점에서 설명했다. 여기서는 향후 미래차 경쟁이 어떤 양상으로 전개될지 자동차산업의 권력 이동에 관한 세 가지 시나리오를 통해 예측해 보기로 하자.

1. 미래차 전환의 변수들

미래차 전환의 속도에는 기술혁신, 환경 규제, 원자재 및 배터리 가격, 충전 인프라 확충, 경기 변동, 기업 대응 등 여러 가지 변수들이 작용하고 있다. 단기적으로는 전기차 하드웨어 중심으로 진행되다가, 중장기적으로는 SDV, 자율주행과 모빌리티 서비스 중심으로 후자의 비중이 점차 커질 것으로 예상된다. 즉, 전기차라는 하드웨어보다 이들이 서로 연결되는 SDV, 자율주행, 모빌리티 서비스의 영역이 중심이 될 것이다.

여러 차례 발생한 실증 차량의 충돌 사고와 이에 수반되는 기술 보완과 법적 대응 수단을 마련하기 위해 자율주행의 상용화 일정이 지연되고 있는 것이 사실이다. 지난 3~4년간 코로나 팬데믹의 확산에 따른 바이러스 감염의 공포로 인해 승차 공유의 수요도 급격히 위축된 것이 사실이다. 하지만, 배기가스나 안전에 대한 규제가 점차 강화될 것을 감안하면, 자율주행과 결합된 모빌리티 서비스는 지속적으로 발전해 가리라 예상된다.

미래차 전환은 향후 상당 기간(10~20년) 동안 내연차와 공존하는 가운데 진행될 것으로 예상된다. 현재는 전기차 '캐즘'에 머물러 있지만, 점차 보조금 없이도 순수 전기차가 가격 경쟁력을 획득하면서 2030년 이후에는 자동차 전체 수요의 절반 수준에 도달할 것으로 예상된다. 자율주행의 진전에 따라 모빌리티 서비스 수요가 일정 임계점에 도달하면, 폭발적으로 증가하게 될 것이다.

2. 미래차 시나리오

미래차 전환을 주도하게 될 세 주체 간의 경쟁 구도를 중심으로 자동차산업의 미래를 예측하면 다음 세 가지 시나리오가 가능하다(그림 2-소결-1).

첫 번째 시나리오는 미래차 전환이 점진적으로 진행되면서 레거시 완성차업체가 주도하는 시나리오이다. 완성차업체들이 SDV, 자율주행 서비스가 중심이 되는 미래차 전환의 성격을 잘 파악하고 적극적으로 대응할 때 가능한 시나리오이다. 이들은 제품 개발 과정에서 수만 개의 부품이 투입되는 자동차 제품의 조정과 통합을 잘 수행하면서도, 미래차 전환에 결정적인 모빌리티 서비스를 제대로 제공할 수 있어야 한다. 이 시나리오가 우선적으로 실현되면, 완성차업체에 납품하던 기존의 부품업체들도 큰 타격 없이 미래차 전환에 적응할 수 있는 가능성이 커진다.

두 번째 시나리오는 테슬라와 중국 민영업체들로 대표되는 전기차업체들

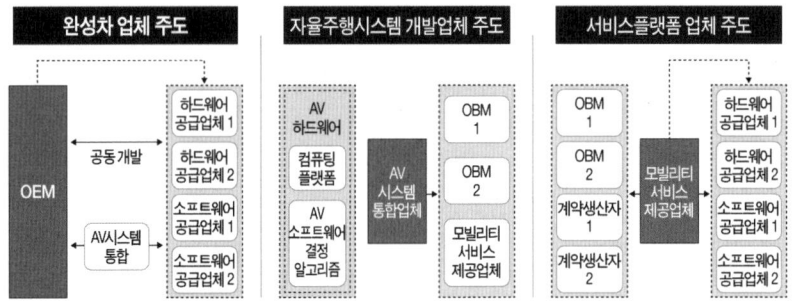

그림 2-소결-1 미래차 전환의 삼원적 경쟁 구도
주: OEM_original equipment manufacturer ㅣ OBM_original brand manufacturer ㅣ
　　AV_auto-visual
자료: 메리츠증권(2022).

이 주도하는 시나리오이다. 전기차업체들이 SW가 중심이 되는 SDV의 경쟁 우위를 잘 살리면서, 신제품 개발이나 양산에서 모듈형 아키텍처 제품이 조정 및 통합 능력을 발휘할 때 실현될 수 있는 시나리오이다. 이 시나리오가 급속히 실현될 경우에는 기존의 레거시 완성차업체와 부품업체들이 심각한 위기에 직면하면서 자율주행업체에 하드웨어 자동차를 제공하는 단순 하청 업체로 전락할 가능성이 크다.

세 번째 시나리오는 우버나 리프트로 대표되는 모빌리티 서비스업체가 주도하는 시나리오이다. 모빌리티 서비스업체는 자동차를 직접 개발하거나 생산하는 것이 아니라 자신의 모빌리티 서비스를 제공하기 위해 활용할 뿐이다. 자동차는 개인이 소유하는 내구 소비재로서의 성격을 상실하고 이동 수단이나 오락 수단으로서의 공유 기기가 된다. 자동차는 모빌리티 서비스의 솔루션을 제공하기 위해 UAM, 킥보드 등 다른 이동 수단과 긴밀히 연결되어 활용하게 된다. 이 시나리오가 실현될 경우 기존의 레거시업체와 부품업체들은 커다란 타격을 받게 되고, 자동차산업은 모빌리티 서비스를 중심으로 재편될 가능성이 크다.

이상의 시나리오 가운데 어느 쪽을 중심으로 미래차 전환이 실현될지는 불확실하다. 두 번째와 세 번째 시나리오가 실현될 경우에는, 첫 번째 시나리오의 경로에 익숙한 레거시업체들이 훨씬 더 큰 전환의 비용을 감수해야 할 것이다. 하지만, 최근 미국 트럼프 행정부의 관세 정책으로 인해 미래차 전환의 속도가 예상보다 늦어질 경우에는 레거시업체들이 경쟁력을 회복하면서 첫 번째 시나리오가 실현될 가능성도 존재한다.

미래차 전환에는 다양한 변수가 복합적으로 작용한다. 최근에는 자동차산업의 글로벌 경쟁 구도가 신흥 전기차업체 중에서는 테슬라, BYD, 그리고 기존 레거시업체 중에서는 토요타, GM, 현대차의 5파전으로 압축될 것이라는 예측도 나오고 있다(NH투자증권, 2024). 어느 쪽 시나리오가 현실이 되는가에 따라, 한국 자동차산업의 미래도 다른 양상으로 전개될 수밖에 없을 것이다.

3부

현대차그룹의 대응
미래차 추격

3부에서는 미래차 전환에 대한 한국 자동차산업의 대응, 즉 현대차그룹의 또 다른 추격을 심층적으로 진단하고자 한다. 현대차는 미래차 전환이라는 새로운 추격 과제에 어떻게 대응하고 있는가?

과거의 경제 발전론에서는 개도국에서 선진국으로의 산업 발전을 '기러기형' 발전으로 설명했다. 일본이 경공업에서 중화학공업으로 가면, 한국이 경공업을 하게 된다. 일본이 중화학공업에서 첨단산업으로 가면, 한국이 경공업에서 중화학공업으로 간다. 그러면, 중국이 경공업을 하게 된다. 기러기가 줄을 지어 날아가듯, 경제 발전이 국가별 순서대로 이루어진다는 것이다. 그러나 오늘날의 경제는 더 이상 그렇게 작동하지 않는다. 일본과 한국, 중국이 자동차산업에서 동시 경쟁하고 있다. 이러한 양상은 조선산업, 반도체산업 등 다른 제조업에서도 마찬가지로 나타난다.

1980년대에 미국을 추월하여 세계 최고의 경제 대국으로 성장하리라 예상되었던 일본이 오늘날 조선, 전기전자, 반도체 등 주력 산업의 경쟁력을 상실하고 자동차산업조차 그 위상을 위협받고 있는 상황에서, 우리는 한국 자동차산업의 미래에 대해서도 비판적 관점을 도입할 필요성을 느낀다. 현재를 과거의 단순한 연속으로 보기 어려운 것처럼, 미래에도 현재의 상태가

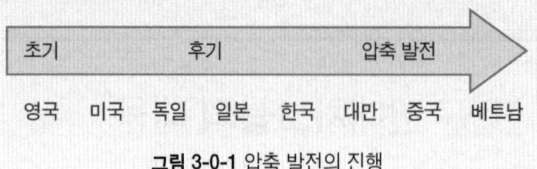

그림 3-0-1 압축 발전의 진행
자료 : Sturgeon(2020).

지속된다고 보기 어렵기 때문이다. 각국 간의 시간적 격차가 축소되면서 동일한 산업에서 서로 경쟁하는 '압축 발전'(compressed development)의 양상이 나타나고 있다(그림 3-0-1). 달리 말하면, 압축 발전의 글로벌 경쟁 속에서 영원한 강자란 존재하지 않는다.

3부에서는 또 다른 추격이라는 시각에서 한국 자동차산업의 미래차 전환 현황을 파악하고자 한다. 한국의 자동차산업은 지난 40년간 놀라운 성장을 이루어 냈다. 1967년 현대자동차가 포드와 기술 제휴로 조립 생산을 시작한 이래, 한국 자동차산업은 글로벌 5위권의 자동차 생산국으로 성장했다. 특히 현대차그룹은 2024년 말 기준으로 730만 4천 대를 판매하여 세계 3위의 완성차업체 순위를 유지하고 있다. 현대차그룹은 국내 자동차 시장의 91.7%를 차지하는 명실상부한 한국 자동차산업의 독점적 사업자이다(한국자동차모빌리티산업협회, 2025).* 현대차그룹의 사례가 한국 자동차산업, 나아가서는 제조업 전체를 대표한다고 봐도 별 무리는 없을 것이다.

3부는 현대차그룹의 대응을 기술혁신과 일자리라는 두 가지 영역에 초점을 맞춰 살펴보고자 한다. 1장에서는 미래차 분야의 양대 기술혁신, 즉 전기차와 자율주행차 개발 현황에 대해 살펴보고자 한다. 2장은 그에 따른 일자

---

* 유감스럽게도 한국GM, 쌍용(KG모빌리티), 르노코리아, 타타대우 등 나머지 자동차업체들은 외국계 자본일 뿐 아니라, 이들을 모두 합쳐도 국내 판매의 8.3%를 차지하는 데 불과하다.

리와 인적자원관리의 변화를 보여 준다. 3장은 미래차 전환에 따른 생산 현장의 변화를 스마트 팩토리를 중심으로 보여 준다. 기민한 생산방식의 고유한 특징이 어떻게 진화되는지에 초점을 맞춘다. 4장은 생산직 일자리 변화와 노사관계를 살펴본다. 5장에서는 기업 거버넌스를 '권위적 실험주의'의 진화라는 관점에서 조명한다. 6장과 7장에서는 자동차산업 전반에서의 일자리 변화를 살펴보고자 한다. 즉, 완성차업체와 부품업체 관계, 그리고 가치사슬 구성이 어떻게 변화되는지를 일자리의 양적, 질적 측면에 초점을 맞춰 살펴보고자 한다.

1장

미래차 기술혁신과 기민한 생산방식

 이 장에서는 미래차 전환에 현대차의 기술혁신이 어떻게 대응하고 있는지를 살펴보려고 한다. 특정 기업은 제품기술과 생산기술이 결합되는 방식에 따라 고유한 생산방식을 운영하게 된다. 이것이 기업의 경쟁력을 좌우한다.＊ 미국의 번영을 가져온 원동력은 포디즘으로 지칭되는 포드의 대량생산방식이었고, 일본의 번영을 가져온 원동력은 린 생산방식으로 지칭되는 토요타의 다품종 중량생산방식이었다. 현대차의 성공도 고유한 생산방식의 형성과 발전으로 설명할 수 있다. 필자는 현대차 생산방식의 고유한 특징을 '기민한 생산방식'(Agile Production System)으로 개념화한 바 있다(조형제, 2016).

＊ 제조업체의 조직 역량이 구체화된 것을 '생산방식'(production system)으로 지칭하고자 한다. 생산방식이란 특정 제조업체의 기술과 조직이 결합, 운영되는 미시적인 경제 시스템이다. 설계 정보를 만들어 내는 과정을 제품 개발이라고 하면, 이 설계 정보를 빠른 시간 내에 대량으로 복사하는 것을 대량생산이라고 한다(藤本, 2001: 28). 제조업에서는 좋은 제품을 개발하는 것도 중요하지만, 그 제품의 품질과 생산성을 효율적으로 실현하는 대량생산도 그에 못지않게 중요하다. 아무리 좋은 제품을 개발했다고 하더라도, 그 제품을 똑같은 성능과 품질로 대량생산하지 못하면 이익을 낼 수 없기 때문이다. 요컨대, 생산방식이란 제품 개발과 대량생산이 이루어지는 조직 역량을 지칭한다.

현대차그룹은 선진 완성차업체를 추격하면서 고유 모델과 고유 엔진을 개발, 생산하여 2022년 이후 판매대수 기준으로 세계 3위의 업체가 되었다. 2차 세계대전 이후 개도국 완성차업체 중 선진 업체를 추격하는 데 성공한 사례는 현대차그룹이 유일하다. 우리는 현대차의 성공이 린 생산방식을 잘 받아들였기 때문이라고 보는 단순한 견해에 동의하지 않는다. 마치 K팝이 초기에는 J팝을 벤치마킹했음에도 불구하고, 그것과는 구분되는 고유한 제작 시스템으로 진화한 것처럼, 현대차도 한국의 제도적 조건 아래 린 생산방식과는 구분되는 고유한 생산방식으로 진화해 온 것이다.

1. 또 다른 추격

현대차의 기민한 생산방식은 제품 개발, 생산, 부품 공급, 마케팅 등 가치사슬 전반에서 발휘되는 '기민함'(agility)이 경쟁 우위의 핵심적 요소인 생산방식이다. 2000년대 이후 현대차 엔지니어들은 최신의 기술을 적용하고, 여기에 수량적 유연성을 추구하는 숙련 절약적(skill-saving) 작업조직을 결합시킴으로써 기민한 생산방식의 고유한 특징을 확립했다. 플랫폼 공용화, 모듈화, 파일럿 생산을 통해 현대차는 본격적으로 기민한 생산방식으로 이행하게 된다. 수요 변화에 대응하여 신속하게 다양한 제품을 개발하고 생산하는 '기민함'을 갖추게 된 것이다(조형제, 2025).

그러나 기후 위기와 4차 산업혁명이 진행되는 가운데 자동차산업이 내연차에서 전기차로 전환하고, 하드웨어에서 소프트웨어 중심으로 전환하게 됨에 따라 현대차는 또 다른 추격에 직면하고 있다. 미래차 추격은 기계공학적 모방이던 내연차 추격 때와는 달리, 소프트웨어가 중심인 전혀 새로운 추격이다. 현대차의 기민한 생산방식은 미래차 전환에 어떻게 대응하고 있는가?

과거의 내연차 경쟁에서는 이미 확립된 기계공학의 성숙기 기술을 추격하는 것이었다. 공식적 기술 협약을 이용하거나, 그렇지 못할 경우에는 선진 업체의 제품을 분해해서 기술을 습득하는 리버스 엔지니어링도 가능했다. 현대차그룹은 내연차 기술에서 이미 선진국 수준에 도달한 것이 사실이다. 여기에는 엔지니어들의 우수한 문제해결 능력이 크게 작용했다.

미래차 전환에서도 엔지니어들의 기민한 문제해결 능력이 발휘될 것으로 기대된다. 그러나 SW 분야는 리버스 엔지니어링을 통해 구조와 기능을 이해할 수 있는 기계공학의 영역이 아니다. 현재의 미래차 기술 추격에서 SW 분야의 리버스 엔지니어링이란 쉽지 않은 것이 사실이다. SDV의 기본 골격에 대한 개방된 지식을 가지고 제품 성능이나 서비스 등 무형의 SW 능력을 스스로 만들어 내야 한다는 점에서, 연속적이 아니라 '단절적' 성격의 추격이다. 테슬라가 (부분적) 오픈소스를 선언했음에도 불구하고, 다른 업체들이 전기차용 OS를 테슬라 수준으로 개발하기란 쉽지 않다.

그럼에도 불구하고, ICT업체와 레거시 자동차업체들은 SDV의 OS를 경쟁적으로 개발하고 있다. 이에 따라 SDV의 OS 표준을 장악하기 위한 ICT업체와 레거시업체들 간의 경쟁과 협력이 치열하게 전개되고 있다. ICT업체들은 안전을 최우선시하는 자동차라는 제품을 대량생산한 경험이 전무하고, 레거시업체들은 내연차 제품을 대량생산한 경험은 풍부한 데 비해 SW 기술이 부족하다. 레거시업체 중 하나인 현대차의 또 다른 추격의 성공 여부는 우수한 전기차 제품의 개발과 효율적 생산뿐 아니라, SW가 중심인 SDV의 개발과 서비스 경쟁에서 어느 만큼 성공하는가에 따라 결정될 것이다.

그림 3-1-1은 2010년대 중반 이후 한국 자동차의 전체 판매대수(수출 포함)는 거의 정체된 상태인 데 비해, 미래차 비율은 급속히 증가하는 것을 보여준다. 2010년대 중반까지 거의 전무하던 미래차 비율이 2020년 이후 급속히 증가하여 2023년에는 3분의 1을 넘어서고 있다. 하이브리드를 제외한 순수 전기차의 비율도 15%를 넘어서고 있다. AI의 예측에 따르면, 2030년까지 전체 전기차 판매량(하이브리드 포함)은 신차 판매량의 약 32%를 차지할 것이

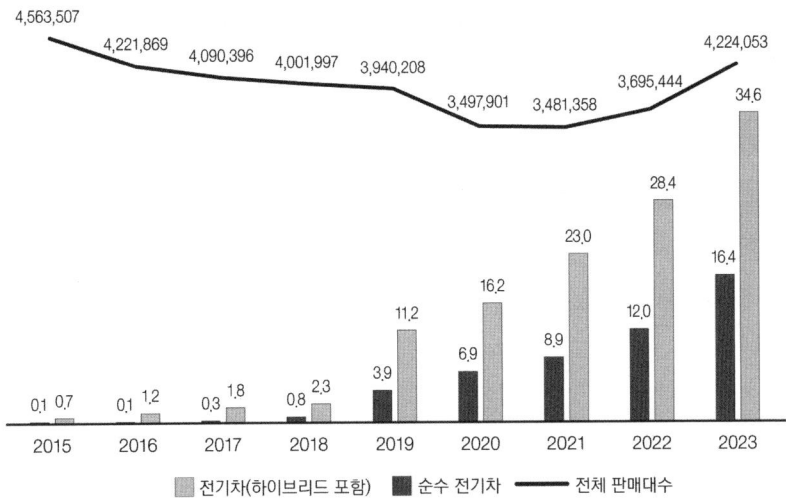

그림 3-1-1 한국 자동차산업의 판매대수 중에서 전기차 비중(단위: 대, %)
자료: KAMA(2025).

고, 순수 전기차 비율도 약 30%에 이를 것으로 전망된다(GPT 4o, 2025). 현대차그룹은 2030년까지 순수 전기차 200만 대 판매를 목표로 하고 있으며, 2040년까지 내연차 판매를 전면 중단하고, 2045년까지 완전 탄소중립을 달성하겠다고 선언했다(현대차그룹 뉴스룸, 2023.6.20).

2. 이모빌리티 솔루션 기업으로의 전환

여기서는 현대차그룹이 미래차 전환에 어떻게 대응하고 있는지를 구체적으로 살펴보기로 하자. 현대차는 2020년에 '2025 전략'(그림 3-1-2)을 발표하고 2025년까지 디지털 기술 기반으로 개인 맞춤형 이동 경험을 제공하는 스마트 모빌리티 솔루션 업체가 되겠다고 선언했다. 이 전략의 사업 구조는 크게 모빌리티 디바이스(H/W)와 모빌리티 서비스(S/W)의 양축으로 구성된다. 하

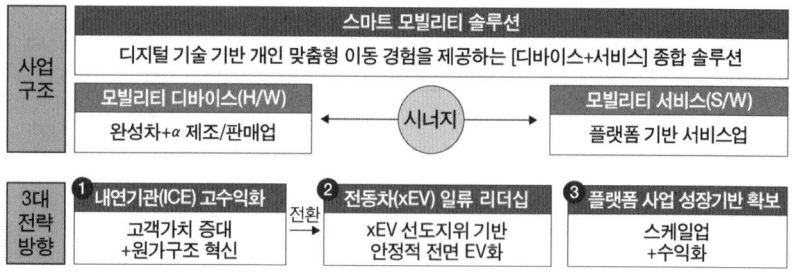

그림 3-1-2 현대차그룹 2025 전략
자료: 현대자동차(2020).

드웨어 제품을 만들되, 플랫폼을 기반으로 하는 모빌리티 서비스업의 비중을 높여 가겠다는 것이다. 이를 실현하기 위해 3대 전략을 제시했다. ① 내연차는 고수익화하면서, ② 전기차에서 선도적 리더십을 구현하고, ③ 플랫폼 서비스 사업의 성장 기반을 확보하겠다는 것이다.

1) 모빌리티 디바이스

현대차는 전기차 기술혁신에서 선두 그룹에 위치할 정도로 뛰어난 성과를 보이고 있다. 현대차는 2020년 개발한 전기차 전용 플랫폼인 EGMP(Electric Global Modular Platform)를 지속적으로 발전시켜 가고 있다. EGMP는 전기차에만 최적화된 플랫폼으로서 개발 복잡도를 낮추고 기술 신뢰도를 향상시켜 준다. 아이오닉5나 EV6는 EGMP 전용 플랫폼에 기반하여 개발된 최초의 순수 전기차 모델이다. 디자인, 주행거리, 배터리 성능 등에서 기존의 현대차와는 뚜렷하게 구분된다.

또한 현대차는 800V 고전압 시스템을 선도적으로 도입하여 충전 속도와 효율성 면에서 뛰어날 뿐 아니라, 모터, 인버터, 감속기의 통합 설계로 공간 효율성과 고성능을 실현했다. 스마트 회생 제동 및 외부 장치에 전력을 공급할 수 있는 V2L(Vehicle to Load) 등의 소비자 체감형 기술을 선제적으로 상용화하고, 통합 열 관리 시스템으로 배터리 성능 및 수명을 최적화하고 있다.

하지만, 테슬라, BYD 일부 경쟁사에 비해 배터리 에너지 밀도가 아직 떨어진다. 또한 전고체 배터리 등 차세대 기술 상용화에서도 상대적으로 뒤떨어져 있다(Claude 3.7 Sonnet Thinking, 2025).

2) 모빌리티 서비스

현대차의 모빌리티 서비스 분야는 아직 선두 그룹에 비해 상당히 뒤떨어진 편이다. 현대차는 자율주행 데이터 수집 및 AI 모델 훈련 시스템을 구축하여, 보다 안전하고 진보된 자율주행 기술을 실현할 수 있도록 노력하고 있다. 현대차는 그동안 축적해 온 하드웨어 개발 역량과 제조 경쟁력을 바탕으로, SDV 개발 및 제조 역량을 강화하고 있다. 현대차는 계열사인 모셔널과 협력하여 인지, 판단, 제어를 실시간으로 수행하는 엔드투엔드(end to end) 딥러닝 모델을 개발 중이며, 이를 레벨 4까지 확장 가능한 솔루션으로 발전시킬 계획이다.

2022년 10월 '2025 전략'의 후속 조치로서 "소프트웨어 기업으로의 전환"을 공식 선언했다. 현대차그룹이 미래차 전환에 성공하기 위해서는 경쟁력 있는 SDV 제품을 개발해야 한다. SDV 제품은 전기차를 기반으로 하면서도, 그 핵심 기술이 하드웨어가 아니라 소프트웨어이다. 하드웨어를 조작해 차량을 운전하는 것이 아니라, 소프트웨어를 통해 차량을 제어하기 때문이다. 현대차는 소프트웨어 역량을 강화할 뿐 아니라, 하드웨어와 소프트웨어의 통합 최적화를 추진하고 있다.

현대차가 추진하는 소프트웨어 기업으로의 전환 전략은 **그림 3-1-3**와 같다. 첫째, 현대차는 전기차 플랫폼을 좀 더 분화시켜, 2025년을 목표로 승용차 전용 전기차 플랫폼 eM과, PBV(상용차) 중심의 전기차 플랫폼 eS를 개발하고 있다. 이는 고객의 특성을 고려하여 전기차 제품의 상품성과 기능성을 높여 줄 것으로 기대된다.

둘째, 현대차는 전기·전자 분야, 즉 전장 아키텍처로서 '기능 집중형' 아키텍처(domain centrailized architecture)를 선택했다. 여러 가지 기능을 담당하는 전장 부품이 점차 증가함에 따라, 이를 보다 효율적으로 개발하고 제어할 수 있는 아키텍처를 선택한 것이다. 기능 집중형 아키텍처는 ① 인포테인먼트(내비게이션, 오디오, 비디오 등), ② ADAS(첨단운전자보조시스템), ③ 컴포트(안락한 승차감), ④ 드라이빙(회생 제

그림 3-1-3 소프트웨어 기업의 미래
자료: 현대자동차(2022). https://youtu.be/cZKcCG26VRI)

동에 의한 감속 효과)의 네 가지 기능으로 구성되며, 2025년까지 순차적으로 적용될 예정이다. 또한 기능 집중형 아키텍처를 통해 무선 업데이트 OTA로 차량에 새로운 기능을 추가하거나 개선하는 것이 가능해진다. 2023년부터 출시되는 모든 신차에 OTA 기능을 탑재할 예정이라고 한다.

셋째, 현대차는 이상의 기반 위에 차량 데이터를 효율적으로 처리하고 전장 부품들을 통합적으로 제어하기 위해 고유한 SW 플랫폼, 즉 차량용 OS인 CCOS(Connected Car Operating System)를 개발한다. CCOS는 표준화, 공용화된 SW 플랫폼으로서, 이를 모든 차량 개발에 적용함으로써 하드웨어와의 호환성이 높아진다. CCOS를 통해 전기차는 ① 차량의 여러 기능을 통합적으로 제어할 뿐 아니라, ② 데이터를 분석해 안전한 주행을 가능케 하고, ③ 차량 내·외부와의 통신을 통해 다양한 콘텐츠와 고객 서비스를 제공한다. 현대차는 이를 위해 컴퓨팅업체인 엔비디아와 협업하여 고성능 정보처리 반도체인 드라이브 하드웨어에 최적화된 CCOS를 탑재하고 있다. 엔비디아는 CCOS와 연계되는 협업 SW 플랫폼을 만들어서 현대차 모든 차량의 인포테

인먼트 시스템이 원활하게 작동하도록 지원할 예정이다.

넷째, 현대차는 CCOS에 기반하여 자율주행 기술을 발전시키고 있다. 종래에는 차량의 레이더, 라이다, 카메라 등 각종 센서별로 수집해서 처리하던 데이터를 CCOS가 신속하게 통합 처리하게 되는 것이다. 자율주행 기술 개발의 철학은 '보편적 안전'과 '선택적 편의'에 초점을 두고 있다. 2023년 말에 출시되는 차량부터 레벨 3의 고속도로 자율주행 기능이 추가될 것이고, 이후에 향상되는 기능의 무선 업데이트도 가능해질 것이라고 한다.

자율주행차 개발의 관건은 '레벨 3' 단계의 성공 여부에 달려 있다. 레벨 3은 운전자가 운전을 하긴 하지만, 저속 주행, 고속도로 주행, 자동 차선 변경 등을 시스템이 자율적으로 파악하고 실행하는 단계를 의미한다. 궁극적으로는 레벨 5, 즉 모든 도로와 조건에서도 운전자 없이 차량 자체가 자율운행하는 것을 목표로 한다. 자율주행 차량은 독자적으로 운행하는 것이 아니라, 정보통신 네트워크 내에서 다른 차량, 도로, 지도 등과 연결되어 상호작용하면서 운행한다. 승객들은 차량 운행 중에도 다양한 정보를 접하고 엔터테인먼트를 즐기게 된다. 현대차는 자회사 오토에버를 통해 개발한 펌웨어 무선 업데이트 프로그램인 FOTA를 전 차종에 적용하고 있다(서울경제, 2021.8.29). 현대차는 '블루링크'로 지칭되는 FOTA를 통해 지속적으로 고객 차량의 운행 정보를 수집하고, 차량 성능을 수시로 업데이트시켜 준다.

다섯째, 현대차는 이상의 기능들을 실현하는 데 필요한 방대한 양의 데이터를 수집, 처리, 분석하는 데이터 플랫폼을 구축하고 있다. 이를 위해서는 ① 차량의 데이터가 표준화되어 효율적으로 연결 및 통합되고, ② 고객에게 가치 있는 서비스를 제공하는 데 필요한 데이터를 선별적으로 수집 및 정제하며, ③ 이러한 데이터를 효율적으로 분석 및 학습할 수 있는 기술이 필요하다. 현대차는 2023년부터 출시되는 모든 신차에 자동 무선 업데이트 기능을 장착하겠다고 밝힌 바 있다.

여섯째, 현대차는 통합적 모빌리티 서비스를 제공하는 소프트웨어 회사로서의 미래상을 추진하고 있다. 차량뿐 아니라 AAM(Advanced Air Mobility), 로보택시 등 새로운 이동 수단까지 포함된 경험과 서비스를 고객에게 통합적으로 끊김없이 제공하기 위해서는 SW가 핵심 역할을 담당해야 한다. 현대차는 고객이 외출해서 친구와 만나고 충전, 쇼핑, 식사를 끝낸 뒤 집으로 돌아올 때까지 통합적인 모빌리티 서비스를 제공하겠다는 것이다. 이를 위해 모빌리티 디바이스와 모빌리티 서비스를 통합적으로 제공, 제어하기 위한 '글로벌 SW 센터'를 설립할 예정이라고 한다. 이 센터는 자체 개발한 모빌리티 디바이스의 SW 개발 키트를 오픈해서 신생 기업들이 다양한 앱들을 개발하고, 스마트폰 앱 생태계와도 연결되는 시스템을 구축할 예정이다.

3. 소프트웨어 통합 OS Pleos(플레오스) 발표

2022년에 현대차가 발표한 '소프트웨어 기업으로의 전환'은 순조롭게 추진되지 못한 것처럼 보인다. 현대차그룹은 2025년 3월 신규 개발자 콘퍼런스에서 SDV를 향한 통합 OS 비전인 'Pleos 25'를 다시 발표했다. SDV 중심의 '모빌리티 테크 기업'으로의 전환을 본격화한 것이다.

Pleos는 SDV 구현을 위한 'Pleos Vehicle OS'와 차세대 인포테인먼트 시스템 'Pleos Connect'로 구성된다. Pleos는 고성능 칩과 제어기(Chip & Controller)에서부터 차량 운영체계(Vehicle OS)와 인포테인먼트 플랫폼(Pleos Connect), 클라우드 인프라, 차량 관제 및 운영 솔루션(Fleet Management), 모빌리티 및 물류 최적화 시스템까지 통합적으로 구성된 엔드투엔드 플랫폼이다(그림 3-1-4). 주요 내용은 다음과 같다(현대차그룹, 2025).

첫째, Pleos Vehicle OS는 SDV의 원리를 구현한 가장 기본적인 플랫폼이며, 차량을 소프트웨어 중심으로 운영할 수 있도록 설계된 운영체계로서 전기·전자 아키텍처를 기반으로 차량이 지속 연결되고 업데이트될 수 있게 지

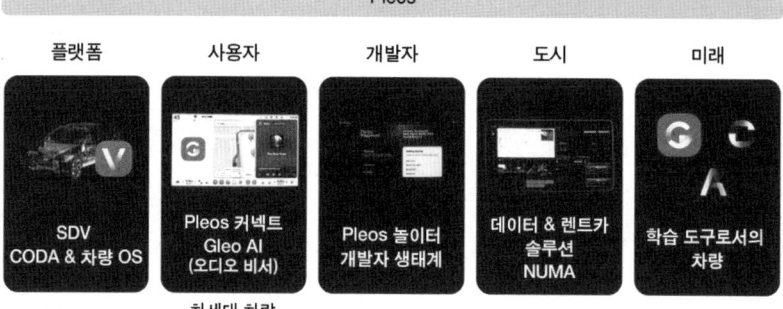

그림 3-1-4 현대차의 'Pleos 25' 체계도
자료: 현대차그룹(2025).

원하는 핵심 기술이다. Pleos Vehicle OS는 구글의 '안드로이드 자동차용 운영체계'(AAOS)를 적용하여 현대차에 적합한 SW OS를 개발한 것으로서, 차량의 하드웨어와 분리시켜 소프트웨어를 지속적으로 업데이트할 수 있게 했다. 달리 말하면, 스마트폰과 유사한 SDV를 구현하려고 하는 것이다.

둘째, Pleos Vehicle OS 기반 위에 개방형 인포테인먼트 시스템인 Pleos Connect 플랫폼을 구축한다. 이를 통해 모바일 연결성을 강화하고 직관적인 사용자 경험(UX)를 구현하고자 한다. Pleos Connect는 모바일과 차량 간 연결성을 강화해 사용자가 익숙한 앱과 콘텐츠를 차량에서도 자연스럽게 이용할 수 있도록 설계되었다.

셋째, Pleos Connect 기반 위에 차량용 앱 마켓 및 앱 개발 생태계 활성화를 위한 'Pleos Playground' 구축 계획도 공개했다. 개발자 친화적인 앱 개발 도구·환경을 제공해서 Pleos Connect 플랫폼 기반의 앱 마켓을 출시할 계획이다. 별도 설정 없이 차량-액세서리 연결하는 기능을 개발해서 누구나 액세서리를 개발할 수 있도록 지원할 예정이다. 현대차그룹은 SDK(Software Development Kit, 소프트웨어 개발 도구) 문서, 샘플 코드, 개발 지원 도구는 물론, 실제 차량 없이 앱을 개발 및 테스트할 수 있는 환경과 디버깅 도구 등을 제공하여 개발자들의 개발 편의성과 효율성을 극대화하고자 한다.

넷째, 구글, 우버, 삼성, 네이버, 쏘카 등 국내외 대기업들과 SDV 생태계 확장 및 서비스 연계 강화 계획도 발표했다. 대표적으로 글로벌 자율주행 기업에 자율주행 기술이 적용된 전기차를 공급하는 자율주행차 '파운드리' 사업을 추진하고 있다. 해당 소프트웨어 업체는 각사에 특화된 자율주행 차량을 공급받고 서비스할 수 있게 된다. 이 과정에서 현대차그룹은 개발 키트, 플릿 매니지먼트, 생산·인증 및 기술 지원까지 자율주행 생태계의 전 영역을 지원한다. 이날 우버는 현대차그룹과의 자율주행차 파운드리 협력을 기반으로 한 로보택시 서비스 확장 계획과 글로벌 공동 프로젝트 추진 방침을 발표하며 자율주행 기술 확산을 위한 파트너십 강화 의지를 밝혔다.

다섯째, 현대차그룹은 도시·국가 단위의 모빌리티 혁신을 위한 협력 체계 'NUMA'(Next Urban Mobility Alliance) 구축 계획을 발표했다. '기업의 사회적 책임' SDV 버전인 셈이다. NUMA는 교통약자 지원, 지방소멸 대응, 기후 위기 등 사회적 문제 해결을 목표로 민관 협력을 통해 데이터 연결 기반의 최적화된 이동 환경을 구현하고자 하는 생태계이다. NUMA 계획의 일환으로 현대차그룹은 DRT(Demand Responsive Transit, 수요 응답형 교통) 플랫폼 '서클', 교통약자 디바이스 'R1' 등을 중심으로 한국 및 유럽 정부 기관과 협력해 도시형 모빌리티 솔루션을 전개할 계획이다.

현대차그룹은 Pleos Connect를 2026년 2분기 출시되는 신차부터 순차적으로 적용할 예정이며 2030년까지 약 2천만 대 이상의 차량으로 적용을 확대할 계획이다. 2027년 말까지 레벨 2+(플러스) 자율주행을 적용하겠다는 로드맵도 함께 발표했다. 현대차의 Pleos 25 비전은 야심 찬 SDV 전환 계획으로서 이미 구글의 AAOS를 적용한 다른 레거시업체들과 함께 AAOS 진영을 형성할 것으로 예상된다. 레거시업체들 중 엔드투엔드(end to end) 방식*은 현대차가 처음이라고 한다. 이에 따라 SDV 전환은 안드로이드 진영과 테슬라의 리눅스 통합 OS 양대 진영으로 재편되면서, 글로벌 표준 경쟁이 점차 치열해질 것으로 예상된다.

지금까지 본 것처럼, 현대차그룹의 SDV 전환 계획은 실로 야심 차다. 레거시업체들이 소프트웨어 기업으로 전환하는 것은 테슬라 같은 신생 기업의 경우와는 비교할 수 없게 어려운 과제이다. 기존의 협력업체들과 함께 전환해야 하기 때문이다. 그 핵심에는 Pleos Vehicle OS가 있다. Pleos 25 비전이 성공적으로 실현되면 SW 업데이트를 통해 하드웨어의 기능을 변화시킬 수 있기 때문에, 신속한 제품 개발과 효율적 관리, 비용 절감이 가능할 것으로 기대된다(하이투자증권, https://www.youtube.com/watch?v=M6XHP8pJ8Js). 이를 정리하면, 표 3-1-1과 같다.

표 3-1-1 현대차의 Pleos 25

구성 요소	개발 내용	비고
Pleos 차량 OS SDV를 구현한 기본 플랫폼	하드웨어와 분리된 SW의 지속적 업데이트	구글의 AAOS 적용
Pleos 커넥트 개방형 인포테인먼트 시스템	모바일과 차량 연결성 강화 앱과 콘텐츠를 차량에서도 경험	사용자 경험(UX) 구현
Pleos 놀이터	개발자 친화적인 앱 개발 편의성 제공	개발자들의 앱 마켓 및 생태계 형성
자율주행차 파운드리 사업	개발 키트, 렌트카 관리, 생산·인증, 기술 지원 및 파트너십 강화	우버 등 국내외 대기업들과 공동 프로젝트 추진
NUMA 도시 이동성 지원 협력	데이터 연결 기반의 최적화된 이동 환경을 구현하는 생태계	다른 레거시업체들과 AAOS 진영 형성

자료: 현대차그룹(2025).

---

* 엔드투엔드 방식은 AI가 이미지, 센서 데이터를 받아 직접 판단하여 제어하는 방식이다.

4. 연구개발 조직의 재편

여기서는 현대차그룹의 모빌리티 솔루션 기업으로의 전환이 잘 이루어지고 있는지를 조직적 측면에서 살펴보기로 하자. 첫째, 현대차그룹은 SW 관련 계열사들을 통합했다. 대표적 SW 계열사인 현대오토에버는 2021년 유관 계열사인 현대오트론과 현대엠엔소프트를 흡수 합병했다. 이러한 통합을 통해 다양한 영역의 고객에게 모빌리티 서비스를 효율적으로 제공하려는 것이다(위키피디아, 현대오토에버).

둘째, 현대차그룹은 경영 환경의 변화에 유연하게 대응하기 위해 연구개발본부 조직을 전면 재편했다. 완성차 개발 중심의 중앙 집중적 형태에서 독립적 조직들 간의 연합체 방식(Allianced Tech Organization: ATO)으로 개편했다. 특히, 기존의 연구개발본부 조직 중에서 차세대 혁신기술 부문을 재구성해 별도의 조직으로 편성했다(그림 3-1-5).

구체적으로는, 연구개발 부문을 총괄하는 CTO(최고 기술 경영자) 산하에 TVD(Total Vehicle Devlopment, 신차 개발을 종합적으로 수행하는 조직), 차량 SW

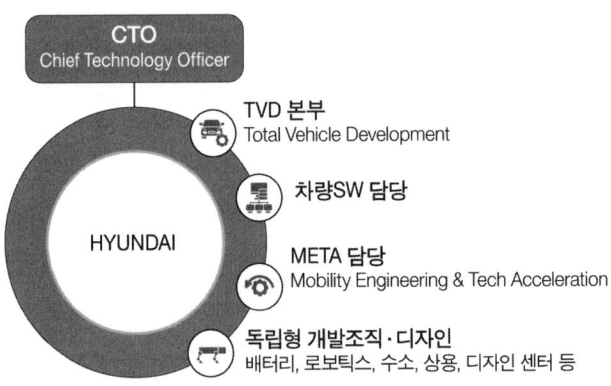

그림 3-1-5 현대차의 차세대 혁신기술 부문 연구개발 조직
자료: 현대차그룹 뉴스룸(2023).

담당(본사 및 포티투닷과 긴밀히 협조해서 SW 개발을 일관성 있게 추진), META (Mobility Engineering & Tech Acceleration) 담당(차세대 혁신제품 개발을 주도하기 위한 조직), 독립형 개발 조직(배터리, 로보틱스, 수소연료전지, 상용 개발) 등 각 부문을 독자적인 개발 체계를 갖춘 조직으로 재편했다. 이는 모빌리티 디바이스와 모빌리티 서비스를 적시에 개발할 수 있는 연구개발 시스템을 갖추겠다는 현대차그룹의 의지가 반영된 것으로 보인다. 대기업이면서도 외부 생태계 변화에 벤처 기업처럼 유연하게 대응할 수 있도록 재편한 것이다(현대차그룹 뉴스룸, 2023.6.12).

셋째, 현대차그룹은 기존의 남양연구소(신차 개발 담당)나 의왕연구소(생산기술 개발 담당)와는 별도로 미래차 분야의 연구소들을 설립, 운영하고 있다. 기존 현대차의 조직문화와 무관한 혁신적 조직에 신입 사원 또는 해당 분야의 경력 사원들을 채용하고 있는 것이다. 이 연구소들이 우수한 인력을 확보할 수 있는 강남이나 판교에 위치한 것은 주목할 만하다.

강남에 위치한 'AI 연구소'는 음성(운전 중 대화로 내비게이션 검색, 지시), 비전 인식, AV, 자율주행, 승차 공유 등을 연구하고 있다. 역시 강남에 위치한 '인포테인먼트 UX 개발 팀'은 운전석의 중앙 센서 디스플레이, 공조, 윈드실드, 헤드업 대화면 디스플레이 등의 설계, 시각화를 추진하고 있다. 인포테인먼트 시스템의 장기 로드맵도 마련하고 있다.

자율주행은 테슬라가 3단계에서 4단계로의 이행을 준비 중인 데 비해, 현대차그룹은 앱티브라는 전문업체와 합작, 설립한 계열사 모셔널을 통해 개발 중으로, 아직 3단계 수준이다. 또한 테슬라가 제품 SW를 무선으로 업데이트하고 차량 데이터 또한 무선으로 전달받고 있는 데 비해, 현대차는 후발주자인 것이 사실이다. 현대차는 아이오닉5부터 시작하여 전 차종에 순차적으로 OTA를 적용해 가고 있다.

현대차는 모빌리티 서비스업체로 전환하기 위해 연구인력 채용에서도 상당한 변화를 보이고 있다. 즉, 자율주행, 인포테인먼트, 로봇, AAM 등 신사업 분야의 기술 개발에 필요한 우수 인력을 외부 노동시장에서 조달하고 있다. 즉, 네이버, 카카오 등 국내 주요 ICT 기업의 경력자들이 충원되고 있다. 또한 '현대 비전 콘퍼런스' 등 해외 대학의 박사과정 학생이나 경력자 대상의 행사를 주기적으로 개최하고, 현지 기업과 협력해 우수 인력을 확보하고 있다(Perplexity-reasoning, 2025).

포티투닷의 송창현 사장이 외부에서 영입된 우수 인력의 대표적 사례이다. 포티투닷은 정의선 회장이 네이버에 근무하던 송창현 사장을 직접 스카웃해서 만든 현대차그룹 계열사로서, 자율주행 기술 개발을 전담하고 있다. 최근 SW 관련 조직들이 포티투닷으로 통합, 재편되고 있다고 한다(면담 정리, 2024).

좀 더 미래 지향적 연구를 하는 현대차 조직도 있다. 판교에 있는 선행기술원은 2021년 출범했는데, 13개의 선행 기술을 연구하는 미래 프로젝트를 수행하고 있다. 예컨대, 임베디드 AI 프로젝트는 발달된 AI 기능을 차량에 매끄럽게 탑재할 수 있게 하는 연구를 한다. 운전자별 운전 습관에 따른 데이터를 종합적으로 고려하여 주행 환경을 예측하(고 멀미를 줄이)는 기술도 연구한다. 선행기술원 연구원들이 제안한 아이디어들이 실용화 단계에 이르면, 사내 벤처 기업으로 분사하여 매출을 올리기도 한다(중앙플러스, 2023.7.10).

5. ICT업체와의 전략적 제휴

흥미로운 것은 최근 현대차와 ICT업체들과의 전략적 제휴가 증가하고 있다는 것이다. 2019년 현대차는 구글 웨이모와 "자율주행 기술 개발 및 상용화를 위한 협력"을 발표했다. 구체적으로 현대차는 구글과 차량 내비게이션 SW의 개선을 위한 제휴를 맺었다. 이 협력은 구글맵과 관련된 다양한 기능을 포함하고 있으며, 현대오토에버가 주도하고 있다. 또한, 현대차는 자회사인 모셔널과의 협력을 통해 개발한 자율주행 차량을 구글의 자율주행 자회사인 웨이모에 공급하기로 했다. 현대차의 차량에 구글의 SW를 적용하여 시너지를 내려는 것이다. 구글과의 협력은 현대차의 자율주행 기술 개발에 있어 중요한 이정표가 될 것으로 보인다.

현대차그룹과 엔비디아 간의 전략적 제휴도 진행되고 있다. 2022년부터 현대차는 엔비디아와 제휴 관계를 맺고 모든 차량에 엔비디아의 차량용 반도체를 탑재한다. '엔비디아 드라이브'라는 명칭의 차량용 반도체와 OS를 현대차의 커넥티드카 시스템에 적용할 계획이다. 현대차가 개발하는 차량용 OS를 엔비디아 반도체에 맞춤형으로 개발하겠다는 것이다(조선비즈, 2020.11.10). 또한 엔비디아의 AI 기술과 로보틱스 플랫폼을 활용한 모빌리티 혁신도 추진하고 있다. 이 협력은 현대차의 로봇 개발과 가상 환경 구축에 중점을 두고 있으며, 지능형 시스템의 개발에도 기여할 것으로 예상된다.

요컨대, 미래차 전환에서 현대차그룹은 자체적으로는 해결하기 불가능한 자율주행이나 AI 등의 영역에서 ICT업체와 협력하고 있다. 이는 앞 장에서 소개한 GM, 토요타 등 레거시업체들과의 제휴와는 구분된다. 미래차 전환과 관련하여 현대차의 전략적 제휴가 전방위적으로 확대되고 있는 셈이다.

6. 평가와 과제

현대차그룹의 미래차 전환은 성공적으로 수행되고 있는가? 여기서는 기술혁신과 조직문화에 초점을 맞춰 살펴보고자 한다.

첫째, 현대차의 전기차 개발은 비교적 순조롭게 진행되고 있다. 전기차 개발에서 현대차의 성과는 주목할 만하다. 현대차그룹의 EGMP 플랫폼을 기반으로 한 아이오닉5, EV6 등은 유럽과 미국 시장에서 호평을 받으며 프리미엄 전기차 시장에서 테슬라의 강력한 경쟁자로 부상했다. 특히 800V 급속

충전 시스템, 차량용 반도체 자체 개발 등 핵심 기술 분야에서도 글로벌 선도 기업들과 어깨를 나란히 하고 있다. 배터리 등 핵심 부품 분야에서도 자체 개발을 통해 글로벌 경쟁력을 확보하기 위해 노력하고 있다.

여기서는 미래차 전환을 위한 현대차그룹의 기술혁신에 대해 해외 컨설팅 업체들이 내린 질적 평가를 소개하기로 하자. 2021년 CAM이 발표한 전기차 혁신지수 순위를 보면 테슬라(1위), 폭스바겐(2위), 현대차(3위)가 선두권에 있다(표 2-5-1). 테슬라는 선도적 혁신가(top innovator), 폭스바겐과 현대차는 신속한 추격자(fast follower)로 평가받았다. 폭스바겐이 최근 위기를 겪고 있는 것을 감안하면, 레거시업체 중에서는 현대차가 전기차 전환에 가장 성공적으로 대처하고 있는 셈이다. 2024년 CAM의 전기차 모델별 혁신지수에서도 현대차는 소형 SUV 모델인 코나의 종합 순위가 4위에 올라 있다. 이는 테슬라의 모델 3보다 높게 평가된 것으로서, 현대차의 전기차 기술혁신이 상당한 수준에 도달했음을 보여 준다.

전기차 부문의 기술혁신은 현대차 기존의 조직문화인 기민한 생산방식에 조응하는 것으로 보인다. 현대차그룹은 집중적이고 신속한 프로젝트를 수행함으로써 전기차 분야의 고유한 플랫폼을 개발했고, 디자인이나 제품 성능, 승차감 등에서도 우수한 평가를 받고 있다.

현대차그룹의 또 다른 추격에 강력한 시동이 걸린 것은 분명해 보인다. 그러나, 내연차에서 확보한 현대차의 경쟁 우위가 미래차 전환에서는 제대로 작동하기가 쉽지 않은 것처럼 보인다. 내연차 분야에서 현대차의 압축 성장을 가능케 했던 엔지니어들의 조직문화가 미래차 전환에서도 가동되고 있지만, SDV 개발에서는 일정한 한계를 보이고 있는 것이다. SW 분야는 기계공학의 하드웨어 분야와는 그 성격이 다르기 때문에 기존에 축적된 기술을 활용하기 어렵다. 리버스 엔지니어링을 통해 암묵적 지식을 얻는 것도 거의 불가능하다.

현대차의 SDV 전환은 시장에서 어떻게 받아들여지고 있는가? 현대차그룹

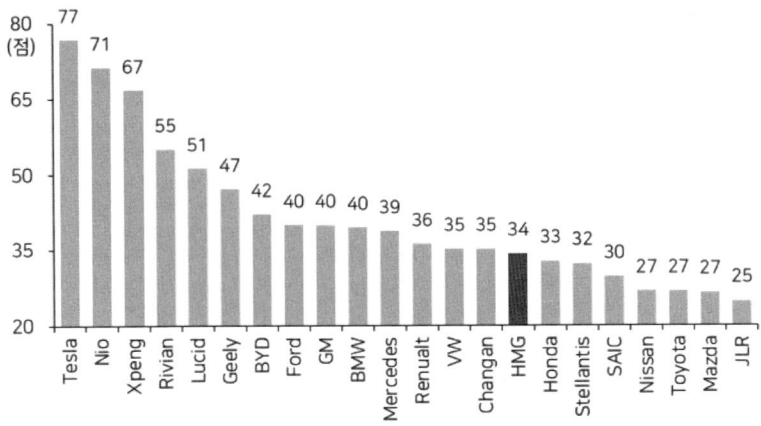

그림 3-1-6 가트너 디지털 오토메이커 인덱스
자료: 메리츠증권 리서치 센터(2024).

의 SW 개발 능력은 아직 선두 그룹에 속하지 못하고 있다. 그림 3-1-6은 글로벌 리서치 기관인 가트너가 9개 카테고리, 1만 3,919가지의 데이터 포인트를 분석, 지수화하여 전 세계 22개 자동차 회사의 SW 잠재력을 비교한 것으로, 소프트웨어를 통해 미래 매출을 어느 만큼 창출하는지를 기준으로 삼은 것이다. 2024년에 발표된 지수를 보면, 테슬라가 작년에 이어 1위를 유지하고 있는 데 비해, 미국과 유럽의 레거시업체들은 8위 포드 아래에 위치하고 있다. 현대차그룹의 순위는 15위이다. 그나마 일본 레거시업체들보다 순위가 높은 것이 다행이라고 할 수 있다. 물론 현대차의 모빌리티 솔루션 기업 전환의 성공 여부를 평가하기에는 아직 이른 듯하다. 여기에는 올해 초 현대차그룹이 발표한 SDV 통합 OS 비전인 'Pleos 25'가 반영되지 않았다. 이 계획이 진전되면, 가트너의 SW 잠재력 순위에서 좀 더 상승할 것으로 전망된다.

요컨대, 현시점에서 현대차그룹의 미래차 기술혁신은 전기차 부문에서는 선두 그룹으로 평가되고 있지만, SDV 부문에서는 상대적으로 낙후된 상태에 있는 것이 사실이다.

현대차는 2022년부터 2031년까지 10년간 총 63조 원을 투자할 계획을 밝했다. 기존의 내연차 부문에 절반(50%)을 투자하고, 나머지 절반(50%)을 전기차 등 신사업 부문에 투자할 계획이다. 나머지 절반 중에서는 전기차 개발에 30%를 투자하고, 10%를 커넥티비디와 자율주행, 그리고 나머지 10%를 AAM, 로보틱스 등에 투자할 계획이라고 한다. 구체적으로는 전동화 및 SDV 가속화, 배터리 기술 내재화 등에 31조 원, 모빌리티, SW, 자율주행 등 미래사업 전략적 투자에 1조 6천억 원, 연구 인프라 확충, IT 투자, EV 전용공장 건설 등 경상 투자에 35조 3천억 원을 투자하겠다고 발표했다. 여러 변수들이 복합적으로 작용하기 때문에 신사업의 수요가 어떻게 성장하는가에 따라 사업별 투자 규모는 유연하게 조정될 것으로 예상된다(면담 정리, 2023).

현대차그룹은 소프트웨어 기업으로의 전환을 위해 요구되는 새로운 연구개발 조직을 설립하고 신규 인력을 대거 채용하고 있다. 이에 따라 남양연구소 등 기존 연구개발 조직과의 '화학적' 결합이 중요한 과제로 대두하고 있다. 현대차의 첫 번째 추격은 내연차 기술 자립을 목표로 한 수많은 기계공학 엔지니어들의 헌신적 노력에 의해 성공했다. 반면, 신사업 분야에 채용되어 근무하고 있는 SW(AI, 전기전자, 빅데이터 등) 인력은 기존 인력과는 구분되는 리버럴한 조직문화와 수평적 사고방식을 갖고 있다. 이 두 그룹 간의 인사관리, 조직문화를 어떻게 통합하여 시너지 효과를 낼 것인가가 장기적으로는 가장 중요한 과제인 셈이다.

미래차 전환에 적합한 조직체계를 둘러싼 현대차그룹 내부의 이견에도 주목할 필요가 있다. 내연차에서 압축 성장을 성취한 기계공학 전공 엔지니어들과 전기차 개발을 위해 외부에서 영입한 전기·전자/ICT 전공 엔지니어들의 가치관과 업무 추진 방식이 상이하기 때문이다. 신차 개발 프로젝트를 일정한 일정에 따라 단계적으로 추진하는 데 익숙한 기계공학 전공 엔지니어들에 비해, 상황 변화에 유연하게 대응하는 데 익숙한 전기·전자/ICT 전공 엔지니어들이 융합하기는 쉽지 않다고 한다(면담 정리, 2024).

최근 현대차그룹은 그룹 내에 산재하던 SW 개발 조직을 통합해 '첨단차 플랫폼'(Advanced Vehicle Platform: AVP) 본부로 개편했다. AVP 본부 산하에는 현대차·기아의 SDV 본부, 남양연구소 SW 연구 담당, 기존 최고 기술 책임자(CTO) 산하의 META 담당 인력도 포함된다. 신차 개발의 중심은 포티투닷이 맡을 것으로 전망된다(ZDNet Korea, 2024.1.16). 달리 말하면, 현대차그룹의 SW 개발 조직은 AVP 본부로 통합되어 포티투닷을 중심으로 신차 개발을 추진하고, 양산은 남양의 R&D 본부가 담당하는 조직 개편이 이루어졌다. 일단 AVP 본부를 정점으로 하는 연구개발 조직체계 통합으로 갈등을 봉합하긴 했지만, 화학적 통합을 이루기까지는 상당한 시간이 걸릴 것으로 예상된다. SDV 개발을 담당하는 신사업 부문과 기존의 차량 개발을 담당해 온 남양연구소 간의 업무 분담이 어느 만큼 효율적으로 수행되는지를 지켜볼 필요가 있다. 이 두 조직 간 통합의 시너지 효과가 어느 만큼 나타나는가에 현대차그룹 미래차 전환의 성패가 달려 있다고 할 수 있다.

한국 자동차산업의 미래는 현대차그룹이 SDV로의 전환이라는 과제를 어느 만큼 성공적으로 수행하여 또 다른 추격에 성공하는지에 달려 있다. 현대차가 미래차 분야에서 또 한 번의 도약을 이루어 낼지 관심을 갖고 지켜보기로 하자.

미래차 기술혁신의 성과와 한계

현대차 엔지니어들은 제품 개발의 선행 과정에서 '부과'받은 기술적 '과업'을 집단적 조직문화(collective skills)인 집중적 문제해결 능력(intensive problem-solving capability)을 통해 해결해 왔다(양승훈, 2025).

현대차그룹은 미래차 전환에도 적극적으로 대응하고 있다. 전기차 개발의 성과는 주목할 만하다. 현대차그룹의 EGMP 플랫폼을 기반으로 한 아이오닉5, EV6 등은 유럽과 미국 시장에서 호평을 받으며 프리미엄 전기차 시장에서 테슬라의 강력한 경쟁자로 부상했다. 배터리 등 핵심 부품 분야에서도 자체 개발을 통해 글로벌 경쟁력을 확보하고자 노력하고 있다.

미래차 전환의 핵심은 SW OS이다. 각종 하드웨어가 OS에 의해 통합적으로 운영되는 전기·전자 제품으로 전환되고 있기 때문이다. 그러나 자동차는 사람을 싣고 고속으로 이동해야 하기 때문에 안전성, 쾌적성 등도 중요하다. 따라서 현대차그룹으로서는 하드웨어의 비중을 줄이면서 SW의 비중을 높여 가는 제품기술의 진화를 어떻게 순조롭게 실현하는지가 최대의 과제이다.

현대차그룹은 2025년까지 자체 CCOS를 적용하여 전체 차량을 SDV로 전환할 것을 선언했지만, 이를 실현하기 위한 핵심 인력의 확보와 조직문화의 전환은 아직 미흡한 상황이다. 테슬라 수준의 SW 개발 및 데이터 분석 역량을 단기간에 확보하기는 쉽지 않을 것으로 예상된다.

2장

일자리의 변화와 인적자원관리

이 장은 미래차 전환에 따라 현대차의 일자리가 어떻게 변화되고 있고, 인적자원관리 방식은 어떻게 변화되고 있는지를 살펴보려 한다. 1부에서 논의한 것처럼, 미래차 전환에 따라 현대차의 일자리는 줄어들고 있는가, 아니면 파이 확대 효과에 따라 늘어나고 있는가? 미래차 전환을 성공적으로 수행하기 위한 인적자원관리는 어떻게 이루어지고 있는가?

1. 고용 없는 성장

그림 3-2-1은 미래차 전환이 시작되는 2010년대 중반 이후 현대차의 매출액과 종업원 수의 변화 추세를 보여 준다. 매출액은 1.8배 정도 증가했음에도 불구하고, 종업원 수는 10% 정도 증가한 데 불과하다. '고용 없는 성장'이 진행되고 있는 것이다.

현대차 종업원들의 내부 구성은 어떻게 변화되고 있는가? 그림 3-2-2는 현대차 종업원의 내부 구성 변화를 보여 준다. 주목할 만한 것은 사무직(연구직 포함)은 증가하는 데 비해, 생산직과 영업직은 감소하고 있다는 사실이다. 미

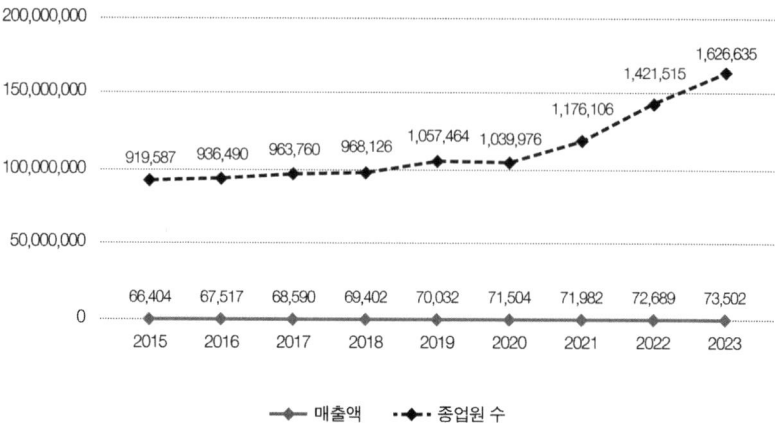

그림 3-2-1 현대자동차의 매출액과 종업원 수 변화(단위: 억 원, 명)
자료: 현대자동차, 사업보고서(각 연도).

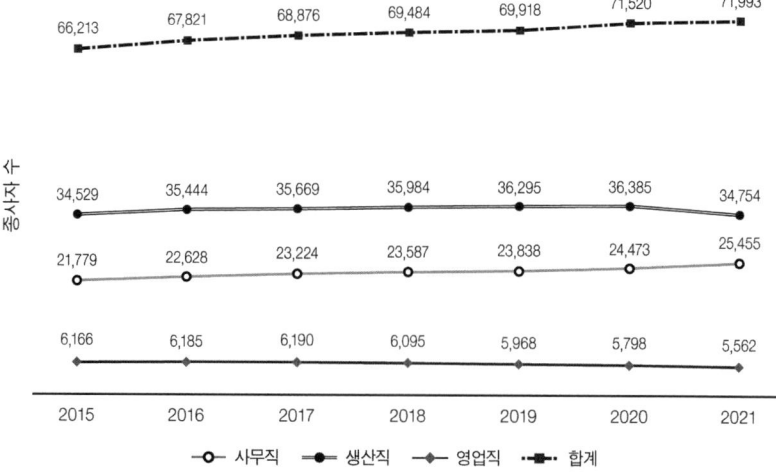

그림 3-2-2 현대자동차 인원 구성 추세(단위: 명)
자료: 현대자동차, 영업보고서(각 연도).

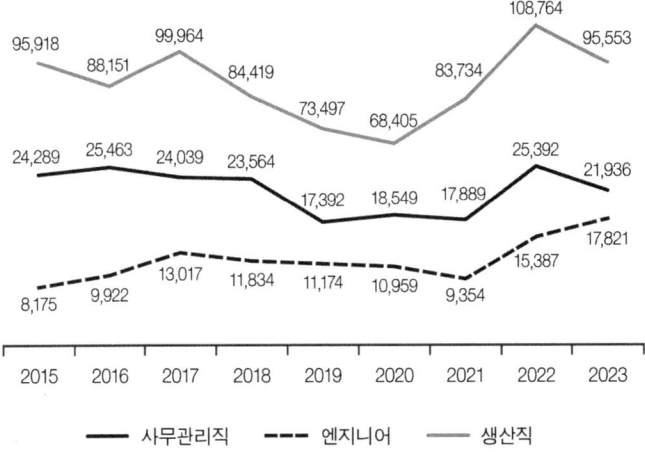

그림 3-2-3 완성차업체 종업원의 직종별 구성 추세(단위: 명)
주 1) 사무관리직은 한국표준직업분류(KSCO)상 관리자(1)와 사무 종사자(3)를 합산한 것임.
주 2) 엔지니어는 전문가 및 관련 종사자(2)와 동일시한 것임. 전문가 및 관련 종사자에는 과학 전문가 및 관련직, 정보통신 전문가 및 기술직, 공학 전문가 및 기술직 등이 포함됨. 자동차산업의 특성상 엔지니어와 동일시해도 무리가 없을 것으로 판단됨.
주 3) 생산직은 기능원 및 관련 기능 종사자(7)와 장치·기계 조작 및 조립 종사자(8)를 합산한 것임.
자료: 통계청, 지역별 고용조사.

래차 전환이 진전될수록 이런 추세는 더욱 뚜렷해질 것으로 짐작된다.＊

 그림 3-2-3은 완성차업체 종업원의 직무별 구성 변화를 좀 더 구체적으로 확인할 수 있다.＊＊ 주목할 것은 사무관리직과 생산직은 큰 폭의 변동을 겪다가 약간 감소하는 추세인데, 엔지니어는 거의 2배 증가하고 있다는 사실이다. 최근 들어 연구개발과 생산기술을 담당하는 엔지니어의 역할이 커지면서 엔지니어 고용이 급속히 증가하는 것을 확인할 수 있다.

＊ 2022년 이후 영업보고서에는 종업원 총수만 공시될 뿐, 내부 구성은 공시되지 않고 있다.
＊＊ 2023년 시점으로 완성차업체 전체의 종업원 수 가운데 현대기아차가 차지하는 비중은 87.1%이다(금융감독원 전자공시, 2025). 따라서 이 수치가 현대기아차의 직무 구성을 보여 준다고 판단해도 별 무리는 없으리라 판단된다.

요컨대, 2010년대 중반 이후 현대차그룹의 전체 일자리 수는 매출액 증가에 비해 거의 변화가 없다. 하지만, 직종 구성 변화에서는 뚜렷한 차이를 보인다. 사무관리직과 생산직은 약간 감소하는 추세인데, 엔지니어의 고용은 급속히 증가하고 있다. 이는 미래차 전환에 따라 연구개발과 생산기술을 담당하는 엔지니어 직무의 중요성이 커지고 있음을 보여 준다.

현대차그룹은 2024년부터 2026년까지 3년간 총 8만 명을 신규 채용하겠다는 계획을 발표한 바 있다. 구체적으로는 미래 신사업 추진을 위해 4만 4천 명, 사업 확대와 경쟁력 강화를 위해 2만 3천 명을 신규 채용하고, 퇴직 인력 1만 3천 명을 재고용하겠다는 것이다(현대차그룹, 2024).

이 계획에서도 기존의 직종별 구성 변화의 추세를 확인할 수 있다. 즉, 미래 신사업을 추진하기 위한 엔지니어는 대규모 신규 채용이 이루어지는 반면, 생산직은 비중 감소가 이루어지고 있다. 퇴직 인력의 재고용이란 '촉탁' 계약직 형태로 이루어지는 것이기 때문에, 정규직 채용과는 무관하다.

현대차는 엔지니어들의 집약적 노동에 기반하여 압축 성장을 해 왔다. 그럼에도 불구하고, 2010년대 중반까지는 평균임금에서도 엔지니어가 생산직보다 완만한 증가 추세를 보여 주고 있다. 이는 생산직 중심의 노조 효과라

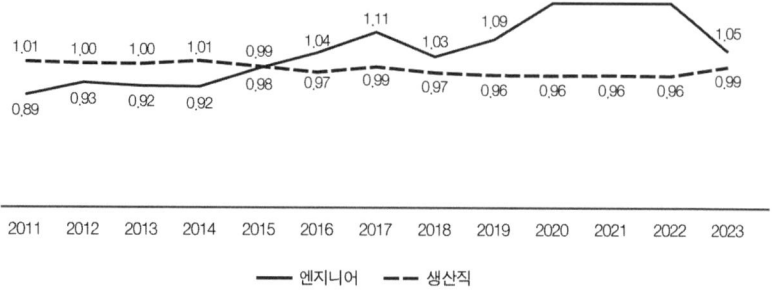

그림 3-2-4 완성차업체 엔지니어와 생산직의 상대임금 비교
주: 완성차업체 전체 평균임금을 100으로 하여 엔지니어와 생산직의 평균임금을 지수로 비교함.
자료: 통계청, 지역별 고용조사.

고 할 수 있다. 노조가 생산직 중심으로 운영되어 오면서 엔지니어들의 요구가 상대적으로 과소 대표되어 온 것이다. 하지만, 최근에 와서 생산직 중심의 분배에 불만을 품은 엔지니어들의 공정성 요구가 표출하고 있다(조성재·정준호 외, 2021). 2010년대 중반 이후 엔지니어의 평균임금이 생산직보다 빠르게 증가하는 것은 이런 맥락에서 이해할 수 있다(그림 3-2-4). 미래차 전환이 본격화되면서 엔지니어 직무의 중요성에 상응하는 보상이 이루어지고 있는 셈이다. 미래차 전환 과정에서 유능한 엔지니어들을 확보하기 위해서는 이들의 직무 능력에 부합되는 인적자원관리 방식을 적극적으로 고려할 필요가 있다.

2. 신사업 분야의 신규인력 확보

현대차그룹이 신사업 분야의 신규 인력을 어떻게 확보하고 있는지 구체적으로 살펴보자.

1) 현대차그룹의 신사업 인력 확보

현대차그룹은 2020년대 초반부터 SW 프로그램 개발, 빅데이터 수집과 관리, AI 제어, 통신 네트워크 등 미래차 전환과 연관된 신사업 분야의 직무 담당 인력을 다수 충원하고 있다. 이러한 추세는 소재, 화학, 로보틱스 등 좀 더 광범위한 분야로까지 확대되고 있다. 커넥티드카 서비스, 카클라우드 플랫폼 개발 등 SW 개발과 관련된 경력자의 외부 채용도 수시로 실시하고 있다(아시아경제, 2023.3.3). 국내 유수 대학과의 계약을 통해 AI, 빅데이터, 전기전자 전공 분야의 우수한 학부생 및 대학원생들이 졸업 후 입사하도록 산학협력 프로그램도 운영하고 있다(면담 정리, 2024).

예컨대, 현대차그룹 계열사인 현대NGV*의 미래 인재 팀은 국내외 대학의 우수 졸업생을 확보하기 위해 연구 장학생, 신기술 인재, 계약학과 등의 프로그램을 운영하고 있다. 맞춤형 인재를 '입도선매'하는 셈이다. 즉, 이들이 졸업하기 전에 미리 채용을 전제하고 교육을 지원한 후 채용하는 방식이다.

현대차그룹의 구체적인 신규인력 확보 프로그램의 예를 들면, 다음과 같은 것이 있다(한국자동차연구원, 2023).

• 구직자 대상 교육훈련 및 자격인증

현대차는 미래 모빌리티 산업 인재를 양성하기 위한 무료 교육 프로그램 "H-모빌리티 클래스"를 운영하고 있다(그림 3-2-5). 우수 수료생에게는 현대차 명의의 인증서와 입사 시 서류전형 면제의 혜택을 제공한다. H-모빌리티 클래스의 주제 영역은 자율주행/차량 전동화/로보틱스의 3개로 구성되며, 2020년부터 매년 새로운 주제 영역을 추가 운영하고 있다. 프로그램은 선발 ▷ 교육과정(기본/심화) ▷ 최종평가 ▷ 우수 학습자 선발의 4단계로 진행되며, 교육과정은 기본(온라인), 심화(오프라인 또는 실시간 비대면) 방식으로 구분하여 운영한다.

그림 3-2-5 H-모빌리티 클래스
자료: 현대차그룹(hmg-scholar.recruiter.co.kr).

---

* 현대NGV(Next Generation Vehicle)는 미래차 전환에 따라 요구되는 신사업 분야 인력을 집중적으로 충원하고 교육하는 현대차그룹의 계열사이다.

- SW 역량 강화를 위한 직무능력인증제도

현대차는 SW 우수인력을 확보하기 위한 온라인 플랫폼 Softeer(소프티어)를 운영하면서, 해당 플랫폼을 활용한 자격인증제도도 운영하고 있다. 인증은 크게 HSAT, HDAT로 구분하여 진행된다. HSAT는 모빌리티 산업 맞춤형 SW 역량 진단을 위한 알고리즘 코딩 테스트로 구성된다. HDAT는 자동차산업 맞춤형 인공지능 및 데이터 사이언스 역량을 진단하기 위한 테스트로서, 기초 통계 및 분석 기법에서부터 현업 문제해결을 위한 최적의 알고리즘 설계 및 데이터 생성·가공에 이르는 역량을 검증한다.

2) 정부의 산업 정책 활용

현대차그룹은 우수인력 확보를 위해 자체 교육 프로그램뿐 아니라 정부의 산업 정책도 적극적으로 활용하고 있다(표 3-2-1). 대표적인 것을 2개만 소개하면 다음과 같다(한국자동차연구원, 2023).

첫 번째는 산업부가 2017년부터 추진하고 있는 미래형 자동차 R&D 전문인력 양성 사업이다. 이 사업은 4년제 대학의 석·박사급 선도기술 R&D 융합기술 전문인력 양성을 목표로 진행하는 사업이다. 자율주행차 및 관련 기술을 중심으로 현장수요 기반의 특화교육과정을 운영함으로써 실무인재 양성을 추진하며, 교과과정으로는 융합형 교육 커리큘럼/산학 프로젝트(3~10개월)/집중교육과정이 있다. 이들 과정 간의 유기적 연계를 통해 자동차 R&D 실무 역량을 배양한다. 이 사업은 주관 기관과 참여 대학의 컨소시엄 구성을 통해 진행되며, 참여 대학의 미래형 자동차 분야 전공 교수진 구성에 따라 대학별 특화 분야를 기반으로 한 전문화된 교육 수행이 가능하다. 또한 미래형 자동차 분야 학위를 취득할 수 있다는 장점도 있다. 현대차는 이 사업에 적극적으로 참여하여, 신규인력 확보의 기회로 활용하고 있다. 미래형 자동차분야는 2017년부터 2022년까지 1차 사업이 진행되었으며, 1차 사업의 성

표 3-2-1 미래차 인력 양성 및 전환을 위한 정부의 산업 정책

사업 명칭	주관 부서	교육 대상	자동차산업 관련 교육 내용	자격증
미래형 자동차 R&D 전문인력 양성 사업	산업부	4년제 대학 석·박사급 R&D 융합기술 전문인력	미래형 자동차; 친환경 xEV 분야	미래형 자동차분야 학위 취득
매치업	교육부	재직자/신규 인력	신에너지 자동차; 지능형 자동차	매치업 이수증, 직무능력 인증서
미래형 자동차 사업재편 준비 대응역량 강화 사업	산업부	부품업체 재직자	신산업 전략 수립과 융합기술 활용 실무교육(리더 과정/실무 과정)	
AI 융합형 산업현장 기술인력 혁신역량 강화	산업부	중소/중견 기업 재직자	미래형 자동차 5대 영역(자율주행/커넥티드/친환경 전동화/차량 신뢰성/ 자동차 R&D 실증	
미래형 자동차 현장인력 양성 사업	산업부	현장 인력 및 기능·숙련 인재	친환경 xEV 기술 융합 교육과정 및 현장 기능·기술 훈련 교육과정	

자료: 한국자동차연구원(2023.4).

과를 바탕으로 미래형 자동차 2차 사업 및 친환경 xEV 분야를 신규 영역으로 추가하여 향후 5년간 운영 예정이다.

두 번째는, 교육부가 2017년부터 추진하고 있는 매치업(Match業) 사업이다. 이 사업은 교육부가 신산업 분야의 인력 수요와 교육기관의 인력 공급 간 부조화를 해소하기 위해 도입한 프로그램이다(https://www.matchup.kr/main/mainView.do?ssoCheckYn=Y). 현대차그룹도 미래차 전환과 관련해서 적극적으로 참여하고 있다. 이 사업의 교육 이수를 해당 분야 직무능력 향상의 기회로 활용할 수 있기 때문이다. 자동차와 관련된 교육과정으로는 신에너지 자동차, 지능형 자동차 분야가 있다. 매치업 이수증과 직무능력 인증서를 재직 기업의 교육훈련 시간으로 인정받을 수 있으며, 취업 등에도 활용할 수

있다. 현대차그룹은 이 사업을 활용하기 위해 임직원 교육 플랫폼에 해당 온라인 콘텐츠를 제공하여, 신입 사원뿐 아니라 재직자들도 자율적으로 미래차 역량을 향상시킬 수 있도록 지원하고 있다.

3. 평생직장 관념의 약화

대기업의 사원들은 상대적으로 높은 임금과 복지 혜택을 받는데, 이를 다른 회사의 규칙이나 관행과 구분된다는 의미에서 '내부' 노동시장이라고 지칭한다(정이환, 2013). 현대차의 고용 규칙이나 관행은 내부 노동시장의 전형적 사례라고 할 수 있다.

2010년대 중반 현대차 엔지니어들에 대해 실시한 설문조사 결과를 보면, 회사의 임금 및 복리 수준이 경쟁사에 비해 높다고 생각하는 비율이 압도적인 것을 알 수 있다(표 3-2-2). 현대차 사원들의 임금 및 복리 수준이 높은 것은 타사로 전직하거나 이직하는 비율이 극히 낮은 데서 간접적으로 확인된다. 임금·복리 수준에 대한 만족도가 높은 상태에서, 사원들은 회사 내에서 보다 나은 업무 성과를 올리기 위해 노력할 수밖에 없었다. 또한 회사의 독

표 3-2-2 현대자동차 임금·복리 수준이 경쟁사보다 높은 정도

	빈도	비율
전혀 그렇지 않다	1	0.5
그렇지 않다	2	1.0
보통이다	32	16.8
그렇다	119	62.3
매우 그렇다	37	19.4
합계	191	100.0

자료: 현대자동차 설문조사(2013).

보적 위상으로 인해 타 회사로의 이직이 사실상 무의미한 상태에서, 현대차 사원들은 상위 직급으로 승진하기 위해 경쟁할 수밖에 없었다. 이런 내부 노동시장의 승진과 보상 체계가 현대차 사원들의 평생직장에 대한 믿음을 뒷받침해 온 것이다. 현대차 사원들의 질병이나 사고를 제외한 자발적 이직률은 사실상 0에 가까웠다. 요컨대, 현대차의 내부 노동시장이 사원들의 적극적 참여와 헌신을 가능하게 만드는 조건으로 작용해 온 셈이다(조형제, 2016).

그런데 흥미롭게도 미래차 전환이 진행됨에 따라 현대차의 고용 관행에 상당한 변화가 나타나고 있다. 평생직장의 관념이 약화되고 있는 것이다. 이 분야에서 적절한 직무 능력을 갖춘 인력은 마치 실리콘 밸리의 고급 인력처럼 근무 조건만 맞으면 자신이 원하는 회사로 수시 이동이 가능하다고 한다. 평생직장이 아니라 '평생직업'의 시대가 열리고 있는 셈이다. 물론 내부 노동시장 자체가 붕괴한 것은 아니다. 현대차는 지금도 대학생들이 취업하기를 선호하는 좋은 일자리임에 틀림없다. 그러나, 오랫동안 현대차의 경쟁력을 지탱해 오던 인력 충원과 인적자원관리 방식에 상당한 변화가 진행되는 것이 감지된다. 구체적으로 어떤 변화가 일어나고 있는지 살펴보기로 하자.

현대차는 2019년부터 대졸 신입사원의 채용 방식을 그룹 공채에서 상시 채용으로 전환했다. HMAT 인성 검사를 공통으로 실시하는 것 외에는, 해당 부서가 필요로 하는 직무 능력을 갖춘 사람을 수시로 채용하고 있다. 구체적으로는 서류 심사와 AI 역량 검사를 통해 선발된 인원을 직무 면접과 임원 면접을 통해 최종적으로 선발한다. 이런 제도에서는 대학을 막 졸업한 신입사원보다 해당 분야의 근무 경험이 있는 경력직 사원이 유리하다. 채용 시점의 직무 능력을 중요한 기준으로 하기 때문이다. 상시 채용은 '공채 ㅇㅇ기'로 상징되던 사원들의 집단의식을 약화시켰다. 상시 채용으로 들어온 사원들이 임원 승진을 할 때, 공채 ㅇㅇ기라는 용어는 더 이상 등장하지 않을 듯하다.

다른 한편으로 이직률을 보자. 특수한 사정을 제외하고는 이직이 전무했던 예전에 비해 현대차그룹 대졸 사원들의 이직률이 높아지고 있다. 입사 후 2~3년 내에 급여나 근무 조건이 낫다고 판단되는 다른 회사로 쉽게 이직하는 것이 MZ 세대 일반의 특징이라고 할 수 있다. 그러나 입사 후 상당 기간이 지난 경력자들 중에도 퇴사하는 경우가 증가하고 있다고 한다(면담 정리, 2023). 여러 가지 이유가 있겠지만, 이들은 더 이상 현대차가 평생 근무해야 할 유일한 직장이라고 생각하지 않는 듯하다.

> 다른 회사에 다니다가 현대차에서 자율주행차 개발 인력을 모집한다길래 입사해서, 강남 소재 AI 연구소에서 일했어요. 저희 팀에는 남양연구소 출신도 있었지만 네이버 랩스, 카카오 등 ICT 회사 경력직이 대부분이었어요. 현대차는 대기업이라 그런지 업무 처리나 결재 구조가 복잡하고 느렸습니다. 직원 복지도 ICT 회사들에 비해 나을 게 없었구요. 3년 정도 근무하다가 퇴사해서 지금은 다른 회사에서 비슷한 일을 하고 있습니다. 평생직장 그런 거 없어요. 자기의 꿈을 실현할 수 있는 곳이라면, 어디든지 좋다고 생각합니다(면담 정리, 2023).

지금까지의 논의를 요약하면, 미래차 전환이 진행됨에 따라 현대차그룹의 대졸 연구직/관리직 고용 관행에 상당한 변화가 나타나고 있다. 현대차를 외부 회사와 구분 짓던 내부 노동시장의 경계가 낮아지고 평생직장의 관념이 약화되고 있는 것이다. 내부 노동시장의 경계가 낮아지면서 인력의 기업 간 이동성이 증가하고 있다. 최근에는 특정 부서의 우수 인력이 퇴사하는 경우 상급자가 나중에 기회가 되면 다시 돌아와도 좋다는 언급을 하고, 실제로 유턴하는 경우도 있다고 한다. 그렇다고 내부 노동시장 자체가 붕괴한 것은 아니다. 현대차는 지금도 대학생들의 취업 선호도가 높은 일자리임에 틀림없다. 그러나 오랫동안 현대차의 경쟁력을 지탱해 오던 연구직/관리직의 인력 충원과 인적자원관리 방식에 상당한 변화가 진행되고 있는 것은 사실이다.

평생직장 관념의 약화 현상은 미래차 전환에 따라 수요가 확대되는 전기전자, 화학, ICT, 인포테인먼트, AI 등 신사업 분야에서 더욱 뚜렷하게 나타나고 있다. 이 분야의 신규인력 수요가 급속히 증가하고 있는 데 비해, 적절한 직무 능력을 갖춘 인력의 공급은 크게 부족하기 때문이다. 현대차그룹은 신사업 인력을 안정적으로 확보하기 위해 이들이 소속된 오토에버, 인포테인먼트 사업부, 포티투닷 등의 사무실을 서울의 강남 삼성동이나 양재, 경기도 판교 등지에 마련하고 있다. 우수 인력을 확보하기 위해서는 이들이 판교 라인 이남으로 내려가지 않으려 한다는 성향을 고려하여 사무실 공간을 마련할 수밖에 없기 때문이다. 이들은 현대차그룹의 주력 연구소가 있는 경기도 남양조차 출퇴근이 불편하다는 이유로 기피하는 경향이 있다고 한다.

4. 자기 주도형 인적자원개발

앞에서 본 것처럼 현대차그룹은 우수 인력을 신규 충원할 뿐 아니라, 재직자들의 직무 역량을 지속적으로 발전시키기 위해 '자기 주도형 성장 제도'를 운영하고 있다(그림 3-2-6). 새로운 인력 수요를 모두 신규 충원으로 채울 수는 없기 때문이다. 이 제도는 사원들이 각자 일, 학습, 지식나눔을 통해 본인의 분야를 뛰어넘어 타 분야까지 전문성을 확장해 나간다는 철학에 바탕을 두고 있다. 이를 위해 구성원들은 역량을 진단하여 자신의 현재 수준을 파악하고 앞으로의 경력 및 역량의 향상을 포함한 '성장계획'을 스스로 세워서 상시 자율학습을 진행한다. 상급자는 사원들과의 상시 피드백을 통해 직무역량 성장에 대해 의견을 나누고 적극적으로 지원한다. 특히 코로나 팬데믹 이후 온라인 비대면 플랫폼을 적극적으로 활용하게 됨에 따라 더 멀리, 더 많은 사람과 만나고 이동 시간의 제약 없이 상시로 학습하는 교육 패러다임 변화가 본격화되고 있다. 현대차는 각 구성원이 성장할 수 있도록 지속적인 맞

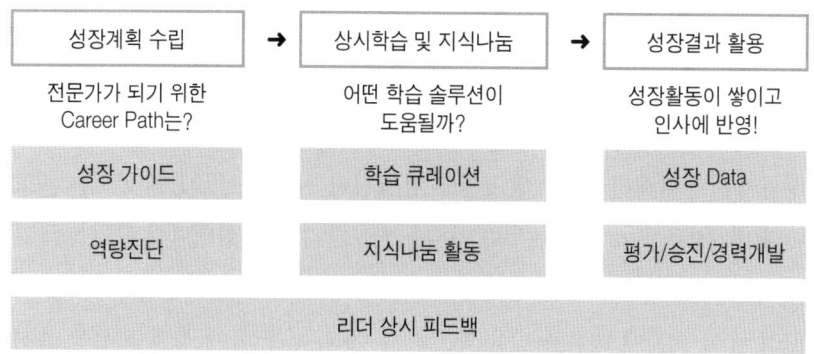

그림 3-2-6 현대차의 자기 주도형 성장 제도
자료: 현대차 홈페이지(https://talent.hyundai.com/story/332/view.hc).

춤형 성장 인프라를 구축하고 있다(https://talent.hyundai.com/story/332/view.hc).

현대차그룹의 자기 주도형 성장 제도가 성공적으로 정착하기 위해서는 업무와 교육을 병행할 수 있는 여건과 유인책이 마련될 필요가 있다. 해당 부서의 업무가 바쁠 경우, 구성원이 근무 시간 중 온라인 교육에 참여하기가 쉽지 않기 때문이다. 교육을 통한 사원들의 직무역량 향상이 현대차의 중장기적 경쟁력 향상에 도움이 된다는, 상급자들의 이해 증진이 필요하다.

여기서 중요하게 제기되는 문제가 있다. 우수 인력의 직무역량 향상을 위해 회사가 상당한 정도의 교육훈련 비용을 지출했는데, 이들이 자신의 보다 나은 급여나 복지를 위해 다른 회사로 옮기면 어떻게 할 것인가라는 문제이다. 이에 대한 현대차그룹의 입장은 노동시장의 이동이 상대적으로 자유로워지는 경향 속에서 우수 인력을 활용하려면 이러한 위험 부담도 감수할 수밖에 없다는 입장이다(면담 정리, 2023).

물론 자기 주도형 성장 제도가 정착되기 위해서는 기존 인적자원관리 방식의 혁신이 필요한 것도 사실이다. '탤런트 리워드', '현대 히어로 아너스' 등의 인센티브 제도를 도입한 것은 이런 맥락에서 이해할 수 있다. 2021년 도입된 탤런트 리워드는 일률적인 성과급 지급 관행을 깨고, 부서별 상위 10%에 해당하는 고성과 사무직·연구직 직원들에게 500만 원의 특별 포상금을 주는 제도이다. 또한 2022년 도입된 현대 히어로 아너스는 7개 분야의 우수 성과자를 선발해서 300만 원, 1천만 원, 2천만 원의 포상금을 제공하는 제도이다(매일경제, 2022.11.22). 우수 인력을 확보하기 위한 현대차의 고민을 느낄 수 있다. 현대차는 노조 조합원인 매니저(종전의 사원, 대리)급 연구직들의 획일적 급여 체계에 대한 불만을 해소하기 위해, 노조 측에 특별 교섭을 요청할 계획이라고 한다.

현대차그룹은 '도전적 실행'을 통해 자동차산업의 기술을 내재화하면서 성장해 왔다. 신사업 분야 인력의 구인난이 지속되면서 평생직장의 관념이 약화되는 추세 속에 현대차그룹은 우수 인력을 회사 내에 확보하기 위해 자기 주도형 성장 제도와 이를 뒷받침하는 적극적 인사관리 방식을 도입하고 있다. 현대차의 다음 세대가 회사 고유의 '현대 정신'을 어떻게 지속적으로 계승 발전시킬 것인가 하는 것이 향후 과제가 되고 있다.

5. 업스킬링과 리스킬링

현대차그룹의 미래차 관련 인력 수요/공급이 어떻게 이루어지고 있는지를 구체적으로 살펴보자. 미래차 전환에 따라, 내연차 관련 인력 수요가 감소하고 미래차 관련 인력 수요가 증가하는 것은 필연적이라 할 수 있다. 따라서 미래차 관련 신사업 분야의 우수 인력을 확보하는 데 어느 만큼 성공하는가가 현대차 경쟁력의 핵심 요소가 되고 있다. 일자리의 총량은 줄어들고 있지만, 신사업 분야의 일자리 수요는 공급을 초과하고 있기 때문이다(표 1-6-2).

그러나 신규 채용뿐 아니라 기존의 재직자를 미래차 부문의 직무로 재훈련, 재배치하는 것도 중요하다. 신사업 분야의 일자리 수요에 비해 공급이 부족하기 때문에, 기존 인력의 직무 전환 필요성이 제기되는 것이다. 내연차 수요가 줄어들더라도 이들을 일방적으로 정리할 수는 없는 것이 현실이다. 현대차 재직자의 직무전환 교육은 어떻게 이루어지고 있는가? 재직자 교육은 '업스킬링'(upskilling)과 '리스킬링'(reskilling)으로 구분할 수 있다. 업스킬링은 똑같은 일을 더 잘할 수 있도록 돕거나 더 복잡한 역할을 수행할 수 있도록 숙련을 향상시키는 것이다. 즉, 현재의 숙련을 향상시켜 더 높은 가치를 창출하기 위해서이다. 반면 리스킬링은 지금까지와는 다른 직무와 역할을 수행할 수 있도록 새로운 기술을 배우는 재숙련화를 의미한다. 이 과정을 거친 직원은 기존의 숙련과는 전혀 다른 능력을 획득함으로써 완전히 다른 역할을 수행하게 된다(이상준, 2020). 미래차 전환과 관련해서는 재직자들이 새로운 직무를 수행할 수 있도록 지원하는 리스킬링 교육이 보다 중요하다. 현대차그룹에서도 신사업 분야 인력 충원을 위해 재직자의 리스킬링을 어떻게 하느냐가 중요한 과제가 되고 있다.

요컨대, 미래차 신규 인력을 외부에서 충원하는 것도 중요하지만, 회사 내에서 내연차에 종사해 온 인력을 리스킬링 교육을 통해 미래차 관련 인력으로 전환하는 것도 중요하다. 자동차 제품에 대한 이해가 전혀 없는 신규 인력보다는 자동차에 대한 기계공학적 이해를 가진 기존 인력을 재교육해서 미래차 관련 인력으로 전환하는 것이 더 효율적일 수도 있다. 자동차는 승객을 원하는 장소로 안전하게 이동시키는 제품이기 때문에, 승객의 안전을 보장하는 것이 최우선적으로 고려되어야 한다(면담 정리, 2023). 특히 인력의 해고나 전직이 쉽지 않은 한국의 고용 관행에서는 회사 내 재직자를 재교육시켜 어떻게 활용하는가가 미래차 전환의 성공 여부를 가늠하는 중요한 관심사가 되고 있다.

여기서는 현대차그룹 내의 미래차 관련 인력 교육 및 충원을 주로 담당하고 있는 계열사 현대NGV의 사례를 살펴보고자 한다. 내연차 파워트레인 부문에서 전기차로 전환하는 리스킬링 교육의 예를 들면 PE 모듈, 전력 배관 장치 등 300여 개의 교육과정이 있다. 이 과정들은 '다과정 소차수'로 운영한다고 한다. 다양한 과정의 교육을 소수의 인원을 대상으로 맞춤 운영한다는 의미이다. 강의는 주로 대학교수나 외부 연구기관의 선임 연구원 등이 담당하고 있다.

미래차 분야로의 리스킬링 교육을 제대로 하려면, 풀타임으로 2~3년 정도의 장기간이 필요하다고 한다. 하지만, 회사가 임금/교육비의 이중 비용을 부담해야 하는 현실적 여건을 감안하여, 처음 6개월간 풀타임 교육을 제공한 후에는 업무 시간 후 또는 토요일에 교육을 진행하고 있다. 수강자의 사정이나 교육과정의 성격에 따라 2~4주간의 단기 교육도 있다. 교육 이수 후 TVD(Total Vehicle Development), TAAS(Transportation as a Service), ICT, 제조 솔루션(이전 생산기술) 본부 등 미래차 관련 부서로 이동할 경우에는, 이러한 교육 경력이 긍정적 자격 요건으로 작용한다고 한다.

현대NGV는 4년제 대졸 연구직(엔지니어)뿐 아니라 '일반 사무직'의 리스킬링 교육도 진행하고 있다. 특히 생산기술, 상품기획, 품질관리 부서의 직원들은 사무직임에도 불구하고 직무의 전문성이 요구되기 때문에, 이들에 대해서는 연구직과 다른 일반직 사이의 중간 수준에 해당하는 교육을 제공한다고 한다. 재직자 교육은 미래차 전환으로 없어지게 될 부서 소속원을 대상으로 하는 경우가 대부분이고, 부서와 무관하게 개별 희망자들을 대상으로 하는 경우도 있다. 해당 부서의 인력 수요에 비해 교육 후 전입을 희망하는 인원이 더 많을 경우에는 일정 기준을 통한 선발 절차를 거친다(면담 정리, 2023).

요컨대, 장기적 관점에서 보면 미래차 전환에 따라 완성차업체 일자리의 총량이 대폭 감소할 것으로 전망된다. 하지만, 아직까지는 신사업 분야의 일자리 수요가 공급을 초과하는 현상이 계속되고 있다. 이에 따라 현대차그룹은 신사업 분야 인력을 신규 채용 외에도 재직자의 리스킬링을 통해 확보하려고 노력 중이다.

일자리의 변화와 인적자원관리

미래차로의 전환에 대응하여 현대차그룹의 기술혁신을 담당하는 사람들의 일자리와 인적자원관리 방식에도 커다란 변화가 진행되고 있다.

현재까지는 엔지니어들의 새로운 일자리 수요가 공급을 초과하는 현상에 주목할 필요가 있다. 이에 따라 현대차그룹도 신규 채용뿐 아니라 재직자의 리스킬링을 통해 새로운 직무 능력을 갖춘 인력을 확보하기 위해 노력하고 있다. 최근에는 특정 부서의 우수 인력이 퇴사하는 경우 상급자가 나중에 기회가 되면 다시 돌아와도 좋다는 언급을 하고, 실제로 유턴하는 경우도 있다고 한다. 내부 노동시장의 경계가 낮아지면서 기업 간 인력 이동성이 증가하는 것이다.

현대차그룹은 산학 협력과 정부 정책을 통해 우수 인력을 신규 충원할 뿐 아니라, 재직자들의 직무 역량을 지속적으로 발전시키기 위해 '자기 주도형 성장 제도'를 운영하고 있다. 이를 위해 구성원들은 역량 진단을 통해 자신의 현재 수준을 파악하고 앞으로의 경력 및 역량 향상계획을 포함한 '성장계획'을 스스로 세워서 상시 자율학습을 진행한다.

미래차 전환에 따라 연구직에서는 신사업 분야 인력을 외부에서 충원하는 것과 함께 기존 인력의 직무전환 교육을 하고 있다. 그러나 두 인력 집단 간에 조직적 통합이 이루어졌음에도 불구하고, 급여 체계 등 인적자원관리의 통합은 제대로 이루어지지 않고 있다.

자기 주도형 성장 제도가 활성화되기 위해서는 현대차그룹의 인적자원관리가 전문 역량의 계발을 촉진하는 방향으로 재편되는 것이 필요하다. 이와 관련하여 노조 조합원 자격을 유지하고 있는 연구직과 일반 사무직의 매니저급 사원들이 신사업 분야 인력에 대해 느끼는 '위화감'과 생산직(기술직) 사원들에 대해 가지는 '상대적 박탈감'을 어떻게 해소하고 통합시킬 것인가가 시급한 과제로 대두하고 있다.

3장

스마트 팩토리

미래차 전환에 따라 생산 현장에서도 변화가 진행되고 있다. 전기차 생산 과정에서 정보통신기술(ICT)의 적용이 본격화됨에 따라, 전통적 공장과는 달리 SW로 제어하는 '스마트 팩토리'가 진행되고 있다(알텐리트, 2023). 그러나 생산의 비중이 감소한다고 하더라도, 생산공정의 중요성은 여전히 크다. 생산공정이 작동하지 않고서는 물질적 제품이나 비물질적 서비스가 존재할 수 없기 때문이다.

20세기까지 현대차의 생산방식은 표준화된 제품을 대량생산하는 방식이었다. 현대차는 수요에 비해 항상 공급이 부족한 상태에서 굳이 수요자 중심의 생산을 할 필요가 없었기 때문에, 공급자 중심의 '밀어내기' 생산으로 일관했다. 하지만, 1990년대 말의 외환위기를 경험한 후 현대차는 점차 수요자 중심의 생산으로 전환하게 된다. 국내시장의 수요가 세분화되면서 공급자 중심의 생산이 한계에 직면했고, 글로벌 시장의 경쟁이 치열해지면서 수요 변화에 민감하게 대응할 수밖에 없었기 때문이다.

이 장에서는 미래차 전환에 따라 현대차 생산방식이 어떻게 변화되는지를 살펴보고자 한다.

1. 전기차 전환에 따른 기민한 생산방식의 변화

여기서는 테슬라 전기차와 현대차 최초의 전기차 전용 모델인 아이오닉5의 사례를 비교해 보기로 하자(박근태, 2019). 첫째, **동력원 및 전달 장치**는 테슬라와 현대차의 전기차가 동일하게 전동 모터와 배터리 팩을 사용한다. 테슬라는 파나소닉이나 LG의 배터리뿐 아니라 자체 개발한 배터리를 실제로 사용하고 있는 데 비해, 현대차는 아직 자체 개발한 것보다는 LG, SK의 배터리를 사용하고 있다.

둘째, **생산기술**에서는 첨단 자동화를 추구하는 것이 테슬라와 현대차의 공통점이다. 테슬라는 무노조, 현대차는 강성노조라는 차이가 있지만, 작업자의 적극적 참여를 활용하지 않고 숙련 절약적 테일러주의와 결합된 자동화를 추구한다는 점에서는 공통적이다.

내연차에서 전기차 제품으로의 전환에 따라 완성차업체의 생산조직에는 아직 근본적 변화가 나타나지 않고 있다. 테슬라와 현대차의 사례는 컨베이어 벨트를 유지하는 자동화와 더불어 기존의 숙련 절약적 테일러주의 작업조직이 결합된 생산방식이라는 공통된 양상을 보이고 있다. 현대차는 배터리 외주, 전용공장 건설 정도 등에서 테슬라와 일정한 차이가 있지만, 기술 중심주의라는 점에서는 거의 차이를 보이지 않는다(표 3-3-1).

여기서 특정 기술에 상응하는 조직적 관계의 변화를 설명하는 미러링

표 3-3-1 테슬라와 현대차의 전기차 생산방식 비교

	테슬라	현대차
동력원 및 전달 장치	전동 모터, 배터리 팩(자체 개발)	전동 모터, 배터리 팩(외주)
생산기술	첨단 자동화, 전용공장	첨단 자동화, 내연차와 혼류, 전용공장
작업조직	테일러주의, 사이클 타임 4분	테일러주의, 사이클 타임 1분

(mirroring) 가설을 자동차산업의 사례에 적용해 보기로 하자. 미러링 가설이란 제품기술의 변화에 상응하는 변화가 생산조직에서도 나타날 것이라는 가설이다(Alochet et al., 2023: 62). 달리 말해, 내연차에서 전기차로 전환하면 새로운 부품인 ① 배터리 팩, ② 전기 모터, 감속기 등으로 구성된 PE 모듈에서 모듈화가 진행되는데, 이에 상응하는 변화가 생산조직에서도 나타나지 않겠느냐는 것이다(그림 1-3-1). 테슬라와 현대차의 경험적 사례는 아직 그런 변화가 확인되지 않는다는 것을 보여 준다. 내연차와 거의 다름없는 생산조직이 지속되고 있는 것이다. 그 이유로는 자동차라는 제품은 안전이 가장 중요하기 때문에, 아직 배터리나 PE 모듈의 안정성이 충분하지 않은 상태에서 생산조직의 급진적 변화를 추진할 수 없다는 것이다. 제품 디자인의 기술 변화가 전기차 생산조직에 근본적 영향을 미치지 않고 있다는 점에서 미러링 가설은 잠정적으로 기각된 셈이다.

2. 현대차 스마트 팩토리의 미래

현대차는 전기차 전환에 따른 생산기술의 혁신에 어떻게 대응하고 있는지를 구체적으로 살펴보자.

1) 생산기술 부서 조직도

먼저, 현대차그룹의 생산기술 개발과 적용이 어떤 절차를 거쳐 진행되는지를 살펴보기로 하자. 그림 3-3-1은 현대차그룹 생산기술 부서의 조직도이다. 현대차그룹의 생산기술을 총괄하는 최상위 조직은 '제조 솔루션 본부'이다. 제조 솔루션 본부 산하에는 2개의 연구소가 있다. 의왕에 있는 '생산기술 연구소'는 자동화, 로봇, 스마트 팩토리, 인공지능 등 미래의 생산기술을 연

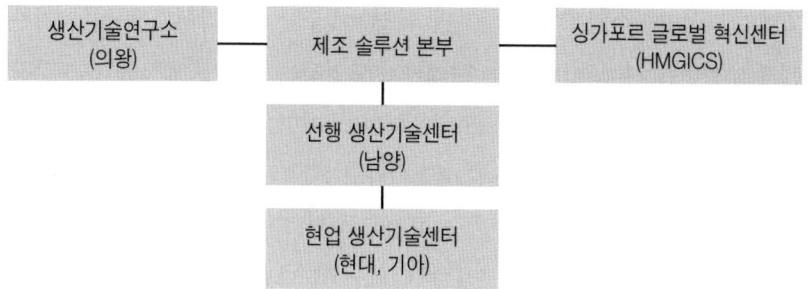

그림 3-3-1 현대차그룹 생산기술 부서 조직도

구하고 있다. 미래의 자동차 공장에 적용될 가능성이 있는 모든 생산기술을 준비하고 있다고 보면 된다. 최근 싱가포르에서 완공되어 가동을 시작한 '글로벌 혁신센터'(HMGICS)는 미래의 생산기술을 연구할 뿐 아니라, 이를 검증하는 테스트 베드의 역할을 한다. 한편, 제조 솔루션 본문 산하에는 2개의 생산기술센터가 있다. 남양에 있는 '선행 생산기술센터'는 새로 개발되는 차량의 시험생산을 담당하는 부서이다. 신차 개발 단계에서 시작차와 파일럿카의 생산(P1, P2)을 담당한다. '현업 생산기술센터'는 현대차와 기아 공장에서 신차 생산설비의 설치를 진행하면서 양산 준비를 담당하고 있다.

2) 하이퍼 캐스팅

테슬라의 대표적 생산기술 혁신인 '기가 캐스팅'이나 '언박스 공정'에 현대차는 어떻게 대응하고 있는가? 2부 1장에서 설명한 바와 같이, 기가 캐스팅이란 차체를 구성하는 4~5개의 모듈 중 하나를 통째로 주조해서 하나로 찍어 내는 것이다.

현대차도 테슬라의 기가 캐스팅을 벤치마킹하여 '하이퍼 캐스팅'이라는 이름으로 실용화를 준비하고 있다. 이탈리아의 기가 프레스 설비업체인 이드라에서 기가 프레스 2대를 도입하여 차체 라인에 기가 캐스팅을 적용할 예정이다. 이드라는 알루미늄 주조기 제조업체로서 테슬라에도 동일한 기가 프레스 설비를 제공한 바 있다. 현대차가 도입하는 기가 프레스 설비는 각각 9천 톤급과 6천 톤급의 시험용 모델로서, 연구개발 과정에서 시험 절차를 거친 후 전기차 생산공정에 사용될 예정이라고 한다(머니투데이, 2023.10.11).

다음으로 보다 급진적 생산기술 혁신에 해당하는 테슬라의 '언박스 공정'에 현대차는 어떻게 대응하고 있는가? 생산기술 담당자에 따르면, 언박스 공정기술은 아직 실용화된 기술이라고 볼 수 없기 때문에 현대차가 전기차 생산 라인에 이 기술을 적용할 계획은 없다고 한다. 테슬라 자체도 2024년 4월 인베스트 데이 행사 때 이 기술을 발표하긴 했지만, 전기차 생산 라인에 실제로 적용할지 여부는 불확실하다고 한다. 언박스 공정이 적용되려면, 차량 설계 자체뿐 아니라 공장 레이아웃도 변화되어야 하는데, 그럴 계획은 없는 듯 보인다는 것이다(면담 정리, 2023).

3) 싱가포르 글로벌 혁신센터(HMGICS)

현대차그룹의 전기차 생산기술 혁신과 관련해서는 싱가포르에서 가동되고 있는 HMGICS에 주목할 필요가 있다. 싱가포르 정부가 추진하는 첨단산업단지인 주롱 혁신지구 내에 건설된 HMGICS는 연면적 2만 7천 평으로 지하 2층, 지상 7층 규모의 건물이다. 이 센터는 현대차그룹의 연구개발뿐 아니라, 전기차 제조, 소비자 비즈니스까지 한꺼번에 실험해 보려는 테스트 베드의 용도로 꾸며졌다. 1층에 자동 물류 시스템, 스마트팜, 브랜드 체험 공간 및 고객 차량 인도 공간이 자리하고 있으며, 2층과 4층에는 사무 공간, 3층은 스마트 제조 시설과 고객 경험 공간으로 꾸며졌다. 5층 옥상에는 차량 시승 및 테스트를 위한 스카이 트랙이 설치되었으며, 지하 1층과 지상 6~7층은 주차장으로 사용된다.

현대차의 생산기술 혁신과 관련하여 주목할 시설은 HMGICS 3층에 위치한 스마트 제조 시설이다. 여기서는 소비자의 다양한 주문에 최적화된 생산을 위해 컨베이어 벨트를 없애고 다양한 차종을 동시에 제작할 수 있는 유연 생산방식인 셀 방식이 작동되고 있다. 타원형의 소규모 작업장인 셀에는 생산직 작업자 1명과 로봇 한 대가 들어가 자율주행로봇(Autonomous Mobile Robot: AMR)이 공급하는 부품으로 차량을 20분에 한 대씩 조립한다. 조립된 차량을 옮기는 것은 자동운반차량(Automated Guided Vehicle: AGV)이 담당한다. 조립된 차량의 품질 검사는 보스턴 다이내믹스에서 생산된 4족 로봇 '스팟'이 담당한다. 작업자가 차량 한 대의 조립을 마칠 때마다 스팟이 해당 부위를 촬영한 후 AI 알고리즘으로 분석해 품질을 확인한다. 전기차를 조립하는 셀은 27개인데, 각 셀에서는 서로 다른 차량이 조립된다. 고객이 차량을 주문하면, 다음 날 오전 조립이 완료되어 5층 옥상에서 시승, 인도가 이루어진다. HMGICS의 자동화율은 40% 수준으로, 현대차 기존 공장의 10% 수준에 비해 4배나 높다고 한다.

이 센터에서는 메타버스 디지털 가상 공장도 운영할 계획이다. 가상의 3차원 공간에서 '디지털 트윈', 즉 디지털 기술로 공장을 재현해 실제 공장을 운영하는 것처럼, 시뮬레이션하고 제어할 수 있는 메타 팩토리를 구축해 공정 전반의 효율성을 끌어올린다는 계획이다. 예컨대, 신차 양산을 앞둔 공장은 실제 공장을 시범 가동하지 않고도 메타 팩토리 운영을 통해 최적화된 가동률을 산정할 수 있게 된다. 담당 직원이 직접 공장을 방문하지 않고도 제조와 물류 공정을 쉽게 관리하게 되는 것이다. 메타 팩토리는 실제 공장을 실시간으로 구현하는 것이기 때문에 공장 내 문제 발생 시 신속한 원인 파악도 가능하다(한국경제, 2023.11.21).

HMGICS의 스마트 제조 시설은 전통적 조립 설비인 컨베이어 벨트를 없애고 셀 방식을 도입했다는 점에 주목할 필요가 있다(그림 3-3-2, 그림 3-3-3). 물론 벤츠의 진델핑겐 공장이나 포르쉐의 타이칸 공장 등 고급 전기차를 소량 생산하는 공장에 셀 방식을 도입한 사례가 있다. HMGICS도 양산차인 아

그림 3-3-2 (좌) HMGICS 셀 생산 (1)
그림 3-3-3 (우) HMGICS 셀 생산 (2)

이오닉5를 연산 3만 대를 생산해서 동남아시아 시장에 판매할 계획이라고 한다.

정의선 현대차그룹 회장은 2023년 11월에 준공한 'HMGICS'에서 얻은 첨단 자동차 제조 기술을 다른 공장에도 확산해 생산 효율성을 높일 것이라고 밝혔다. 정 회장은 "HMGICS가 당장 매출이나 이익에 도움이 되지 않는 데도 대규모 투자를 결정한 계기는 현대차 제조 기술을 전 세계에 전파해 다른 공장에서 더 효율적으로 차를 생산하고, 코스트(비용)를 줄일 수 있으면 싱가포르 공장의 역할을 다했다고 볼 수 있기 때문이다"라고 말했다.

현대차그룹은 HMGICS에서 개발·실증한 제조 플랫폼을 미국 조지아주에 새로 건설된 '현대차그룹 메타플랜트 아메리카'(HMGMA)와 울산 전기차(EV) 전용공장 등 전기차 신공장에 단계적으로 도입할 방침이라고 한다. 미국 전기차 전용공장은 2025년 3월에 준공되었고, 울산 전기차 전용공장은 2026년 상반기에 준공 예정이다. 정 회장은 "아직 구체적으로 어떤 공장일지는 정해지지 않았지만, 조지아 공장에 HMGICS에서 나온 기술이나 한국 의왕연구소 등에서 연구하는 자동화 기술 등이 많이 들어갈 것"이라고 설명했다. 해외 현지 공장들이 혁신을 이루며 장비를 교체할 때, HMGICS에서 연구한 기술들을 접목하는 방식을 고려할 수 있다고 정 회장은 덧붙였다.

정 회장은 생산 현장에서 추진할 자동화에 대해 "현재 차체나 도장 부분은 많이 자동화가 되었지만, 의장 쪽은 그렇지 않다"라며 "우리 다음 혹은 다음 다음 세대에는 자동화가 많이 될 것으로 예상하기에 그 부분에 대한 준비"라고 설명했다. 현대차그룹은 특히 전기차 공정 중에서도 의장 분야의 생산기술 혁신에 관심이 많다는 것을 보여 준다. 정 회장은 이어 "지금은 사람이 손으로 (로봇을) 직접 제조하지만, 미래에는 로봇이 로봇을 제조하게 된다"라며 "사람은 그 로봇을 컴퓨터 프로그래밍으로 제어하고, 모든 유지보수 등도 사람이 컴퓨터를 통해 하게 되기에 그 부분을 연습하는 과정"이라고 부연했다(연합뉴스, 2023.11.21).

4) 전기차 전용공장의 현실

의왕의 생산기술연구소와 싱가포르 HMGICS의 신기술이 현재 건설되고 있는 현대차의 전기차 공장에 실제로 적용될 가능성은 얼마나 있을까? 2025년 말까지 완공해서 2026년부터 양산에 들어갈 예정인 울산 전기차 전용공장에는 기존의 내연차 공장과 큰 차이가 없는 생산기술을 적용한 프레스, 차체, 도장, 의장의 생산 설비가 건설될 예정이라고 한다. 현대차는 2026년 양산을 목표로 울산에 건설되고 있는 전기차 전용공장에 ① 부품 물류 자동화 등 스마트 물류 시스템을 구축하고, ② 생산 차종 다양화 및 글로벌 시장 변화에 대응할 수 있는 유연 생산 시스템을 도입하며, ③ 제품 생산성 및 품질 향상을 위한 조립 설비 자동화를 추진하고 있다(현대차 보도자료, 2023.11.13).

의장 라인의 자동화는 타이어 장착, 휠 얼라인먼트, 스마트 태그 등에만 적용되기 때문에, 자동화율은 10% 수준이다. 산업용 로봇과 달리 AI를 통해 작업자와 상호작용이 가능한 협업(collaborative) 로봇도 대당 6천만~7천만 원으로 많이 저렴해지긴 했지만, 아직은 헤드업 디스플레이(HUD), ADAS, 라이다 장착 등 3~4공정의 경량 작업에만 적용될 예정이라고 한다. 부품 운반에 사용되는 AGV도 본격적으로 적용하기는 어렵다고 한다. 컨베이어 벨트에는 작업자가 올라타서 작업을 하지만, AGV를 사용하면 작업자가 함께 움직이면서 작업을 해야 하기 때문에, 작업 효율이 떨어진다는 것이다. 요컨대, 연산 20만 대를 생산할 전기차 전용공장의 효율성을 고려할 때, 컨베이어 벨트가 사라진 공장을 가까운 미래에 실현하기는 쉽지 않다는 것을 알 수 있다(면담 정리, 2023).

이상에서 확인할 수 있는 바와 같이, 싱가포르의 HMGICS가 현대차그룹 미래의 생산기술을 준비하는 테스트 베드로 건설되고 운영되는 것은 맞지만, 울산에서 건설 중인 전기차 전용공장에 곧바로 적용되기는 쉽지 않은 것이다. 현대차그룹는 이런 여러 변수들을 고려하면서 단계적, 점진적으로 생산기술의 실용화를 고려하고 있는 것으로 짐작된다. 또한 디지털 트윈의 개념을 짧은 기간 내에 현대차그룹의 모든 공장에 도입하기도 쉽지 않을 듯하다. 각기 다른 시점에 설치된 기존 공장의 하드웨어 생산 설비 때문에, 디지털 트윈을 실현하기가 어렵다는 것이다(면담 정리, 2024).

여기서 우려되는 것은 현대차그룹이 기술중심적 접근에 과도하게 의존하고 있다는 사실이다. 새로운 기술의 적용만으로 모든 문제가 해결될 것이라는 기술결정론적 사고방식이 만연해 있다. 스마트 팩토리 구축을 통한 자동화 추진, 빅데이터 기반의 품질관리, AI 기반 생산계획 수립 등이 대표적인 사례이다.

아이오닉5 초기에 전동 모터의 헤어핀 디자인이 양산에 심각한 걸림돌로 작용했던 시행착오의 경험은 생산기술이 얼마나 중요한가를 보여 준다. 모비스가 현대차에 납품한 전동 모터의 헤어핀 디자인 여러 개를 동시에 효율적으로 장착하려면, 해당 부품 설계 당시에는 파악할 수 없었던 구리로 된 소재의 탄성을 충분히 감안해야 했는데, 생산 엔지니어들이 이러한 특성을 파악해서 생산 차질을 해결하기까지는 수개월이 걸렸다. 생산 현장의 암묵지가 중요한 대표적 사례이다(면담 정리, 2025).

현대차가 추진해 온 부품의 모듈화와 생산의 외주화 전략 역시 심각한 재검토가 필요한 시점이다. 이러한 전략은 비용 절감 측면에서는 뚜렷한 효과를 보였으나, 핵심 부품의 무분별한 외주화로 인해 완성차업체의 자체 기술력이 약화되고 있다. 특히 전기차로의 전환기에 필수적인 배터리, 모터 등 핵심 부품에 대한 기술적 통제력이 약화되는 것도 큰 위험요소이다.

1부에서 우리는 미래차 전환을 일방적 '기술결정론'이 아니라 기술과 사회 간의 상호작용을 고려하는 '사회적 형성론'의 관점에서 전망할 필요가 있다고 설명한 바 있다. 전기차의 기술혁신에 따른 현대차 생산조직의 구체적 형태는 정부 정책, 경제성, 노사관계 등 국내외 다양한 변수들의 영향을 받으면서 구체화될 것이다.

5) 보스턴 다이내믹스의 휴머노이드 로봇

전기차와 직접 관련된 것은 아니지만, 주목되는 생산기술의 변화는 1부 4장에서도 언급했듯이, 휴머노이드 로봇의 도입이다. 휴머노이드 로봇이 생산 현장에 도입되면, 기존의 생산방식에 근본적 변화가 있으리라 예상된다.

현대차그룹이 소유한 로봇 전문업체인 보스턴 다이내믹스가 로봇 개발과 상용화를 통해 자동차 생산현장 투입을 추진하고 있다(그림 3-3-4). 보스턴 다이내믹스의 휴머노이드 로봇인 아틀라스는 전동 모터로 구동되기 때문에 하

그림 3-3-4 보스턴 다이내믹스의 아틀라스 로봇

드웨어 성능이 뛰어나다. 최근 자료에 의하면, 보스턴 다이내믹스의 아틀라스 로봇에 엔비디아의 AI가 본격적으로 적용되고 있다고 한다. 아틀라스 로봇의 뛰어난 기계적 성능을 SW 능력으로 업그레이드하려는 것이다.

아틀라스의 핵심 기술은 로봇 제어 AI 솔루션의 '배치하기'(sequencing)이다. 이는 작업 순서에 맞게 부품을 배치하는 기술로, 아틀라스는 카메라 센서와 AI 솔루션을 기반으로 이 작업을 원활하게 수행한다. 또한 아틀라스는 신속한 방향 전환과 효과적인 동작 범위 운용이 가능하다. 현대차그룹은 궁극적으로 아틀라스 로봇의 자동차 생산현장 투입을 추진하고 있다. 아틀라스는 AI 학습을 하면서 실전 배치를 준비하고 있다고 한다. 아틀라스는 다양한 부품 중 지정된 부품을 정확하게 인식하여 지정된 위치로 옮기는 작업을 반복 훈련하고 있다. 올해 연말까지 시험 운행한 후, 3~4년 이내에 상용화할 수 있을 것으로 예상하고 있다.

현대차는 2025년 초 준공된 'HMGMA' 생산 현장에 최신 로봇을 이미 투입했다. 산업용 로봇이 배치된 용접 및 도장 공정 외에 주목되는 것은 자율주행 운반 로봇 200여 대이다. HMGMA는 의장라인 일부 공정에 자율주행 운반 로봇을 투입했다는 것이다. 즉, 모델, 옵션과 무관하게 동일한 조립 순서를 거쳐야만 했던 컨베이어 벨트 방식 대신에, 경로를 지정할 수 있는 자율주행 운반 로봇의 도움을 받아 필요하지 않은 공정은 생략하고 필요한 공정에 바로 부품을 투입하는 방식이라고 한다. 보스턴 다이내믹스의 차세대 휴머노이드 로봇 '올 뉴 아틀라스'도 시범 투입될 예정이라고 한다(조선일보, 2025.3.30). 이는 AI 로봇이 전통적인 컨베이어 벨트 생산방식을 대체하리라 예고하는 것으로 향후의 진전 정도를 주목할 필요가 있다.

보스턴 다이내믹스의 재커리 잭코우스키 수석 엔지니어는 "아틀라스가 부품 운반과 같은 단순반복 작업에 투입되면 작업자의 부담을 줄이고 생산성과 효율성을 높일 수 있을 것이다. 현대차그룹의 제조기술 경험을 바탕으로 더욱 혁신적인 로보틱스 기술을 연구해 나갈 것"이라고 밝혔다(서울경제,

2025.3.9).

6) 스마트 팩토리와 노동

여기서는 '스마트 팩토리'와 노동의 관계에 대해 생각해 보기로 하자. 알텐리트는 『디지털 자본주의 시대, 보이지 않는 노동』(2023)에서 스마트 팩토리가 빅데이터와 디지털 기술, 알고리즘으로 가동되고 있는 것 같지만, 그와 함께 인간의 노동에 의해 가동되고 있다는 사실을 강조한다. 스마트 팩토리는 디지털 기술을 적용하는 생산과정뿐 아니라 살아 있는 인간의 노동을 조직하고 통제하는 시스템에 그 본질이 있다는 것이다. 따라서 생산기술에 AI 알고리즘의 적용 정도가 높아진다고 하더라도, 완전한 의미에서 자동화된 무인공장이 저절로 실현되는 것은 아니다. 아무리 디지털 생산기술이 발전한다고 하더라도, 전기차 공장 자동화의 구체적 실현 정도는 생산 비용과 노사관계 등 다양한 변수에 따라 결정될 것이다. 또한 자동화와 함께 진행되는 모듈화, 외주화에도 주목할 필요가 있다. 전기차 공장에서는 차량의 효율적 생산을 위해 생산의 자동화뿐 아니라, 모듈화, 외주화도 함께 진행될 것으로 예상된다. 차량을 효율적으로 조립하기 위해 서열업체들에 의해 모듈 단위로 조립되고, 완성차 공장으로 공급되는 외주화율의 증가는 스마트 팩토리의 또 다른 현실을 보여 준다. 전기차 전환에 따라 제품 자체의 모듈화가 진전되면서 외주화 또한 공장 내부의 자동화와 함께 진전될 것으로 예상된다.

현장의 실제 사례들을 살펴보면, 고가의 자동화 설비를 도입했음에도 오히려 생산성이 저하되거나, 첨단 품질관리 시스템을 구축했음에도 예상치 못한 품질 문제가 발생하는 경우가 빈번하다. 현장의 문제해결 능력이 약화되면서 품질 이상이 발생할 시 대응력이 저하될 수 있는 것이다. 기술과 조직, 인적 역량이 유기적으로 결합되지 못한 결과로 볼 수 있다. 이는 기술혁신으로만 해결되기 어려운 인적 요인이 존재한다는 것을 의미한다.

3. 생산기술 혁신 평가

지금까지 우리는 미래차 전환에 따른 생산기술의 변화에 대해 살펴봤다. 현대차는 또 다른 추격의 불길을 당기고 있다. 'HMGICS'는 셀 방식으로 전기차를 생산하고 있을 뿐 아니라, 양산 공장에도 점차 신기술을 적용하고 있다. 2024년 4월 프레스 부품 전체를 통째로 주조하는 알루미늄 '하이퍼 캐스팅' 공장이 울산에 착공되었다. 여기서 생산되는 하이퍼 캐스팅 부품은 2026년에 완공될 전기차 공장에 납품 예정이다(경향신문, 2024.4.24). 휴머노이드 로봇 기술도 계속 발전하고 있다. 신형 아틀라스는 이르면 올해부터 현대차 신규 제조공정에 투입될 예정이라고 한다(YTN, 2024.4.28). 또한 빅데이터를 활용하여 공장의 성과를 개선하는 스마트 팩토리 프로젝트도 꾸준히 진전되고 있다.

한국 자동차산업에서 자동화와 숙련노동은 어떤 관계에 있는가? 한국 자동차산업의 종업원 1만 명당 로봇 밀도는 세계 최고일 정도로 자동화 비율이 높다(국제로봇연맹, 2018). 현대차는 대졸 엔지니어들이 주도하는 기술중심주의를 특징으로 한다. 대졸 엔지니어들은 신제품의 대량생산을 준비하는 생산 엔지니어링과 일상적 생산관리의 핵심적 역할을 담당하고 있다. 이에 비해 현장감독자와 숙련노동자들은 보조적 역할을 담당한다. 대다수 생산직 노동자들은 단순 반복적 작업만을 담당하고, 이들의 적극적 참여나 개선 활동은 이루어지지 않고 있다. 자동화의 진전에 따라 생산 엔지니어들의 기술능력은 과잉으로 활용되고 있는 반면, 생산직 노동자들의 숙련과 참여는 경시되고 있는 것이다(조형제·정준호, 2022). 하지만, 엔지니어들이 생산 및 품질관리의 모든 업무를 완벽하게 담당하는 데는 한계가 있다. 생산 현장에 상주할 수 없기 때문이다. 그렇기 때문에 생산이 완료된 후에도 선적 부두나 영업점에서 사후적으로 불량을 수정하는 이중, 삼중의 추가 비용이 들어가고 있는 것이 현실이다.

삼성전자와의 스마트 팩토리 협력

흥미로운 것은 현대차의 스마트 팩토리 구축에서 삼성전자와의 협력이 구체화되고 있다는 것이다. 현대차는 올해부터 삼성전자와 협력해 '5G 특화망 레드캡'(Reduced Capability) 기술 실증을 성공적으로 마치고 세계 최대의 ITC/전자 박람회인 'MWC25 바르셀로나'에 전시한다고 발표했다. 현대차는 글로벌 최고 수준의 네트워크 솔루션 기술력을 보유한 삼성전자와 기술 협력을 통해 모빌리티 제조 분야에서 세계 최초의 5G 특화망을 실현하려는 것이다.

'5G 특화망 레드캡' 네트워크가 설치되면, 초고용량의 데이터를 빠르게 송수신할 수 있어 스마트 제조 혁신에 필수적인 산업용 로봇이나 무선 장비에 대한 중앙 집중적 통제가 가능해진다고 한다. 또한 안정적인 통신환경 구축과 운영 및 관리가 가능해진다. 현대차는 이 기술을 전기차 전용공장인 'HMGMA'와 울산 EV 전용공장을 시작으로 주요 공장에 확대 적용할 계획이다.

생산 현장의 변화

미래차 전환에 따라 자동차산업의 가치사슬에서 생산이 차지하는 상대적 비중이 줄어들고 있다. 현대차 생산 현장에서는 하이퍼 캐스팅, 스마트 팩토리 등 자동화, 정보화가 진행되고 있다. 배터리를 비롯한 전기전자 부품 등 외부에서 조달하는 부품의 비중이 증가하고, 조립 공정에 투입되는 부품의 모듈화, 외주화도 상당히 진전된 상태이다.

가장 우려되는 현상은 생산 현장 노동자들의 광범위한 탈숙련화이다. 자동화된 설비의 무분별한 도입으로 숙련공들이 보유한 경험과 노하우가 불필요해지고, 단순반복 작업만 남게 되는 경우가 급증하고 있다. 베이비 부머(baby boomer) 노동자들의 대량 퇴직이 이루어지면서, 현장의 경험적 숙련이 해체되고 암묵지가 단절될 위기에 직면해 있다. 회사 차원에서 노동자들이 적극적으로 혁신에 참여할 동기도 부여되지 않고 있다. 작업자의 직무 만족도와 동기부여 감소로 인해 현장 혁신의 동력이 약화되고 있다.

노사관계는 '적대적 공존'의 관행을 벗어나지 못하고 있다. 노조 조합원들의 획일적 임금체계에서 비롯된 연구직/생산직 직종 간의 위화감도 갈등 요인이다. 생산직에서는 베이비 부머 대량 퇴직에 따른 숙련의 공백, 참여와 혁신의 동기 부족 등이 심각한 문제로 누적되고 있다.

4장

전환지도

생산직 일자리 변화와 노사관계

현대차 노사는 미래협약에 따라 2023년에 채용이 진행된 700명을 포함하여 2025년까지 1,500명의 생산직을 신규 채용할 예정이다. 2023년 전반기에 400명을 모집할 때는 500 대 1의 경쟁률을 보여 매스컴에서 '킹산직'이라는 호칭을 붙이기도 했다. 높은 임금과 고용안정을 고려할 때 현대차 생산직이 '좋은 일자리'인 것은 인정할 수밖에 없는 현실이다(울산신문, 2023.11.1).

파워트레인의 전환으로 전기차 부품 수는 내연차에 비해 크게 감소한다. 전기차는 내연차에 비해 부품 수가 30~40% 정도 감소하면서, 엔진, 변속기 등 완성차업체가 직접 생산하는 주요 부품의 생산이 크게 줄어든다. 또한 자동화와 모듈화/외주화의 진전으로 최종 조립 라인도 크게 단순화된다. 이 장에서는 미래차 전환에 따라 완성차업체 생산직 노동자들의 일자리가 어떻게 변화되는지를 살펴보기로 하자.

1. 현대차 노사관계의 역사

한국 자동차산업의 역사를 돌이켜 보면, 노사관계가 중요한 변수로 작용해 왔다. 현대차그룹의 모든 생산직(=기술직)은 유니온샵 제도에 따라 노조의 조합원이다. 그리고 연구직, 판매/정비직, 관리직(=일반직) 중에서 매니저(=사원, 대리)들도 노조의 조합원이다. 1987년 노동자 대투쟁을 계기로 결성된 현대차 노조는 조합원들의 권익을 향상시키기 위해 중요한 역할을 담당해 왔다. 1987년 이전에 관리자와 현장감독자들이 생산 현장을 장악하고 노동자들을 통제하면서 권위적 노무관리를 해 왔던 데 비하면, 1987년 이후에는 조합원들이 선출한 노조 대의원, 소위원들이 중심이 되어 생산 현장을 민주화하고 임금 및 복지를 증진시키는 데 크게 기여해 온 것이 사실이다. 조합원들은 자신들의 권익 향상에 기여했다는 점에서 노조에 대해 긍정적 인식을 갖고 있다. 조합원들의 임금 협상이 끝나면, 이를 기준으로 비조합원인 관리직, 즉 책임 매니저(=과장, 차장, 부장)들의 임금도 결정된다는 점에서, 노조의 영향력은 매우 큰 것이 사실이다.

현대차는 대립적 노사관계라는 조건 아래 노동자들의 참여를 최소화하면서, 현대차의 고유한 생산방식을 정립했다. 생산 현장 노동자들의 숙련 형성

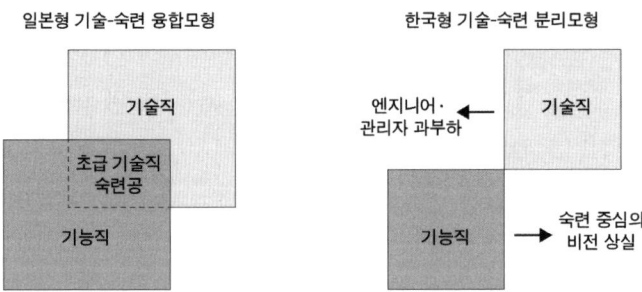

그림 3-4-1 한국과 일본의 기술-숙련 관계
자료: 조성재 외(2011).

은 체계적으로 이루어지지 않고, 엔지니어, 관리직으로 상승할 수 있는 통로도 거의 존재하지 않는다. 토요타는 노동자들과 엔지니어 간의 협력이 잘 이루어지는 데 비해, 현대차는 생산 현장 문제 해결의 상당 부분이 엔지니어의 몫이다(그림 3-4-1). 현대차 생산방식의 숙련 절약적 특징은 미래차 전환기 일자리에도 영향을 미치고 있다.

2. 생산직 감소와 숙련 양극화

미래차 전환에 따라 직접적으로 제일 큰 타격을 받는 부분이 생산직 노동자들의 일자리이다. 완성차업체의 매출이 증가하고 있음에도 불구하고, 생산직 노동자들의 숫자는 감소하기 시작하고 있다(그림 3-2-2). 생산직 노동자 내부의 구성 변화를 보면, 탈숙련화의 추세도 뚜렷하게 확인할 수 있다. 대

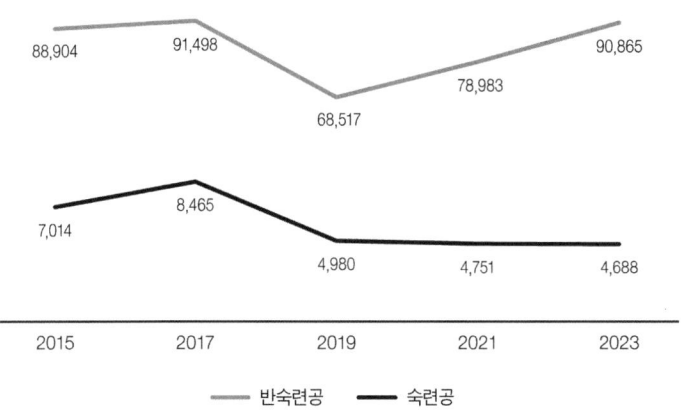

그림 3-4-2 완성차업체 생산직 노동자 숙련의 양극화
주: 숙련공은 한국표준직업분류(KSCO)상 기능원 및 관련 기능 종사자(7), 반숙련공은 장치·기계 조작 및 조립 종사자(8)에 해당하는 것으로 판단함.
자료: 통계청, 고용형태별 근로실태조사.

립적 노사관계가 지속되면서 숙련 절약적 생산방식의 경로 의존성이 강화되고 있는 것이다. 그림 3-4-2는 생산직 노동자들의 숙련 양극화 추세를 확인해 준다. 2015년 이후 숙련공은 3분의 2 수준으로 감소하는 데 비해, 반(半)숙련 공은 경기순환에 민감하게 영향을 받으면서도 오히려 증가하고 있다. 일정 수준 이상의 숙련을 필요로 하는 일자리가 대거 소멸되면서, 대부분은 조립 등 단순노동으로 전환되고 있는 것이다.

3. 고용 전환지도

여기서는 생산직 노동자들의 고용변화 추세를 파악하기 위해 '전환지도'의 개념을 소개하려고 한다. 전환지도란 특정 사회에서 기술 변화로 인해 발생하는 전환의 실상을 구체적으로 파악하고, 이에 능동적으로 대응하기 위해 마련하는 방안을 지칭한다. 2010년 대 말 독일 금속노조가 자동차산업의 전환에 대비하기 위해 폭스바겐 등 자동차업체의 협조를 얻어 '고용' 전환지도를 작성한 바 있다.

2020년대 초 현대차에서도 노사 합의에 따라 자문위원들이 고용 전환지도를 작성했다(현대차 노사자문위, 2021). 그림 3-4-3은 미래차 전환이 진전됨에 따라 2025년까지 예상되는 현대차의 고용 변화에 대한 세 가지 시나리오를 보여 주고 있다. 여기서 고려하는 두 가지 변수는 ① 전기차 비중, ② 생산 기술·공정의 변화에 따른 고용 수요의 감소이다. 첫 번째 변수는 전기차 비중 증가에 따른 고용 수요의 감소이다. 파워트레인 교체 등으로 부품 수가 감소하는 만큼 생산공정이 감소하기 때문에, 해당 공정의 작업자가 필요 없게 되는 것이다. 따라서 전기차 생산이 증가하는 정도에 따라, 고용 수요가 어느 만큼 감소하는지를 추정할 수 있다. 두 번째 변수는 생산 기술·공정의 변화에 따른 고용 수요의 감소이다. 생산공정의 자동화가 진행되는 만큼 자

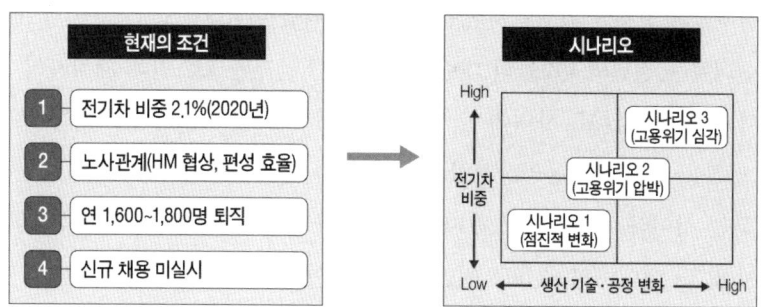

그림 3-4-3 고용 전망에 따른 시나리오
자료: 현대차 노사자문위(2021).

동화된 공정의 고용 수요가 감소한다. 또한 완성차 공장 내부에서 조립하던 모듈 부품이 외부 부품업체에서 조립되어 납품되면 완성차 공장의 조립공수가 그만큼 감소하고, 이에 따라 고용 수요도 감소하게 된다. 전기차 전환과 생산 기술·공정의 변화는 서로 겹치면서 노동력 감소를 초래하고 있다.

현재까지 진행되고 있는 미래차 전환의 현실을 확인하면, 그림 3-4-3의 세 가지 시나리오 중에서 시나리오 1과 유사하게 진행되고 있는 것으로 보인다. 즉, 전기차 비중이 10% 전후에 머물고 생산 기술·공정 변화도 비교적 완만하게 진행되고 있기 때문에, 현대차 생산직의 고용수요 감소 규모가 정년퇴직자 규모에 비해 작은 것이다. 울산 공장의 예를 들어 보기로 하자. 자문위의 고용 전망 시뮬레이션 결과에 따르면, 2024년에는 전기차 비중 증가 및 생산 기술·공정 변화로 인해 생산직 사원 489명의 고용 수요가 감소할 것으로 추정된다. 그런데 2024년에는 1964년에 태어난 1,611명의 생산직 노동자들이 만 60세가 되어 정년퇴직을 하게 된다. 고용수요 감소보다 정년퇴직자 수가 더 많은 것이다. 2021년부터 2025년까지 누적된 수치를 종합한 고용 전망을 보더라도, 울산 공장의 생산직 2만 6,125명 중에서 4,465명의 고용 수요가 감소할 것으로 전망된다. 그런데 이 기간 동안 정년퇴직자는 8,457명이나 발생하기 때문에, 정년퇴직자 범위 내에서 고용수요 감소가 흡수되어 재직자들의 고용은 위협받지 않는 것으로 나타난다(현대차 노사자문위, 2021).

현대차는 정년퇴직자들의 대량 퇴직이라는 안전판으로 인해 재직자의 고용이 위협받지 않고, 사내에서 파워트레인처럼 고용 수요가 감소하는 부서의 인원을 전기차 전용공장처럼 고용 수요가 증가하는 부서로 배치 전환하면 되는 것이다. 시나리오 1에 따르면 미래차 전환에 따른 고용 위기는 심각하지 않고, 현대차의 대응도 원만하게 이루어질 수 있다. 대응의 초점은 현대차 내에서 고용이 감소하는 분야의 재직자들을 대상으로 직무전환 교육을 하고 배치 전환을 하는 데 맞춰지고 있다.

4. 베이비 부머의 정년퇴직

미래차 전환에 따라 생산직의 고용 감소가 예상됨에도 불구하고, 현대차 생산직의 고용 위기가 아직 심각하지 않은 이유는 무엇인가? 현대차 생산직의 고용에 가장 큰 영향을 미치는 변수는 베이비 부머 노동자들의 정년퇴직이다. 잘 아는 것처럼, 정년퇴직이란 특정 회사에 입사했던 사람이 정해진 규약에 맞춰 정년을 맞이하는 해에 퇴직하는 것이다. 한국에서 베이비 부머란 한국전쟁이 끝난 후부터 1963년까지 출생한 사람들을 지칭한다. 전쟁이 끝나 더 이상 생명의 안전이 위협받지 않게 된 조건에서 그동안 미뤄 오던 출산이 본격적으로 이루어졌던 것이다. '아기 풍년'이 든 것이다. 예컨대, 1961년 한 해에만 94만 명이 태어났다. 이렇게 태어난 베이비 부머들은 현대차가 고도성장을 하던 1980년대에 생산직 노동자들로 매년 1천 명에서 2천 명씩 입사했고, 이들이 정년을 맞이하는 2010년대 후반부터 대량으로 퇴직하고 있다. 매년 1천 명에서 2천 명이 넘는 인원이 회사를 떠나고 있다. 회사자료에 의하면, 2030년까지 누적 인원 2만 명 정도의 생산직이 퇴사를 할 예정이다. 생산직 전체 인원의 60%에 해당한다.

미래차 전환에 따라 고용 수요가 급속히 감소하는 것과 비슷한 시기에 베이비 부머의 대량 퇴직이 진행되는 것은 현대차 입장에서는 그야말로 '천재일우'의 행운이 아닐 수 없다. 여기서 인원 배치의 효율성을 판단하는 지표인 '편성 효율'에 대해 알아보기로 하자. 편성 효율이란 조립공장에서 생산직 근로자가 차 한 대를 조립하는 데 걸리는 전체 시간 중 순수한 조립 근로시간의 비율로서 정의된다. 현대차 국내 공장의 '편성 효율'은 50%대 수준이다. 달리 말하면, 현대차가 인원 배치를 하는 방식인 '모답스'(Modapts)를 기준으로 할 때, 1명의 작업자가 필요한 공정에 평균 2명 정도의 작업자가 배치되어 있다는 것이다. 편성 효율은 현대차그룹 내의 국내외 공장들을 상호 비교하는 지표로 사용되기 때문에 특정 공장의 편의에 따라 임의로 조작될 수는 없다.

특정 모델을 생산하는 현장의 인원 배치는 현장 노사 간의 맨아워(man-hour) 협상에 따라 결정된다. 1맨아워란 한 사람이 한 시간에 생산하는 노동의 단위, 즉 일의 양을 지칭한다. 맨아워 협상은 새 모델의 양산 일정이 임박해 올수록 노동강도 강화가 우려된다면서 더 많은 인원을 달라는 노조 대의원들의 요구를 회사 관리자가 어쩔 수 없이 수용하게 되는 패턴을 반복해 왔다. 노조의 강력한 요구가 인원 편성에 반영된 것이다. 이러한 관행이 누적된 결과로서 국내 공장의 편성 효율은 50% 수준을 유지하고 있다. 이는 해외 공장의 편성 효율이 90% 수준인 것과 비교할 때 크게 낮은 것이다. 편성 효율은 공장 생산설비의 노후화 정도에 따라 영향을 받기 때문에, 공장 간 인원 배치의 효율성 정도를 엄밀하게 비교하긴 어렵다. 그러나 해외 공장에 비해 국내 공장의 인원 배치가 비효율적임을 부인하기는 어려운 것이 객관적 사실이다.

현대차의 대립적 노사관계가 앞으로도 지속될 것으로 전제하면, 편성 효율을 획기적으로 높이거나 여유 인력을 인위적으로 구조 조정할 수 없는 것이 현실이다. 현대차 노조는 강력한 조직력에 기반하여 조합원들의 집단적 이익 실현을 주도해 왔다. 대다수의 조합원들은 "이 정도 살게 된 것은 노조 덕분이지요. 노조가 없었더라면, 어떻게 되었을지 모릅니다"라며 노조를 신뢰하고 있다. 이런 조건에서 고용 수요의 감소와 베이비 부머의 대량퇴직 시기가 천재일우로 맞물린 것이다. 고용 수요가 줄어드는 것에 대응하여 재직자들을 구조 조정하지 않고서도, 베이비 부머의 대량 퇴직으로 인해 갈등 없이 편성 효율을 높일 수 있기 때문이다. 회사로서는 갈등 없이 미래차 전환에 따른 고용수요 감소에 대응하면서, 재직자의 배치 전환을 통해 인원 배치의 효율성을 높일 수 있는 절호의 기회를 맞이한 셈이다.

5. 숙련의 전승 문제

미래차 전환과 베이비 부머의 대량 퇴직에 따라 가장 우려되는 것은 숙련 노하우의 전승이다. 생산 현장의 노동자들이 급속히 퇴직하게 됨에 따라 후배 노동자들이 선배들이 담당하던 작업을 공백 없이 수행할 수 있을지가 초미의 관심사가 되고 있는 것이다. 그러나 주지하는 바와 같이, 현대차의 기민한 생산방식은 숙련 절약적 특성을 가지고 있다. 숙련 절약적 생산방식이란 기획과 설계 등의 '구상'(conception) 단계에서 다양한 기술과 전문성을 적용하고, 이를 기계에 체화시켜 작업 과정을 사전에 설정해 두는 한편, '실행'(execution) 단계, 즉 양산 과정은 표준화/단순화하여 작업자가 어떤 작업도 수월하게 수행하도록 함으로써 상황 변화에 신속하고 유연하게 적응할 수 있는 생산방식이다. 즉, 현장 노동자들의 숙련에 대한 의존을 최소화한 생산방식을 지칭한다(김철식, 2011). 숙련 절약적 생산방식의 진화는 대립적 노사관계라는 현대차의 조건과 불가분의 관계 속에서 이루어져 왔다. 미래차 전환에 따라 자동화와 정보화가 진전되어 기술 의존도가 심화되면서 탈숙련화는 더욱 진전되고 있다.

현대차는 베이비 부머의 대량 퇴직으로 인해 우려되는 숙련 공백에 대응하기 위해 2010년대 중반부터 'H라이브러리' 프로젝트를 추진해 왔다. 이 프로젝트는 정년퇴직하는 작업자들에게 체화되어 있던 무형의 기술·기능 및 현장 관리 노하우를 생산기술의 문서화, 영상화, 즉 형식지(形式知)로 바꿔 전수하는 것을 목표로 한다. 이 프로젝트는 그룹(반) 단위의 30개 공정 중에서 숙련이 요구되고 불량이 자주 발생하는 핵심 공정 7개를 선택해서 노하우를 형식지화하고 있다. 현재까지 울산 공장은 대부분 직·간접 공정의 문서화, 영상화를 완료하고, 신입, 전입자에게 전달 교육을 시작하고 있다. 그러나 전달 교육은 해당 공정 관리자의 소극적 태도와 노조 간부들의 반대에 직면하여 별다른 성과를 거두지 못하고 있다. 숙련과 노하우의 전승을 촉진할 만한 인사관리상의 제도적 장치도 존재하지 않는다. 마이스터고 출신 전문 기술인력을 대상으로 한 사내 기술 자격증 제도가 있을 뿐이다.

대부분 생산공정의 작업이 아무리 숙련 절약적 성격을 지닌다고 하더라도 금형, 엔진 가공, 갭 단차, 품질관리, 보전 등 여전히 고도의 숙련이 요구되는 직·간접의 노동 분야가 있다. 이런 분야를 담당하던 노동자가 퇴직할 경우 후배 노동자가 단기간의 인수인계만으로는 차질 없이 업무를 수행하기 어려운 경우가 발생한다. 이런 분야의 작업에는 수십 년간의 경험을 통한 유·무형의 노하우가 집약되어 있는데, 체계적 인수인계가 이루어지지 못하기 때문에 숙련이 전승되지 못하는 것이다. 이에 따라 현장의 문제해결 능력이 약화되어 품질 이상이 발생하더라도 대응력이 저하되는 경우가 발생한다. 불량 빈발 등 특정 공정의 숙련 공백이 심각한 경우에는 퇴직자를 촉탁으로 위촉하여 임시변통하는 경우도 있다고 한다(면담 정리, 2023).

6. 패턴 교섭과 기업 간 격차 확대

해마다 임금 협상 시기가 되면, 현대차 노조의 파업 여부는 전국적 관심사가 된다. 완성차업체인 현대차의 생산 활동이 정지되면 그에 납품하는 수천 개 부품업체들에게 연쇄적 파급 효과를 미치기 때문이다. 또한 현대차의 임금 협상 결과는 기아차를 비롯한 다른 완성차, 부품업체들의 임금 인상에까지 자동차산업 전반에 영향을 미친다는 점에서, 일종의 "패턴 교섭"의 성격을 지닌다. 산별 차원의 협상이 이루어지는 것은 아니지만, 그에 준하는 파급효과를 지니는 것이다.

하지만, 패턴 교섭과 유사한 임금 협상의 결과로서 자동차산업 전체의 임금 수준이 상승하기보다는 오히려 노동자들 간의 격차가 확대되는 현상이 나타나고 있다. 노동시장의 분절이 확대되고 있는 것이다. 회사가 직고용하는 계약직 노동자인 '촉탁'의 규모도 증가하고 있다. 정규직과 동일한 직무를 수행하는 이들은 2024년 기준 8,800명까지 증가했다. 9천 명 수준이던 예전의 사내하청 규모에 거의 육박하고 있는 것이다. 시니어 촉탁이 2,500명이고 주니어 촉탁이 6,300명이다(면담 정리, 2024). 이 중에서 2,000~2,500명은 산재, 프로젝트 파견, 노조 집행부 상근 등으로 불가피한 숫자이지만, 나머지는 노사 '담합'으로 증가하고 있다. 회사는 정규직을 해고할 수 없기 때문에, 생산 유연성을 위해서는 촉탁을 일정 규모로 유지할 필요가 있다고 주장하고, 노조는 힘들고 위험해서 정규직이 기피하는 공정을 떠맡기기 위해 촉탁 증원을 눈감아 주고 있다.

정규직과 비정규직의 직무가 숙련도에서 구분되지 않기 때문에, 비용 절감을 위해 비정규직을 고용하려는 경향이 뚜렷하다. 2000년대 이후 사내하청이라는 간접고용 형태로 고용되었던 비정규직 일자리는 대법원 판결에 따라 거의 정리되었던 것이 사실이다(유형근 외, 2017). 하지만, 현대차가 직접 한시적으로 고용하는 '촉탁'이라는 형식의 비정규직 일자리는 2010년대 이

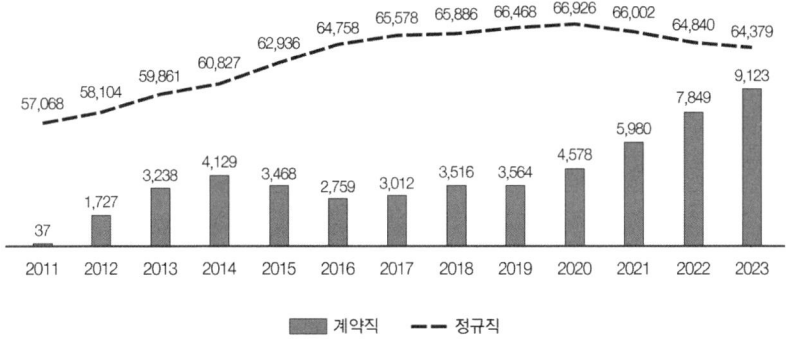

그림 3-4-4 현대차 종업원 구성에서 계약직(촉탁)의 증가
자료: 현대차 사업보고서(각 연도).

후 계속 증가하고 있다. 그림 3-4-4는 현대차 생산직 종업원의 일자리 총량이 최근에는 줄어드는 데 비해, 비정규직 노동자들의 숫자는 지속적으로 증가하고 있는 것을 보여 준다.

주니어 촉탁은 입사 첫해에 정규직 신입 사원과 동일한 시급을 받지만, 계약 기간이 3개월, 6개월, 1년 등으로 2년을 넘지 않기 때문에, 근속연수에 비례하여 임금이 증가하는 정규직 노동자와는 비교할 수 없을 정도로 급여가 적다. 시니어 촉탁은 정년퇴직 후 한시적으로 근무하는 계약직으로서, 정규직 임금의 50%만을 받는다. 따라서 현대차는 촉탁 노동자를 고용할수록 임금 비용을 절감할 수 있기 때문에, 그 규모가 더욱 확대될 것으로 예상된다.

지금까지 우리는 현대차가 자동차산업의 전환에 어떻게 대응하고 있는지를 살펴보았다. 현재와 같은 속도로 전기차 수요가 완만하게 증가하는 한, 현대차의 신규인력 확보와 재직자 재훈련은 심각한 문제 없이 진행될 것으로 예상된다. 미래차 전환에 따라 현대차 생산직의 직무전환 교육과 배치 전환은 인위적 고용조정 없이 순조롭게 이루어지고 있다. 전기차 비중 증가와 생산 기술·공정의 변화에 따라 고용 수요가 감소하더라도 정년퇴직자의 대규모 퇴직이 진행되고 있기 때문에, 기존 재직자 규모 안에서 원만하게 대응이 이루어지는 것이다. 그러나 아직 안심하기에는 이르다. 미래차 전환의 속도가 빨라져서 전기차의 비중이 급속히 늘어나게 되면 시나리오 2나 3처럼 고용 감소의 속도를 여유 인력이 감당할 수 없게 되는 사태가 발생할 가능성도 있다.

7. 소규모 신규 채용

미래차 전환에 대한 생산직의 대응이 원만하게 이루어진다고 하더라도 신규 채용의 필요성이 전혀 없는 것은 아니다. 정년퇴직이 워낙 대규모로 진행되고 있어서, 기존 인원의 효율적 재배치만으로 대응하는 데는 한계가 있기 때문이다. 노동력의 연령별 균형이나 숙련 전승 등을 고려할 때 회사로서는 일정 규모의 신규 채용이 필요하다. 또한 노조로서도 노동운동의 지속 가능성을 고려할 때 신규 채용의 필요성을 느끼고 있다. 현대차 노사는 미래협약에 따라 2023년에 채용이 진행된 700명을 포함하여 2025년까지 1,500명의 생산직을 신규 채용할 예정이다(울산신문, 2023.11.1). 2023년 전반기에 400명을 모집할 때는 500 대 1의 경쟁률을 보여 매스컴에서 '킹산직'이라는 호칭을 붙이기도 했다. 높은 임금과 고용안정을 고려할 때 현대차 생산직이 '좋은 일자리'인 것은 인정할 수밖에 없는 현실이다.

미래차 전환과 관련해서 보면, 고용안정이라는 이유 때문에 현대차 생산직이 '킹산직'으로 여겨지는 현상은 정상이라고 볼 수 없다. 기술 변화에 따라 유연하게 일자리가 변화될 수 없다는 의미에서 고용의 경직성을 의미하기 때문이다. 미래차 기술혁신이 진행될수록 그에 맞춰 종사자들의 직무 내용도 변화될 필요가 있고, 그에 맞춰 임금체계도 개편될 필요가 있다. 예컨대, 전기차 생산 라인에서는 내연차에 비해 고전압 전기에 대한 이해나 반도

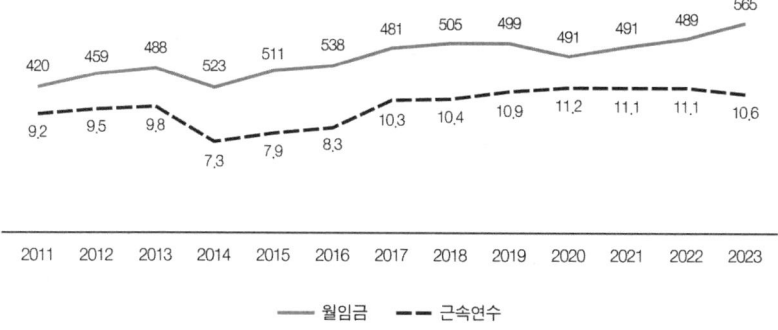

그림 3-4-5 자동차산업의 평균임금과 근속연수(단위: 만 원, 년)
자료: 통계청, 고용형태별 근로실태조사.

체 등 전자 부품에 대한 이해가 요구되기 때문이다. 직무 능력이나 성과에 대한 보상체계도 좀 더 유연하게 적용될 필요가 있다.

하지만, 현실은 기존 노사관계의 경로 의존성이 강하다. 그림 3-4-5는 자동차산업 종사자의 임금이 근속연수에 비례하여 집단적으로 우상향하는 전형적인 연공급 체계임을 보여 준다. 미래차 전환이 진행되고 있음에도 불구하고, 이러한 체계는 작업자들의 동기부여를 약화시키고 작업자의 직무 만족도를 충족시키지 못함으로써, 현장 혁신의 동력을 약화시키고 있다.

직무전환 교육과 노사관계

전기차 전환과 생산공정의 자동화/정보화가 생산직 일자리의 수요 감소를 초래하고 있음에도 불구하고, 현대차는 베이비 부머들의 대량 퇴직으로 인해 재직자의 고용이 아직 위협받지는 않고 있다. 그렇기 때문에, 생산직 인력 관리의 초점은 고용이 감소하는 분야의 재직자들을 대상으로 하여 직무전환 교육을 해서 부서를 배치 전환하는 데 맞춰지고 있다. 파워트레인처럼 고용 수요가 감소하는 부서의 인원을 전기차 전용공장처럼 고용 수요가 증가하는 부서로 배치 전환하고 있는 것이다. 현대차 노사는 2020년부터 미래변화대응 TFT(Task Force Team)를 구성하여 전기차 전환이 순조롭게 이루어지도록 노력하고 있다. 노조는 미래차 전환에 따라 조합원의 숙련을 향상시키는 능동적 대응의 필요성에 대해서는 별다른 관심을 보이지 않고 있다.

미래차 전환에 대한 생산직의 직무 전환이 내부적으로 원만하게 이루어진다고 하더라도, 신규 채용이 전혀 필요 없는 것은 아니다. 정년퇴직이 대규모로 진행되고 있어, 기존 인원을 효율적으로 재배치하는 것만으로는 한계가 있기 때문이다. 노동력의 세대별 균형이나 숙련 전승 등을 고려할 때도 회사로서는 일정 규모 이상의 정규직 신규 채용이 필요하다. 하지만, 노조는 기업별 노조체제 아래 기존 정규직 조합원들의 고용안정과 임금 인상에만 올인하고 있다.

5장

기업 거버넌스

권위적 실험주의의 진화

　2000년대 초였던 것으로 기억한다. 김포공항에서 현대차 정몽구 회장 일행을 목격했다. 해외 출장 후 귀국하는 것으로 보였는데, VIP용 오픈카에 짐을 모두 싣고 정 회장과 주요 임원들이 담소를 나누며 공항 청사로 이동하고 있었다. 인상적인 것은 정 회장이 상석에서 대화를 주도하고 임원들이 공손한 자세로 응답하는 분위기였다. 재벌 대기업의 수직적 거버넌스가 지닌 특징이 하나의 장면을 통해 집약적으로 확인되는 순간이었다.

　이 장에서는 '권위적 실험주의'로 개념화된 현대차그룹의 기업 거버넌스가 어떻게 미래차 전환에 대응하여 진화하고 있는지를 살펴보고자 한다.

1. 권위적 실험주의의 진화

　세이블은 일본 대기업의 거버넌스를 '민주적 실험주의'라고 개념화한 바 있다(Sable et al., 2017). 일본 대기업의 거버넌스를 민주적 실험주의라고 지칭한다면, 한국의 기업 거버넌스는 '권위적 실험주의'(authoritrian experimentalism)라고 할 수 있다(Jo, Jeong and Kim, 2023). 민주적 실험주의는 권한 위임을 통해 이해 당사자들이 집합적 차원에서 자신들의 아이디어와 행위를 일치시키고 지속적으로 변경한다. 반면에, 권위적 실험주의란 그룹 회장이 기업가주의적 위험을 감수하면서, 엔지니어들이 자율성을 발휘하여 임기응변적 대응을 하도록 하는 경영 방식이다.

현대차그룹의 거버넌스는 오너 회장의 의사결정이 위계적이고 수직적이라는 점에서 '권위적'이다. 하지만, 이러한 구조적 제약 속에서도 엔지니어 집단에 일정한 자율성을 부여하고 임기응변적 학습과 토론을 통해 문제 해결을 추구한다는 점에서 '실험주의'에 해당한다. 달리 말해, 권위적 실험주의란 현대차 오너와 경영진이 강력한 리더십을 발휘하는 의사결정 기제를 의미하며, 하향식(top-down) 질서 속에서도 일정한 자율성을 발휘해 왔다.

21세기 이후에도 재벌 대기업의 오너는 작은 지분만으로 전체 계열사에 대한 권위주의적 경영을 유지해 왔다. 이러한 경영 스타일은 그룹 내 계열기업 간의 상호 지분 보유를 통해 가능했다. 현대차그룹의 정몽구 가족은 전체 지분의 7%만을 보유했음에도 불구하고, 현대모비스를 중심으로 하는 계열사 순환출자를 통해 지배력을 안정적으로 유지하고 있다(그림 3-5-1).

오너 경영은 소유권이 안정적이기 때문에 중장기적 차원에서 대규모 투자를 신속하게 결정할 뿐 아니라, 이를 실행하는 데도 강력한 추진력을 가진다

소속회사1	소속회사2	소속회사3	소속회사4	소속회사5
기아 → 17.33%	현대모비스 → 16.53%	현대차 → 33.88%	기아	
기아 → 17.27%	현대제철 → 5.81%	현대모비스 → 16.53%	현대차 → 33.88%	기아
현대차 → 4.88%	현대글로비스 → 0.69%	현대모비스 → 16.53%	현대차	
현대차 → 6.87%	현대제철 → 5.81%	현대모비스 → 16.53%	현대차	

그림 3-5-1 현대차그룹의 순환출자 구조
주: 우선주 포함.
자료: 공정거래위원회(2022) 수정·보완.

는 이점이 있다. 재벌 오너 중심의 거버넌스는 일본 대기업 집단의 거버넌스와 뚜렷하게 구분된다. 일본 대기업 집단은 수십 개의 계열사가 서로 협력한다는 점에서는 한국과 유사하지만, 오너 집단이 부재하기 때문에 은행이 의사결정과 조정 작업의 중심을 담당하고 있다. 그렇기 때문에, 의사결정에 오랜 시간이 걸리고 추진력도 약한 편이다(조형제·정준호, 2015). 이 장에서는 민주적 실험주의의 사례인 토요타와 대비되는 권위적 실험주의의 사례로서 현대차의 기업 거버넌스를 설명해 가려고 한다. 두 회사의 이와 같은 조직문화의 차이에는 기업 차원의 지분 구조뿐 아니라, 국민경제 차원의 역사적, 구조적 요인도 작용했다고 할 수 있다(Jo, Jeong and Kim, 2024).

2020년 정몽구 회장의 아들인 정의선 부회장이 현대차그룹 회장에 취임했다. 이는 미래차 전환에 대응하기 위한 최고 경영진의 교체라는 점에서 적절한 것으로 보인다. 2010년대 후반 정몽구 회장의 건강이 악화되면서 수년간 현대차그룹의 핵심적 의사결정이 제대로 이루어지지 않았던 것을 감안하면, 최고 경영진의 교체는 오히려 늦은 감이 있다. 정의선 회장은 오랜 기간 현대차그룹의 승계를 위한 경영 수업을 받아 왔다(표 3-5-1). 정의선 회장은 1994년에 현대정공에 입사한 후 1999년 현대차의 구매실장을 맡으면서 본

표 3-5-1 현대차그룹 '권위적 실험주의'의 진화

	1기(1975~1997)	2기(1998~2020)	3기(2021~)
경영 목표	이륙	확장	전환
지배 구조	오너 중심	오너 중심	오너 중심
리더십 스타일	권위주의	돌파형	비저너리
그룹 회장	정주영(정세영)	정몽구	정의선
업적	고유 모델	품질 향상	미래차 전환
엔지니어 숙련	실행형	도전형	자율형
노사관계	강압적	대립적	대립적/타협적

주: 정주영, 정세영 회장이 고유 모델의 성공으로 현대차그룹의 도약을 실현했다고 한다면, 정몽구 회장은 강력한 리더십에 기반한 품질 경영을 통해, 현대차그룹을 세계 메이저 업체로 성장시켰다. 정의선 회장은 미래차 전환이라는 내연차와는 본질적으로 다른 과제에 대응하고 있다.

격적인 경영 수업을 시작했다. 2005년 기아차 사장으로 승진하여 세계 3대 카 디자이너 중 하나인 피터 슈라이어를 영입, 주요 제품의 디자인을 혁신함으로써 만년 적자에 허덕이던 기아차를 흑자로 전환시키는 성과를 냈다. 2008년에는 그룹 수석부회장으로 승진했고, 2015년 제네시스 브랜드의 론칭을 주도했다. 2018년에는 총괄수석부회장으로 승진해 경영권을 사실상 승계한 바 있다.

정의선 회장의 경영 수업 과정은 토요타 자동차의 창업자 토요타 기이치로의 증손자인 토요타 아키오 회장과 유사한 점이 있다. 토요타 아키오는 28세 때 토요타 자동차에 평사원으로 입사하여 44세에 이사로 발탁된 후 초고속으로 승진하다가, 토요타가 2008년 글로벌 금융위기 때 영업 손실을 기록하며 위기에 빠지자 구원투수로서 사장에 취임했다. 그 후 대량 리콜, 동일본 대지진 등으로 인한 위기를 잘 극복하면서 세계 1위 자동차업체로서 토요타의 지위를 확고히 했다. 2023년 초에 회장으로 취임했다.

두 사람의 차이점은 미래차에 대한 입장이다. 토요타 아키오는 스포츠카 마니아로서 엔진에 대한 집착이 워낙 강한 나머지 하이브리드차 중심의 사업 구조를 지속하다가 전기차 전환이 늦었다는 평가가 있다. 이에 반해 정의선 회장은 회장 취임 후 현대차를 자동차 제조기업에서 '미래 모빌리티 솔루션 기업'으로 전환시키겠다고 선언한다. 향후 내연차 개발을 중단하고 상용차는 수소전기차로, 승용차는 순수 전기차로 개발하겠다고 선언했다.

정의선 회장은 미래차라는 패러다임으로의 급진적 교체기에 현대차그룹의 대응을 총괄하는 '비저너리'의 역할을 수행하고 있다. 현대차그룹은 2020년에 미래 사업에 대한 청사진을 담은 '현대차 2025 전략'을 공개했다. 현대차는 2021년 아이오닉5의 출시를 시작으로 전기차 전용 라인업을 본격적으로 확대한다. 전기차 전용 플랫폼인 EGMP 기반의 전기차를 포함해 2025년까지 12개 이상의 모델을 출시함으로써 연 56만 대의 전기차를 판매할 계획이다. 2040년까지 글로벌 주요 시장에서 제품 전 라인업의 전동화를 추진한다. 이를 통해 현대차는 중장기 전동화 시장의 리더십을 확보하고, 2040년 글로벌 전기차 시장의 점유율 8~10%를 달성하겠다는 것이다(현대차그룹, 2020).

정의선 회장에 대한 국내외 언론이나 자동차업계의 평가는 긍정적인 것처럼 보인다. 뉴스위크는 2022년 정의선 회장을 올해의 비저너리 수상자로 발표했다. 이 상은 향후 30년 이상 자동차산업의 미래에 막대한 영향을 미칠 업계 리더에게 수여하는 상으로, 정의선 회장이 최초 수상자로 이름을 올렸다(Newsweek, 2022). 2023년 미국의 자동차 전문지 모터트렌드는 올해 글로벌 자동차산업에서 가장 영향력 있는 인물로 정의선 회장을 선정했다(Motortrend, 2023).

흥미로운 것은 최근 현대차그룹과 글로벌 레거시업체들 간의 전략적 제휴가 진전되고 있다는 것이다. 정몽구 회장 시절 현대차그룹이 독자 노선을 고수했던 것에 비하면, 새로운 변화라고 할 수 있다. 첫째, 현대차와 GM은 포괄적인 협력을 위한 양해각서(MOU)를 체결했다. 이 협력은 승용차 및 상용차, 친환경 에너지, 전기 및 수소 기술의 공동 개발과 생산을 포함한다. 또한 양사는 배터리 원자재와 기타 소재 분야에서도 협력할 계획이다. 양사의 공동 협력은 북미 시장에서 서로의 차량을 공유해서 자사 브랜드로 판매하는 방안으로 구체화되고 있다(한국경제, 2025.3.21).

둘째, 현대차는 토요타와의 협력을 통해 자동차 부품 및 수소차용·전기차용 반도체 개발을 모색하고 있다. 양사는 모빌리티 필수 부품부터 시작하여 다양한 분야에서 협력을 확대할 계획이다. 또한, 현대차는 토요타와 AI를 적용한 휴머노이드 로봇 개발에도 협력하고 있다. 최근 현대차와 토요타 양 사의 회장은 모터 스포츠 행사에서 수시로 회동하며 친분을 강화하고 있다(인더스트리뉴스, 2024.11.25).

대표적 레거시업체인 GM과 토요타가 과거 내연차 분야에서 후발주자였던 현대차와의 업무 제휴에 적극적 태도를 보인 것은 미래차 전환과 관련해 현대차의 변화된 위상을 보여 준다. 테슬라와 중국 민영업체 등 신흥 테크 기업에 대한 레거시업체 공동 대응의 측면이라고 볼 수 있다. 이는 양자 간 대등한 차원의 업무 제휴로서, 앞으로도 진전이 있으리라 보인다.

2. 미래차 전환 평가

여기서는 정의선 회장의 리더십을 2020년 최고 경영자 교체를 전후하여 본격적으로 진행되고 있는 자동차산업의 미래차 전환과 관련하여 평가해 보기로 하자. 자동차산업의 전환이 본격화됨에 따라 내연차 시대 현대차의 고도성장을 가능케 했던 리더십과는 질적으로 다른 새로운 리더십이 요구되기 때문이다. 정의선 회장은 미래차 전환이라는 거대한 패러다임 변화에 제대로 대응할 수 있는 기업 거버넌스를 실현하고 있는가?

1) ESG 이행

미래차 전환을 위해 요구되는 기업 거버넌스는 지구환경을 보호하면서 사회 구성원들과 함께 협력하는 상생의 리더십이라고 할 수 있다. 현대차는 매년 기업의 "환경, 사회, 거버넌스"(Environmental, Social and Governance: ESG) 이행 실적을 알리는 보고서를 내고 있다.

또한 전기차로의 전환을 적극적으로 추진하면서, RE100에도 참여하고 있다. RE100이란 재생에너지 100%의 약자로서 2050년까지 기업 사용 전력량의 100%를 재생에너지로 충당하겠다는 목표 아래 글로벌 대기업들이 자율적으로 추진하고 있는 캠페인이다. 현대차를 포함한 현대차그룹 5개사는 RE100의 취지에 공감하면서 사업장 내 재생에너지 전력 사용을 적극적으로 확대하고 있다. 이는 환경 규제가 강한 유럽 시장에 지속적으로 수출하기 위해서도 반드시 실현해야 할 과제라고 할 수 있다.

윤석열 정부 이후 원자력발전이 재개되고 탄소중립 계획이 답보 상태인 상황에서, 현대차의 RE100 계획이 선언적 차원에 그치지 않고 제대로 실현되기 위해서는 각 부분의 실행 계획이 구체적으로 수립되고 그에 따른 이행 실적이 투명하게 확인될 필요가 있다.

2) 리더십 전환

'권위적 실험주의'로 집약되는 현대차그룹 회장의 리더십 스타일은 어떻게 변화하고 있는가? 정의선 회장 취임 이후 근무 복장을 자율화하고, 신년 하례회를 타운 홀 미팅으로 하여 임직원들 간의 소통의 장을 마련하는 등 권위적 스타일의 기업 문화를 변화시키려는 시도는 고무적이다. 자유로운 형식 속에서 자유분방하고 창의적인 내용의 사고도 발휘될 수 있기 때문이다.

그러나 미래차 전환이라는 불확실한 경영 환경 속에서 신속한 의사결정의 중요성이 커짐에 따라 오히려 그룹 회장 1인에게 더 많은 권한이 집중되는 경향이 있다. 권위적 조직문화가 수십 년간 지속되어 온 점을 고려한다면, 상급자들에게 체질화된 경직된 의사결정 구조를 민주화하기 위해서는 각 분야의 전문 경영인을 양성하고 실질적 권한을 하부로 이양하는 등 좀 더 지속적인 노력이 필요할 것으로 판단된다.

3) 조직문화의 연속성과 단절성

'권위적 실험주의'라는 현대차의 조직문화는 권위적이면서도 하위 조직에 일정한 자율성을 부여하면서 창의적으로 협력하게 하는 독특한 특징을 지닌 것이다. 달리 말하면, 현대차의 성공은 그룹 회장 혼자서 뛰어난 리더십을 발휘한 것이 아니라, 임원 및 엔지니어들의 자율적이고 임기응변적 협력이 잘 발휘된 결과라고 할 수 있다. 현대차는 기존 조직문화의 장점을 잘 보전하면서, SDV 전환과 관련하여 SW 역량 강화가 이루어져야 하는 '양손잡이'의 과제가 있다. 권위적 조직문화로부터의 전환이 어설프게 이루어질 경우 기존의 내적 응집력을 상실하면서 취약성을 드러낼 가능성이 있는 것도 사실이다. 특히 베이비 부머 상급자와 MZ 하급자 간에 새로운 업무추진 방식을 어떻게 마련할 것인가가 중요한 과제로 대두된다.

4) 순환출자 구조 해소

그룹 회장의 지배력을 안정화하기 위해서는 순환출자 해소 등 거버넌스의 재편이 시급히 이루어질 필요가 있다. 그렇지 않고서는 엘리엇과 같은 헤지펀드들의 공세에 노출될 가능성이 크다. 자본시장에서 현대차 주식의 가치가 제대로 반영되기 위해서는 모비스를 중심으로 한 계열사 간 순환출자의 해소와 함께, 주주들과의 정보 공유와 적절한 이익배당 등을 통해 합리적으로 주가를 관리하기 위해 노력할 필요가 있다.

요컨대, 기업 거버넌스의 측면에서 살펴볼 때, 현대차는 미래차 전환에 비교적 잘 대응하고 있는 것으로 평가된다. 정의선 그룹 회장은 현대차를 미래차 분야에 적합한 이모빌리티 솔루션 업체로 전환하기 위해 노력하고 있다. 그러나 재벌 오너를 정점으로 하는 권위적 실험주의의 본질적 성격은 일정하게 유지되는 상태에서, 포용적 기업 거버넌스로의 재편이 미완의 과제로 남아 있다. 내연차 분야에서 경쟁 우위를 발휘했던 기존의 인력과 조직문화를 미래차 분야에 적합한 시스템으로 재편하는 것도 쉽지 않은 과제로 남아 있다. 노조와도 미래차 전환의 비전을 공유하면서 적극적 협력을 이끌어 낼 필요가 있다.

6장

부품업체의 양극화

"내연차 아이템을 그대로 생산하면서 전기차 아이템도 생산하자니 수익성이 크게 떨어집니다. 한 차종당 물량이 줄어들기 때문이지요. 그렇다고 미래 성장 잠재력이 큰 전기차 차종의 물량을 포기할 수도 없잖아요? 이래저래 고민이 많습니다." _S 부품업체 사장

이 장에서는 자동차 부품업체들이 미래차 전환에 어떻게 대응하고 있는지를 살펴보려고 한다. 지난 50여 년간 한국의 부품업체들은 현대차그룹과 함께 고도성장을 해 왔다. 공동 운명체가 되어 현대차의 성장과 함께 부품업체들도 성장해 온 것이다. 현대차로서는 비용 절감과 노무관리를 위해 부품업체가 담당하는 모듈화와 외주화를 진전시켜 왔다. 현대차의 생산대수가 증가하는 만큼, 부품업체들의 납품액도 함께 증가해 왔다. 대부분의 부품업체들은 현대차그룹이 정점에 위치한 수직적, 위계적 관계에 포섭되어 있다. 현대차그룹 납품 여부에 부품업체들의 생존이 달려 있는 것이 현실이다. 이 장에서는 미래차 전환 과정에서 완성차-부품업체 간의 관계가 어떻게 변화되고 있는지를 살펴보고자 한다.

1. 거래 관계의 전환?

전기차 전환이 부품업체들에게 새로운 기회인 것은 분명하다. 내연차 부품을 생산, 납품하다가 전기차 관련 부품으로 전환하면서 이를 기회 삼아 기존의 수직적 관계에서 벗어날 수도 있기 때문이다. 실제로 LG에너지솔루션, SK온 등 배터리 공급업체들은 현대차의 "0.5차" 협력업체로 지칭될 만큼, 현대차와 대등한 입장에서 협상력을 발휘하고 있다. 배터리가 전기차 가격의 30~40%를 구성할 정도로 핵심 부품이기 때문에 오히려 "갑"의 입장이 될 수도 있는 것이다. 하지만, 대다수 기존의 부품업체들은 전기차 전환 과정에서도 이전과 동일한 수직적 관계, 즉 "을"의 연장선상에 있는 것처럼 보인다.

최근 이루어진 부품업체 조사 결과는 미래차 전환에 대한 부품업체 스스로의 인식을 잘 보여 준다. 그림 3-6-1에서 보는 바와 같이, 미래차 전환에 잘 대응하고 있다는 긍정적 평가 비율은 23.2%에 불과하고, 잘 대응하지 못하고 있다는 부정적 평가 비율은 41.7%에 달한다. 여기에 소극적 부정으로 해석할 수 있는 "보통" 35.2%까지 더하면, 제대로 대응하지 못하고 있는 업체

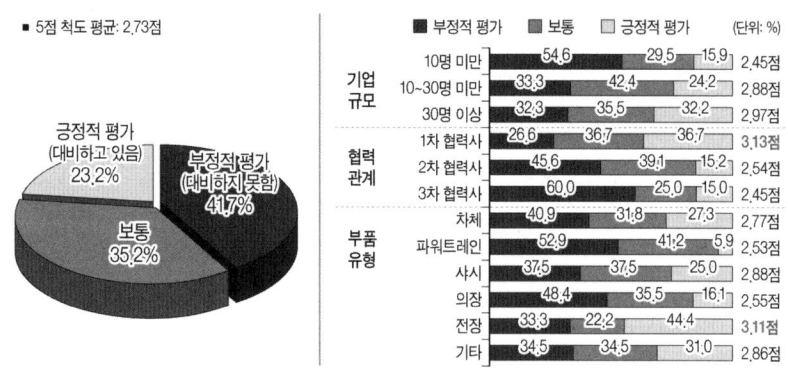

그림 3-6-1 미래차 전환에 대한 부품업체의 대응 정도
자료: 일자리재단(2022).

의 비율은 무려 76.9%에 달한다. 5개 업체 중 4개 업체가 미래차 전환에 제대로 대응하지 못하고 있는 것이다. 좀 더 세부적으로 보면, 기업 규모가 크고, 1차 협력업체일수록 잘 대응하고 있는 반면, 기업 규모가 작고 2, 3차 협력업체로 갈수록 잘 대응하지 못하고 있다. 부품 유형 중에서는 내연차의 엔진, 변속기 등을 납품하던 파워트레인 업체가 제일 심각한 어려움에 직면한 것이 확인된다.

2. 수직적 관계의 지속, 강화

부품업체들이 미래차 전환에 어떻게 대응하고 있는지를 좀 더 구체적으로 살펴보자. 울산 지역 50여 개 부품업체들에 대해 진행한 인터뷰 결과를 정리하면 다음과 같다(일자리재단, 2022). 첫째, 대부분의 부품업체들은 현상 유지에 머물고 있다. 전기차로 전환한다고 하더라도 내연차 물량이 갑자기 사라지는 것은 아니기 때문에, 품질과 생산성 향상을 통해 기존 부품을 납품하는 데 머물고 있는 것이다. 이들 업체는 별다른 대책이 없기 때문에, 내연차 아이템을 고수할 수밖에 없는 것이 현실이다. 둘째로, 일부 부품업체들은 기술력이 뛰어나기 때문에 내연차 부품의 고도화를 추진하고 있다. 이들 업체는 경량화, 초소형화, 고급화 등을 통해 기존 사업을 고도화하는 것과 동시에 전기차 아이템 중에서 신규 투자해야 할 아이템을 탐색하고 있다. 전기차 전환에 신중하게 대비하고 있는 것이다. 셋째, 일부 부품업체들은 미래차 비중이 점차 확대됨에 따라 미래차 부품 사업에 진출하고 있다. 이 경우에는 기존 사업의 연장선상에서 이루어지는 경우가 많다. 예를 들면, 연료 탱크를 생산, 납품하던 업체가 배터리 케이스의 생산, 납품을 담당하는 것과 같은 방식이다. 1차 업체의 전기차 전환을 2, 3차 업체도 따라가는 방식으로 전환이 이루어지고 있다는 점이 흥미롭다.

미래차 전환 과정에서 부품업체의 규모별 대응능력 차이가 확인된다. 대기업은 우수한 신용 등급과 담보 능력을 바탕으로 저리의 자금 조달이 가능하나, 중소기업은 높은 금리와 제한된 대출 한도로 인해 필요 자금을 확보하는 데 어려움을 겪는다. 대기업은 전기차, 자율주행 등 미래 기술에 대한 선제적 투자가 가능한 반면, 중소기업은 당장의 생존을 위한 현상 유지에도 어려움을 겪고 있다. 중소 부품업체들의 경우 기존 내연기관 부품 생산에 특화된 설비와 기술을 보유하고 있어, 전기차 부품으로의 전환에 필요한 대규모 신규투자 여력이 부족한 실정이다. 이에 따라 대기업과 중소기업 간 기술 격차는 더욱 심화되고 있다.

이상에서 볼 수 있는 바와 같이, 일부 사례를 제외한 대부분의 부품업체들은 미래차 전환에 적극적으로 대응하지 못하고 있다. 2020년대 초반 순수 전기차의 비율이 겨우 10%를 상회하는 상태에서, 내연차 사업에 여전히 주력하고 있기 때문이다. 현대차는 구매 본부를 중심으로 기존 부품업체들의 전기차 전환을 지원하고 있다. 글로벌 소싱에만 의존하기보다는 전기차 부품의 국산화, 비용 절감을 위해 기존의 부품업체들을 활용할 필요가 있기 때문이다. 하지만, 종래와 같이 전속적 관계가 지속될 가능성은 낮아 보인다. 부품 유형별로 정보 공유, 컨설팅 등을 지원하고 있지만, 1차 부품업체 외에 2, 3차 부품업체까지 지원할 여력은 부족하다고 한다. 부품업체 스스로 자구책을 마련하라는 것이다. 미래차 기술혁신을 어떻게 하느냐에 따라 기존의 거래 관계가 변화될 가능성이 존재하는 셈이다(면담 정리, 2023).

하지만, 미래차 전환 과정에서도 현대차와의 수직적 관계는 대체로 지속되고 있다. 잠정적으로 판단할 때, 부품업체 관계는 수직적 성격이 완화되기보다 오히려 지속, 강화되고 있는 느낌이다. SW를 중심으로 한 신규 사업에 진출할 역량이 부족한 상태에서 대부분의 부품업체들은 내연차 사업을 고수하고 있고, 전기차 전환에 참여하는 경우에도 현대차의 후견하에 진행되는 경우가 대부분이다. 달리 말하면, 현대차가 미래차 전환에 적극적으로 대응하고 있는 데 비해, 부품업체들은 소극적으로 참여하고 있다. 이러한 수직적 관계는 단기적 비용 절감의 측면에서는 분명한 효과가 있지만, 다음과 같은 심각한 부작용을 초래하고 있다.

- 부품업체의 혁신역량 감소: 수익성 악화로 인한 R&D 투자여력 부족은 부품업체들의 기술 개발을 저해하는 요인이 되고 있다. 미래차 전환에 필요한 신기술 개발이 지체되면서 부품산업 전반의 경쟁력이 약화되고 있다.
- 전문인력 확보난: 부품업체들의 최대 난관은 신사업 분야의 전문 기술 인력을 확보하기 어렵다는 것이다. 완성차업체도 인력난을 겪고 있는 상태에서, 부품업체로까지 오려고 하지 않기 때문이다. 대부분의 부품업체들은 신규인력 채용과 숙련인력 이탈의 어려움이 심각한 상황이다.

미래차 전환이 본격화될 경우 2, 3차 업체들의 대규모 도산과 인수합병의 가능성도 배제하기 어려울 것으로 예상된다. 전체 부품업체의 44.7%는 연매출액이 300억 원 미만으로 자율적 대응 능력이 부족한 게 현실이다(한국자동차연구원, 2024).

3. 일자리의 감소와 구성 변화

미래차 전환에 따라 부품업체들의 일자리는 어떻게 변화되는지를 구체적으로 확인해 보자. 그림 3-6-2는 2010년대 후반 이후 한국 자동차산업 전체의 매출액은 증가함에도 불구하고, 종사자 수는 정체 상태인 것을 보여 준다. '고용 없는' 성장이 지속되고 있는 것이다.

그림 3-6-3에서 완성차업체와 부품업체의 전체 취업자 수를 비교해 보면,

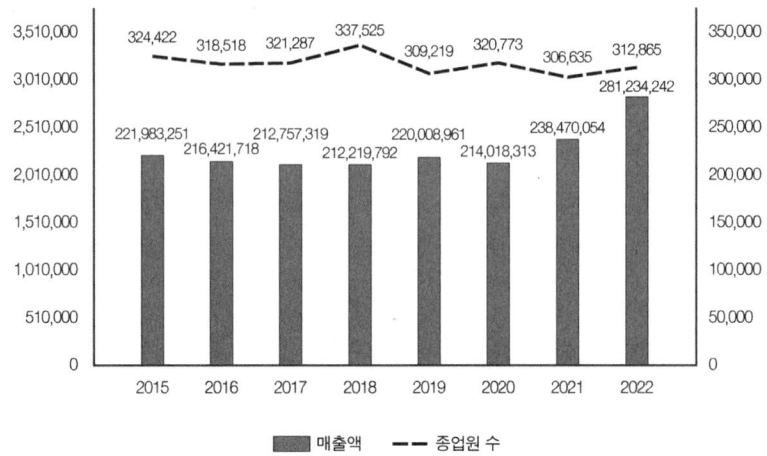

그림 3-6-2 한국 자동차산업의 매출액과 종사자 수 변화(단위: 백만 원, 명)
주: 한국표준산업분류(KSIC)에 따라 자동차산업은 C30에 해당됨.
자료: 한국은행, 기업경영분석.

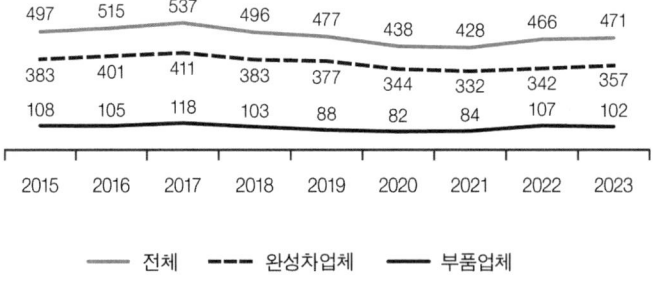

그림 3-6-3 완성차업체와 부품업체 취업자 수 변화 추세(단위: 천 명)
주: 한국표준산업분류(KSIC)에 따라 완성차업체는 C301, 자동차 부품업체는 C303에 해당됨.
자료: 통계청, 지역별 고용조사.

대체로 비슷한 패턴의 변화를 겪고 있다. 구체적으로는 2010년대 중반 이후 코로나 팬데믹 기간(2019~2021)에 감소했었다. 2022년 이후 회복되고 있지만, 아직 2010년대 중반 수준으로 회복되지 못하고 있다. 그림 3-6-2의 매출액 증가를 고려한다면, 상대적으로 적은 숫자의 종사자들로 더 많은 매출액을 실현하고 있는 셈이다. 완성차업체에 비해 부품업체 종사자 수가 훨씬 큰 폭으로 감소하고 있다. 미래차 전환이 본격화됨에 따라, 전기차의 부품 수는 내연차에 비해 현저히 감소한다. 배터리, 반도체 등의 신규 부품이 늘어나더라도 전체 부품 수가 내연차에 비해 30~40% 감소하기 때문에, 미래차 대응 능력이 부족한 부품업체의 고용 감소가 큰 폭으로 이루어지고 있다. 또한 생산공정도 단순화되기 때문에 부품업체의 고용 감소가 진전되고 있다.

그림 3-6-4는 자동차 부품업체의 직종별 인원 구성을 보여 준다. 완성차업체의 직종별 인원 구성(그림 3-2-3) 변화와 마찬가지로, 사무관리직과 생산직은 큰 폭의 변동을 겪으면서 감소하는 추세인데, 엔지니어는 증가하고 있다. 다만, 엔지니어의 증가 폭은 완성차업체에 비해 소폭에 머물고 있다. 이는 미래차 전환에도 불구하고, 부품업체의 연구개발과 생산기술 투자가 적극적으로 이루어지지 않고 있음을 보여 준다.

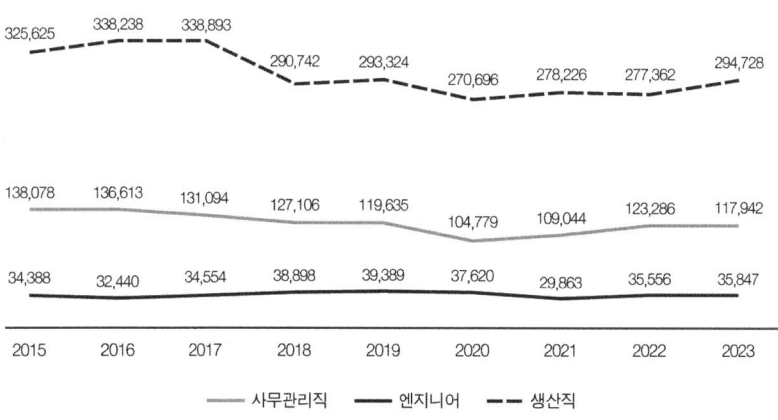

그림 3-6-4 자동차 부품업체의 직종별 인원 구성 추세
주 1) 사무관리직은 한국표준직업분류(KSCO)상 관리자(1)와 사무 종사자(3)를 합산한 것임.
주 2) 엔지니어는 전문가 및 관련 종사자(2)와 동일시한 것임. 전문가 및 관련 종사자에는 과학 전문가 및 관련직, 정보통신 전문가 및 기술직, 공학 전문가 및 기술직 등이 포함됨. 자동차산업의 특성상 엔지니어와 동일시해도 무리가 없을 것으로 판단됨.
주 3) 생산직은 기능원 및 관련 기능 종사자(7)와 장치·기계 조작 및 조립 종사자(8)를 합산한 것임.
자료: 통계청, 지역별 고용조사.

4. 수익성 악화와 일자리의 질적 저하

그림 3-6-5는 부품업체들의 높은 인건비 의존 비율을 보여 준다. 대부분이 중견기업과 중소기업인 부품업체들의 인건비 비율이 대기업인 완성차업체 비해 높은 것을 알 수 있다. 2023년을 보면, 부가가치에서 인건비가 차지하는 비율이 차이가 난다. 대기업은 49.1%, 중견기업은 59.2%, 중소기업은 71.2%를 차지하고 있다. 달리 말하면, 부품업체가 인건비에 의존하는 비율이 크다는 것을 의미한다. 기업 규모에 따른 인건비 비율의 격차는 계속 확대되고 있다.

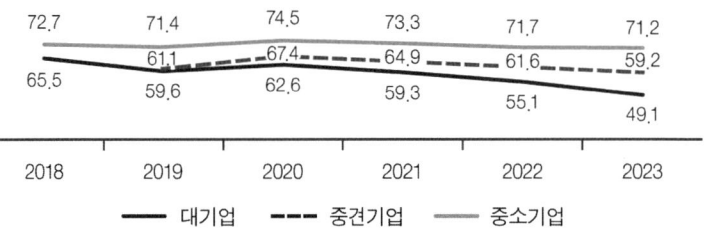

그림 3-6-5 자동차업체 규모별 부가가치에서 인건비 비중(단위: %)
자료: 한국은행, 기업경영분석.

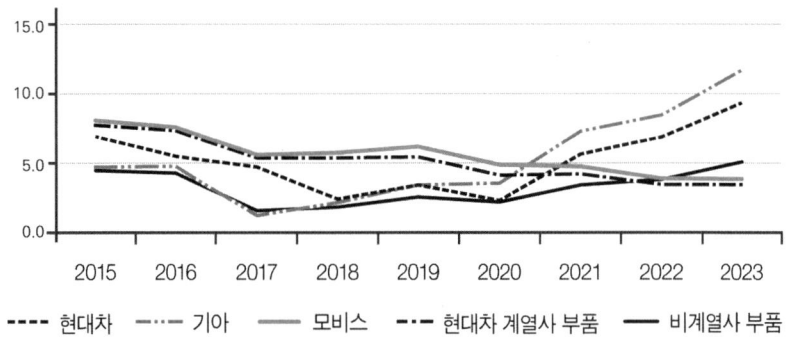

그림 3-6-6 완성차업체와 부품업체의 수익성 격차
자료: Value-Search, 각사 사업보고서.

자동차산업 전체의 매출액 규모 성장에도 불구하고, 부품업체들이 현대차와 동일하게 성장의 혜택을 누린다고 보기는 어렵다. **그림 3-6-6**은 2010년대 중반 이후 현대차그룹의 완성차업체, 계열 부품업체, 그리고 비계열 부품업체 간의 수익성 차이를 뚜렷하게 보여 준다. 특히 2020년 이후 현대차그룹 내에서도 완성차업체와 부품업체 사이의 수익성 격차가 확대되고 있다. 달리 말하면, 미래차 전환 과정에서 완성차업체와 부품업체가 함께 성장하고 있지만, 그 성장의 과실은 불균등하게 배분되고 있다. 이는 완성차업체의 계열 부품업체에 대한 납품 단가 인하 압력이 커지기 때문이라고 한다(면담 정리, 2025).

최근 들어 현대트랜시스, 현대위아 등 그룹 계열사 노조의 임금인상 요구가 거세지는 것도 이런 맥락으로 보인다. 이들은 현대차가 부품 단가를 낮게 책정하다 보니, 회사의 수익성이 훼손되었다고 보는 것이다. 현대제철 노조가 더 많은 성과급을 요구하며 파업을 하는 것도 같은 맥락이다. 현대차는 과거와는 달리 계열사들의 독자 생존을 요구하고 있다. 미래차 전환에 따라 폐쇄적 계열화가 이완되고 있는 것이다(조선일보, 2025.1.17; 경향신문, 2025.2.2).

미래차 전환과 관련하여 현대차와 부품업체 노동자 간의 임금 격차가 감소하기보다는 오히려 확대되고 있다. "대기업 완성차업체의 임금은 한 달 평균 약 604만 원인 데 비해, 1차 하청업체는 약 390만 원으로 격차가 큽니다. 그런데 2차로 내려가면 240만 원, 3차 이상은 220만 원으로, 격차가 점점 벌어져서 도급 구조의 최말단 업체는 완성차 임금의 36%에 불과합니다"(KBS, 2023.2.13).

이처럼 자동차산업 내에서 완성차/부품업체 간 임금 격차가 확대되는 이유는 무엇일까? 직접적으로는 완성차업체에 납품하는 부품(하청)업체들의 경쟁력 부족에서 기인한다. 오랫동안 특정 완성차업체와의 수직적 관계 속에서 기술 개발보다는 단순 제조능력에만 안주해 왔기 때문이다. 그러나 부품업체 내부자들은 다른 사정을 호소한다.

"완성차업체가 1차 하청을 줄 때 완성차에 비해 임률을 20~30% 낮게 산정합니다. 1차 하청업체가 2차 하청업체에게 재하청을 줄 때는 다시 20~30%가 낮아지지요. 이것은 국내외 공장 어디서나 마찬가지로 적용됩니다. 임률이 이렇게 낮게 책정되는 조건에서는 연구개발이나 설비투자의 여력은 생각할 수도 없습니다. 기존의 도급 물량을 유지하기 위해 완성차업체 담당자와의 관계를 잘 관리하는 게 제일 중요해지는 거지요"(면담 정리, 2022).

완성차업체와 부품업체의 수익성 차이는 생산직 노동자의 평균임금 차이로도 나타난다. 그림 3-6-7을 보면, 완성차업체와 부품업체 간의 임금 격차가 상당하다. 2023년에 완성차업체 생산직은 월 561만 원을 받은 데 비해, 부품업체 생산직은 315만 원을 받았다. 동일한 업무를 담당하고 있음에도 불구하고, 동일한 임금을 받지 못하는 현상을 노동시장의 '분절'이라고 지칭한다(정이환, 2013). 자동차산업에서도 기업 규모에 따라 동일한 일을 하고 있음에도, 상이한 임금을 받고 있는 것이다. 미래차 전환이 진전될수록, 이러한 격차는 계속 확대될 것으로 예상된다.

요컨대, 미래차 전환은 부품업체의 고용구조에 부정적인 영향을 미치고

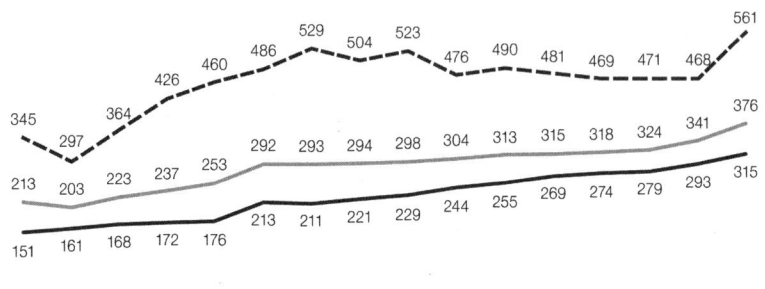

그림 3-6-7 완성차업체와 부품업체 생산직 평균임금 비교(단위: 만 원)
자료: 통계청, 지역별 고용조사.

있다. 미래차 전환이 진전될수록 완성차업체와의 기술 격차가 확대되는 가운데, 부품업체 일자리의 총량이 감소할 뿐 아니라, 일자리의 질적 저하도 진행되고 있다. 완성차업체에 비해 부품업체들의 인건비 비중이 높아 수익성이 악화되면서, 임금 격차도 확대되고 있는 것이다.

더욱 심각한 문제는 이러한 고용 충격이 취약한 노동자들에게 집중될 것이라는 점이다. 비정규직, 사내하청 노동자들의 일자리가 고용조정의 우선 대상이 될 가능성이 높으며, 영세 부품업체의 폐업은 저숙련노동자들의 대량 실업으로 이어질 수 있다.

5. 부품업체의 고용 전망

일자리재단에서는 미래차 전환에 따라 울산 지역 부품업체들의 고용 변화를 전망하는 전환지도를 작성했다(일자리재단, 2022). 여기서는 완성차업체와 동일하게 전기차 비율, 생산 기술·공정의 변화를 변수로서 고려할 뿐 아니라, 부품업체들의 대응 역량을 부품 유형, 기업 규모에 따라 차별적으로 고려했다. 부품업체들이 복수이기 때문에, 부품업체의 유형(유지, 감소, 확대), 그리고 기업 규모에 따라 대응 역량에 차이가 있다고 본 것이다. 세 가지 변수를 구체적으로 설명하면, 전기차 비율은 2025년 10%, 2030년 25%로 증가하는 것으로 가정했고, 부품 유형에 따라 고용 규모가 확대, 유지, 감소로 다르게 변화할 것으로 가정했다. 기업 규모에 따른 대응 역량의 차이도 고용에 차등적으로 영향을 미칠 것으로 가정했다. 즉, 300인 이상의 기업은 고용 규모를 현행 수준으로 유지할 수 있지만, 300인 미만의 기업은 고용 규모가 축소될 것으로 가정했다. 세 가지 변수를 이렇게 복합적으로 고려할 때 2025년과 2030년에 부품업체들의 고용 규모가 어떻게 변화될지를 시뮬레이션한 결과가 표 3-6-1이다.

표 3-6-1 전기차 전환에 따른 울산 지역 부품업체의 고용 전망

• 변수
전기차 비중 2025년 10%, 2030년 25%
공수 감소 2025년 유지군 5% 확대군 10% 2030년 유지군 10% 확대군 20%

• 전망
2025년 엔진/PT 부품군에서 1,245명, 의장 454명, 샤시 215명 등 총 2,417명 감소
2030년 엔진/PT 부품군에서 2,289명, 의장 906명, 샤시 450명 등 총 4,622명 감소

현재			변수
구분	고용인원		• 전기차 비중
	명	%	2025년: 10%
차체부품	2,903	10.3	2030년: 25%
파워트레인	6,896	24.4	• 기술/공정 변화(공수 감소)
샤시부품	2,532	9.0	2025년: 유지군 5% 확대군 10%
의장부품	9,089	32.2	2030년: 유지군 10% 확대군 20%
전장부품	1,246	4.4	• 기업 대응력
금형, 사출, 시작, 설비 등	3,133	11.1	50인 미만: 80%
서열업체	1,062	3.8	50~300인 미만: 90%
기타	1,393	4.9	300인 이상: 100%
계	28,524	100.0	

	2025년				2030년		
구분	고용인원		증감	구분	고용인원		증감
	명	%			명	%	
차체부품	2,758	10.7	-145	차체부품	2,613	11.1	-290
파워트레인	5,651	21.9	-1,245	파워트레인	4,607	19.5	-2,289
샤시부품	2,317	9.0	-215	샤시부품	2,082	8.8	-450
의장부품	8,635	33.4	-454	의장부품	8,183	34.6	-906
전장부품	1,181	4.6	-65	전장부품	1,137	4.8	-109
금형, 사출, 시작, 설비 등	2,971	11.5	-162	금형, 사출, 시작, 설비 등	2,812	11.9	-321
서열업체	1,002	3.9	-60	서열업체	946	4.0	-116
기타	1,321	5.1	-72	기타	1,252	5.3	-141
계	25,837	100.0	-2,417	계	23,632	100.0	-4,622

자료: 일자리재단(2021).

이 표를 보면, 2021년에 울산 지역의 876개 부품업체가 고용하고 있는 재직자들은 2만 8,254명인데, 2025년에는 2만 5,837명, 2030년에는 2만 3,632명으로 감소할 것으로 전망된다. 10년 후인 2030년에는 전기차 전환에 따라 2021년보다 6분의 1 정도 들어든 인원을 고용하게 된다. 기업 규모에 따른 대응 역량의 차이에도 불구하고, 부품업체들이 미래차 전환에 비교적 순조롭게 대응하는 경우를 전제로 한 것이다.

요컨대, 미래차 전환이 완만하게 이루어질 경우 현대차가 순조롭게 대응하는 것을 전제로 시뮬레이션을 한 결과로는, 대부분의 부품업체들도 순조롭게 대응하면서 재직자의 고용 감소가 완만하게 진행될 것으로 예상된다. 하지만, 전기차 수요가 예상보다 급속히 증가할 경우에는 부품업체들의 도산, 인수합병이 대규모로 진행되면서 고용조정 역시 급속도로 진행될 가능성을 배제할 수 없다. 이는 숙련에 의존하지 않는 생산방식, 부품업체 간의 대응역량 차이를 감안하면 더욱 우려되는 상황이다.

주요 기관들은 미래차 전환이 본격화되면, 취업자 수가 급속하게 감소할 것으로 예상하고 있다. 산업연구원 보고서에 따르면, 2030년까지 전동화 부품 일자리가 약 5만 개 늘어나는 데 비해, 내연기관 관련 일자리는 약 8만 개 감소할 것으로 전망된다(산업연구원, 2022).* KAMA는 2030년까지 국내 자동차 부품산업에서 약 10만 개의 일자리가 사라질 것으로 예측하고 있다(한국자동차모빌리티산업협회, 2025).

---

* 미래차 전환과 지능화에 따라 자동차 부품의 정부통계 분류체계 재편이 준비되고 있지만, 재편된 분류체계를 적용한 실제 통계는 아직 작성되지 않고 있다(한국자동차연구원, 2024). 미래차 전환에 따른 자동차산업의 일자리 공식 통계는 존재하지 않는 셈이다.

6. 지역 경제의 위기

자동차산업의 미래차 전환은 지역경제에도 심각한 타격을 주고 있다. 특히 자동차산업 집적지역인 울산, 창원 등의 비수도권 산업도시에서 지역경제 전반의 위기가 현재화되고 있다. 수도권과의 격차가 커지고 있는 것이다. 이러한 위기는 다음과 같은 형태로 표출된다.

첫째, 부품업체들의 연구개발 기능이 수도권에 집중되면서, 비수도권의 연구개발 기능이 고갈되고 있다. 1차 하청업체들조차 미래차 전환에 대응할 수 있는 연구개발 능력이 취약하고, 이는 2, 3차 하청업체로 갈수록 더 심각해진다. 현대차가 기술 개발을 주도하는 가운데, 부품업체들은 단순 제조능력에 기초하여 성장해 왔기 때문이다. 현대차에 이어 부품업체들의 연구개발 능력도 수도권에 집중되면서, 비수도권 지역 부품업체들은 단순 제조공장으로 전락하고 있다. 신제품을 효율적으로 생산할 수 있는 생산기술 엔지니어를 안정적으로 확보하기조차 쉽지 않은 것이 현실이다.

둘째, 부품업체들 간에도 기술 능력과 경영 상태의 양극화가 진전되면서, 비수도권 중소 부품업체들이 휴폐업, 도산하고 지역의 산업 생태계가 몰락할 가능성이 커지고 있다. 미래차 전환이 본격화되면서 부품 공급 생태계가 기술 능력을 중심으로 재편되면, 중소 부품업체들의 상당수가 대응 능력을 갖추지 못한 채 도태될 것으로 우려된다(울산경제진흥원, 2022). 이는 관련 서비스업의 매출 급감과 경영 악화로 이어지면서, 지역 경제의 지속 가능성에 대한 전망을 어둡게 하고 있다. 이는 인구 유출과 지방재정 악화로 연결되면서 지역 공동화를 우려하게 한다.

이러한 문제들은 비수도권 지역 경제의 차원을 넘어 한국 자동차산업 전반의 지속 가능성을 위협하는 심각한 도전이 되고 있다. 미래차 전환에 따라 요구되는 기술, 조직, 인적자원의 안정적 확보 방안을 포함해 새로운 생태계 확충과 지역발전 전략 수립이 시급한 상황이다.

부품업체의 양극화

미래차 전환 과정에서 현대차그룹의 독점적 지배는 더욱 강화되고 있다. 현대차그룹은 막대한 자본력을 바탕으로 전기차 전환에 필요한 투자를 진행하고 있는 반면, 부품업체들은 난관에 직면해 있다. 대다수의 부품 협력업체들은 전환을 위한 기본적인 준비조차 어려운 상황이다. 대기업은 전기차, 자율주행 등 미래 기술에 대한 선제적 투자가 가능한 반면, 중소기업은 당장의 생존을 위해 기존 기술을 유지하는 데도 어려움을 겪고 있다.

배터리, 반도체 등 전기차 부품을 공급하는 신규 부품업체의 비중은 증가하지만, 이들과 기존 부품업체 간의 격차는 확대되고 있다. 전기차 전환이 진전되면 이에 대응하지 못하는 중소 부품업체들의 대량 도산과 통폐합이 본격화될 것으로 우려된다.

완성차업체의 지속적인 원가절감 압박으로 인해 많은 부품 협력업체들이 심각한 경영난을 겪고 있다. 이는 결과적으로 품질 저하와 기술개발 지체로 이어지는 악순환을 만들어 내고 있다. 수익성 악화로 인한 R&D 투자여력 부족은 협력업체들의 기술 개발을 저해하는 주요 요인이 되고 있다. 국내 자동차 부품업체의 약 70%가 여전히 내연기관 관련 부품을 생산하고 있다. 이들 기업이 전기차 부품 생산으로 전환하는 데는 막대한 설비투자와 기술 개발이 필요하지만, 대다수의 중소기업들은 이러한 투자 여력이 부족한 상황이다. 특히 2, 3차 협력업체들의 경우 현재의 수익성으로는 미래 투자는커녕 당장의 경영 유지도 어려운 경우가 많다.

부품업체들의 규모에 따라 대응능력 격차는 더욱 확대되고 있다. 전기차 전환이 본격화될 경우 2, 3차 중소업체들의 대규모 도산과 인수합병 가능성을 배제하기 어려우리라 예상된다. 이러한 문제들은 단순히 개별 기업의 문제를 넘어 한국 자동차산업 전반의 지속 가능성을 위협하는 도전이 되고 있다.

일자리의 감소와 질적 저하

현대차그룹은 미래차 전환에 유연하게 대응하고 인건비를 절감하기 위해 핵심 인력을 제외하고는 정규직을 최소화하고 있다. 나머지 인력은 촉탁 등의 계약직으로 대체된다. 같은 이유에서 외주화도 진전되고 있다. 이러한 경향은 노동시장의 분절화, 부품업체와의 격차 확대로 나타나고 있다.

전동화 전환 과정에서 가장 심각한 문제는 고용 불안이다. 전기차는 내연차에 비해 부품 수가 30~40% 정도 감소하며, 특히 엔진, 변속기 등 핵심 부품의 수요가 크게 줄어든다. KAMA의 분석에 따르면, 2030년까지 국내 자동차 부품 산업에서 약 10만 개의 일자리가 사라질 것으로 예측된다. 이에 따라 노동시장의 분절이 심화되고 있다. 대기업은 높은 임금과 안정적인 고용조건으로 우수 인재를 확보할 수 있으나, 중소기업은 숙련된 인력의 이탈과 신규인력 채용의 어려움이 가중되고 있다.

부품업체들이 미래차 전환에 대응하는 데 가장 어려운 점은 기술혁신을 위한 전문인력을 확보할 수 없다는 것이다. 정부의 인력양성 정책이 중소/중견 기업의 재직자들을 위한 맞춤형 정책으로 제공되고 있음에도 불구하고, 실효성 있게 운영되는 데는 현실적 제약이 많은 것이 사실이다. 관련 정보가 제대로 공유되지 못하고 있고, 공유되더라도 재직자들에게 교육 기회를 제공하기 어려운 실정의 부품업체들이 대부분이다.

더욱 심각한 것은 이러한 고용 충격이 취약 계층에 집중될 것이라는 점이다. 비정규직, 사내하청 노동자들이 구조 조정의 우선 대상이 될 가능성이 높으며, 영세 부품업체의 폐업은 저숙련노동자들의 실업으로 이어질 수 있다. 이는 단순한 구조 조정의 차원을 넘어 심각한 사회문제로 발전할 수 있다.

7장

가치사슬의 재편

앞 장에서는 미래차 전환에 따라 현대차와 부품업체들이 어떻게 대응하고 있는지를 기술혁신과 일자리 변화에 초점을 맞춰 살펴봤다. 이 장에서는 자동차산업의 '가치사슬'이 전반적으로 어떻게 재편되는지를 보여 주고자 한다. "가치사슬이란 기업이 제품을 생산하기 위해 소재, 부품, 설비 등의 자원을 결합하여 부가가치를 증가시키는 일련의 과정이다"(포터, 2021).

1. 가치사슬의 구성 변화

미래차 전환은 가치사슬 전반에 영향을 미치지만, 여기서는 부품 공급과 완제품 생산에 초점을 맞춰 살펴보고자 한다. 가장 중요한 변화는 시스템 모듈을 공급하는 1차 부품업체와 완제품 생산을 담당하는 완성차업체를 중심으로 이루어진다. 여기서 모듈이란 레고 블록처럼 인터페이스가 표준화된 부품으로서, 부품 간 조율의 필요성이 상대적으로 줄어든다. 1차 부품업체가 배터리, 파워 일렉트릭(배터리, 전동 모터 등) 모듈을 중간 조립해서 완성차업체에 공급하면, 완성차업체가 파워트레인, 샤시, 차체의 공정을 거쳐 하나의

표 3-7-1 미래차 전환에 따른 자동차산업 가치사슬의 변화

가치 사슬	3, 4차 부품업체	2차 부품업체	1차 부품업체	완성차업체 (차량 생산)	완성차업체 (유통 및 판매)
내용	소재 및 부품	부품	시스템 모듈	파워트레인, 샤시, 바디, 조립	판매 및 정비
미래차 전환	배터리/전기차 신소재	전기/전자 부품 추가. SW 비중 증가	시스템 모듈 (배터리, PE 모듈)	파워트레인, 샤시, 차체, 최종 조립	온라인 판매. 유지보수 비용 감소. 공유경제

자료: Alochet et al.(2023) 수정·보완.

제품을 완성한다. 그러나 모듈화가 순조롭게 진전됨에도 불구하고, 자동차는 안전을 최우선시하는 제품이기 때문에 제품개발 과정에서 통합적 조율은 여전히 중요하다(Murmann et al., 2023).

미래차 전환에 따라 주요 모듈을 공급하는 1차 부품업체의 비중이 커지고 있는 가운데, 가치사슬에서 생산을 담당하는 완성차업체의 위상이 일정하게 변화되고 있다(표 3-7-1). 미래차 전환에 따라 현대차그룹의 가치사슬이 어떻게 재편되는지를 구체적으로 보자. 첫째, 제품개발 과정에서 SW의 비중이 커지고 있다. 현대차그룹은 SDV를 개발하고 있다. 자동차 제품의 성격이 기계공학 하드웨어 중심에서 전기전자공학 소프트웨어 중심으로 전환됨에 따라, SDV 제품을 잘 개발하는 것이 경쟁력의 필수 요소가 되고 있다. 이를 위해 현대차그룹은 ICT 관련 업체에서 근무하던 경력 사원들을 대거 영입하여 자율주행 기능과 인포테인먼트 등 전기전자 제어 기능을 강화하기 위해 노력하고 있다.

둘째, 현대차그룹은 차량용 반도체와 이를 가동하기 위한 SW 등을 차질없이 외부에서 조달하기 위해 지속적으로 노력하고 있다. SDV의 개발과 생산을 성공적으로 수행하기 위해서는 내연차 대비 수십 배의 차량용 반도체가 필요하다. 예컨대, 자율주행 레벨 3의 차량에만도 기존 차량의 10배에 해

당하는 2천 개 이상의 반도체가 들어간다. 코로나 팬데믹 말기에 차량용 반도체의 공급 문제로 인해 주요 완성차업체들이 생산 차질을 빚었던 것을 감안하면, 향후에는 반도체의 원활한 공급에 미래차 경쟁의 사활이 걸렸다고도 할 수 있다. 이와 관련하여 각기 다른 업체가 공급하는 전기전자 부품의 통합 제어를 현대차의 SDV 운영체계인 Pleos로 어떻게 선제적으로 해결하는가도 중요한 과제로 등장하고 있다.

셋째, 엔진을 대체하는 양질의 배터리를 어느만큼 저렴한 가격으로 조달하는가도 전기차의 또 다른 중요한 과제가 된다. 이를 위해 현대차그룹은 배터리의 자체 개발능력을 진전시키고 있다. 자체 개발한 삼원계 리튬이온 배터리를 산타페 하이브리드에 이미 장착했을 뿐 아니라, 저렴한 LFP 배터리도 개발해서 보급형 전기차에 적용할 예정이다(조선비즈, 2023.12.21). 그러나 현대차그룹이 배터리를 개발하는 실제 목적은 관련 기술을 확보하여 국내외 배터리업체에 대한 가격 협상력을 확보하기 위한 것으로 보인다.

넷째, 현대차그룹은 생산 부문에서 스마트 팩토리를 지속적으로 진전시키고 있다. 현대차그룹이 추진하는 스마트 팩토리 프로젝트의 브랜드 명칭은 '이포레스트'(E-Forest)이다. 이포레스트는 모든 것을 유기적으로 연결함으로써 제조 시스템의 혁신을 추구하는 스마트 팩토리 생태계를 지칭한다. 이포레스트는 AI와 로봇 기술, ICT 등 혁신적인 자동화 방식을 적용했을 뿐 아니라, 빅데이터의 자동 입력과 축적을 통한 생산 제어를 추진한다. 구체적으로는 ① 오토 플렉스(Auto-Flex): 고도화되고 유연한 혁신 자동화, ② 인텔리전트(Intelligent): AI, 빅데이터 기반의 지능형 제어, ③ 휴머니티(Humanity): 인간 친화적 스마트 기술을 적용한다(현대차그룹, 2020.12.1). 현대차그룹은 울산 공장 제네시스 생산 라인을 시범 공장으로 선정하여 이포레스트 시범 사업을 이미 완료했고, HMGICS에서 스마트 팩토리의 완성형 모델을 구축했다. 여기서 얻은 데이터를 기반으로 국내외 다른 공장들에도 점진적으로 스마트 팩토리를 적용해 갈 계획이다.

다섯째, 아울러 주목해야 할 것은 신차 생산공정의 외주화(=모듈화)가 지속적으로 진전되어 왔다는 사실이다. 주요 모듈단위 부품을 외부 하청업체가 생산하여 현대차로 서열 납품하는 것은 이제 완성 단계에 도달한 것처럼 보인다. 최근에 주목할 것은 일반 부품의 서열 투입을 미리 준비해서 납품하는 직서열 물류업체들의 부상이다. 이들은 글로비스의 물류 업무를 하청받아 현대차에 납품을 담당하고 있다. 완성차 공장의 작업자들이 순서대로 부품을 장착할 수 있도록 서열업체들이 원키트 시스템을 준비해서 납품하는 것이다. 울산 공장 인근의 모듈화 단지에는 에프유, 진우제이아이에스 등 17개의 직서열 물류업체가 완성차 라인으로 서열 공급을 담당하고 있다. 글로비스의 하청 물류업체 총수는 26개이고 종업원은 3천여 명에 달한다고 한다. 이들 서열업체 직원들은 완성차 공장 내에 상주하면서, 부품 박스의 상하차, 직서열 관리, 피딩 작업까지 수행하고 있다(면담 정리, 2022).

요컨대, 미래차 전환에 따라 현대차그룹의 제품개발 과정에서 SW의 비중이 지속적으로 커지면서, 생산이 차지하는 비중은 감소하고 외주화가 진전되고 있다.

2. 온라인 판매의 전면화

보다 근본적인 가치사슬의 재편은 판매·영업, 그리고 정비·AS 분야에서 이루어지고 있다. 판매·영업 시스템의 변화부터 살펴보기로 하자. 기존의 현대차 판매·영업 시스템은 직영 지점과 대리점으로 구성되어 있다. 전국에서 400~450개였던 직영 지점은 현재 300개 수준으로 통폐합된 상태이다. 장기적으로는 대도시별로 2~3개, 전국적으로 50개 이내의 직영 지점만 유지할 계획이라고 한다. 직영 지점들의 이러한 감소는 온라인 판매로의 전환이라는 판매·영업 시스템의 근본적 변화의 맥락에서만 이해할 수 있다. 현대차가 테슬라를 벤치마킹하여 온라인 판매로 전면 전환하게 되면, 고객들은 직영 지점을 거치지 않고 스마트폰, 인터넷처럼 온라인에서 자동차라는 내구소비재를 직접 구입하게 된다.

온라인 판매 전환 후에도 대도시에는 2~3개의 직영 지점이 유지되면서, 신차 전시와 시승 기능을 담당할 계획이라고 한다. 영업 사원이 지속적으로 고객을 관리해 오던 자동차 판매·영업의 개념이 획기적으로 달라지는 것이다. 한때 1만 명 수준이던 직영지점 인원은 정년퇴직과 통폐합이 진행되면서 현재 6천여 명 수준으로 감소했고, 2~3년 내에는 3천여 명 수준으로 감소할 것이 예상된다.

직영 지점과 달리 별개 조직으로 운영되던 대리점(딜러숍)들은 현재 전국적으로 400~450개가 위치해 있다. 대리점들은 당분간 유지될 것으로 예상된다. 온라인 구매와 주문이 어려운 고객들을 감안할 때, 대리점들의 지속적 역할이 필요하기 때문이다. 그러나 온라인 판매의 비중이 증가할수록 대리점들의 통폐합과 감소도 불가피할 것으로 예상된다. 현대차가 대리점 계약을 해지하는 것이 어렵지 않을 것이기 때문이다(면담 정리, 2024).

3. 정비·AS 업무의 감소

현대차그룹의 정비·AS 업무를 담당하던 직영 서비스 센터와 블루핸즈 카센터도 감소하고 있다. 전기차로 전환되면서 엔진오일 교환 등의 관리 수요가 감소했을 뿐 아니라, 고장도 별로 나지 않기 때문이다. 이는 모듈 단위로 생산, 납품을 하면서 품질 수준이 전반적으로 향상된 데서도 기인한다. 운전자가 정비의 필요 여부를 미리 확인할 수 있는 '선제적' 정비 프로그램의 확산도 사후 정비업무의 물량을 감소시킬 것으로 예상된다.

국토교통부 통계에 따르면, 카센터로 불리는 전문 정비업체 수가 서울 기준으로 2010년 3,711개에서 2023년 2,786개로 1천여 개 가까이 감소했다. 이 중에서 전기차, 수소차 등 미래차의 완전 수리가 가능한 정비업체는 170곳에 불과하다고 한다. 정비업체 대신에 썬팅 같은 외장업체는 오히려 증가하고 있다. "병원으로 따지면 동네 의원이 사라지고 피부과·성형외과가 늘어나는 셈"이다(중앙일보, 2024.1.29; 매일경제, 2023.12.29).

4. 자동차 이용 방식의 변화

자동차산업의 가치사슬에서 판매·영업의 비중 증가는 보다 근본적으로 고객의 자동차 이용 방식의 변화에서 비롯된다. 고객들의 자동차 이용 방식은 소유뿐 아니라 렌탈, 구독 등 다양한 방식으로 진화하고 있다. 예컨대, 기아의 구독 서비스인 '기아 플렉스'는 전기차 운전 경험이 없어 구매를 망설이는 사람들에게 한 달 동안 전기차를 타고 다니면서 다양한 경험을 할 수 있게 하여 막연한 의구심을 해소시켜 준다. 스마트폰에서 앱을 깔고 회원 가입을 하면, 구독 서비스를 제공받을 수 있다(카피엔스, 2024.2.5).

전기차로 캠핑 등의 레저를 즐기는 사람들도 늘어나고 있다. 아이오닉5 등의 전기차에는 V2L(Vehicle to Load)이라는 기술이 있는데, 이는 전기차 배터리의 전기에 220V의 가전제품을 연결하여 사용하는 기술이다. 이 기술을 활용해서 차 캠핑을 하거나 차박을 하는 것이 훨씬 쉽고 편리해진다(비즈워치, 2024.3.4). 전기차의 용도가 일상생활에서 레저로 확대되는 것이다. 자율주행차가 상용화되면, 주행 중에 차량 내부공간의 용도는 카 엔터테인먼트의 영역으로 무한 확대되리라 예상한다. 단순한 전화 기능만을 담당했던 무선전화가 스마트폰의 수많은 앱 기능들로 진화하는 것처럼, 달리는 스마트폰인 자율주행차의 용도도 상상 이상으로 진화할 것이다.

5. 일자리의 변화

이 장에서는 한국 자동차산업 가치사슬 전반의 재편과 그에 따른 일자리 변화를 파악했다. **그림 3-6-2**에서 본 바와 같이, 미래차 전환이 본격화한 2010년대 중반 이후 한국 자동차산업의 매출액은 계속 증가하고 있음에도 불구하고, 전체 종사자 수는 감소하고 있다. 자동차산업의 매출 규모는 30% 정도 증가한 데 비해, 종사자 수는 오히려 줄어들고 있는 것이다. 이는 한국 자동차산업의 '고용 없는 성장'을 경험적으로 확인해 준다. 즉, 외형적 성장에도 불구하고, 일자리 수는 제자리걸음이거나 오히려 줄어든다는 걸 확인하게 된다.

가치사슬의 재편

미래차 전환에 따른 한국 자동차산업의 대응 과정에서 가치사슬 전반의 재편이 이루어지고 있다. 자동차산업의 새로운 가치사슬을 담당하면서 성장하게 될 ① 차량공간 내부의 인포테인먼트나 ② 온라인 마케팅, ③ 전기차 충전소 등의 분야에서도 소수의 SW 개발자, 운영자를 제외하고는 SW나 기계로 대체될 가능성이 커지게 된다. 배터리/PE 모듈 부서뿐 아니라, 전기차를 최종 조립하는 부서에서도 자동화, 외주화가 진전되기 때문에 일자리가 그만큼 줄어든다.

가치사슬 전반을 보면, 신차 개발의 비중이 증가하고, 생산이 차지하는 비중은 축소된다. 소재/부품의 업스트림과 판매·영업, 정비·AS의 다운스트림이 재편되고 있다. 특히 다운스트림은 이용자가 수동적으로 서비스를 받는 것이 아니라, 스마트폰과 연결되면서 이용자가 전문적 소비 주체, 즉 프로슈머로 나서는 질적 변화가 진행되고 있다.

소결

동전의 양면

AI는 세계 모든 곳에서 불평등을 증폭시키는 경로로 기울어져 있는 것으로 보인다. … AI에 대해 오늘날 새로이 솟고 있는 열광은 익숙한 테크노-낙관주의의 강화된 버전이라고 볼 수 있다. … 미래주의자들은 사회문제에 대한 해답은 당연히 더 많은 테크놀로지라고 여긴다. 뒤로 밀려나게 될 수십억 명에 대해서는 조급하게 걱정하지 않아도 된다고 한다(아세모글루, 2023).

현대차는 압축 성장을 통해 선진 업체들의 대열에 합류하는 데 성공했고, 우리는 그 특징을 '권위적 실험주의'와 '기민한 생산방식'으로 집약한 바 있다(Jo, Jeong and Kim, 2023). 3부에서는 미래차 전환에 현대차가 어떻게 대응하고 있는지를 입체적으로 조명했다. 여기서는 3부의 주요 내용을 기술혁신과 일자리에 초점을 맞춰 정리하고자 한다. 현대차 미래차 전환의 성과와 한계를 균형 있게 부각시키려고 한다.

자동차산업은 광범위한 전후방 연관 효과로 인해 국민경제를 대표하는 주력 산업이다. 미래차 전환이라는 또 다른 추격에 전반적으로 잘 대응하고 있음에도 불구하고, 그 성과는 아직 유보적이다. 경쟁력 있는 전기차 제품을 출시하고 있는 데 비해, SDV로의 전환에서는 선두업체와의 경쟁력 격차가 아직 뚜렷하다. 전기차에서는 선두 그룹에 포함되지만, SW 및 자율주행 역량에서 중위 그룹에 포함되어 있다. 그러나 2025년 초 현대차그룹이 발표한 SDV 통합 OS 비전인 'Pleos 25' 계획이 실현된다면, SW 잠재력 순위가 좀 더 상승할 것으로 전망된다. 그럼에도 불구하고, SW OS 및 자율주행 기술 등 SDV로의 전환은 더디고, 신사업 분야의 인력 확보 및 조직문화 개선도 쉽지 않은 것이 현실이다.

현대차의 기민한 생산방식은 엔지니어들의 기술중심주의를 핵심적 특징으로 한다. 자동화·정보화는 대립적 노사관계라는 조건에서 노동자들의 개입을 최소화하는 탈숙련을 진전시켰다. 기술중심주의는 비용 절감을 위한 외주화, 모듈화와도 밀접히 연관된다. 완성차업체와 부품업체, 정규직과 비정규직 간의 격차도 확대되어 왔다. 기민한 생산방식은 '자동화-외주화-탈숙련'으로 집약된다(Jo, Jeong and Kim, 2023).

미래차 전환 과정에서 기민한 생산방식의 이러한 특징이 경로 의존적으로 확대 재생산되고 있다. 그룹 회장에게 의사결정이 집중되는 '권위적 실험주의'라는 기업 거버넌스 아래 미래차 전환이 이루어지고 있고, 노사관계, 정부정책 등 한국 경제의 제도적 조건에도 별다른 변화가 없다. 글로벌 차원의 미래차 경쟁에서 살아남으려면 대기업이 주도해야 한다는 시장주의의 정당성이 강화되고 있고, 대안적 발전의 길은 고려되지 않고 있다.

여기서, 대기업이 미래차 전환에 성공하더라도 국민경제의 번영과 일치하지 않을 수 있다는 가능성에 주목할 필요가 있다. 글로벌 기업 현대차는 창사 이후 최대의 실적을 내고 있지만, 신기술의 적용이 진전됨에 따라 '기술적' 실업이 본격화할 것으로 예견된다. 미래차 전환 과정에서 기획, 연구개발을 제외한 생산, 판매·영업, 정비·AS 분야가 가치사슬에서 차지하는 비중이 축소되고 있다. 신사업 분야의 일부 경력직을 제외하고서는 정규직의 신규 채용이 거의 이루어지지 않는 가운데 '고용 없는 성장', 즉 일자리 감소와 질적 저하가 진전되고 있다. 현대차 퇴직자의 후임은 계약직으로 채워지고 있고, 완성차·부품업체, 부품업체 간의 격차는 계속 벌어지고 있다. 연구개발 능력이 없는 영세 부품업체들은 도산의 위기에 몰리고 있다.

요컨대, 미래차 전환 과정에서 현대차는 '공중 부양'(양승훈, 2025)에 성공한 듯 보이지만, 국민경제와의 디커플링(decoupling)은 심화되고 있다. 세이어(Sayer, 2000)의 표현을 빌리자면, 대기업은 글로벌 경쟁에 성공적으로 대응하고 있지만, 전후방 산업 연관이 감소하는 가운데 국민경제 내 '뿌리내림'(embeddedness)이 약화되고 있다. 일자리의 양적 감소와 질적 저하도 진전되고 있다. 현대차의 기술혁신, 그리고 그 이면에서 진행되는 일자리의 양적 감소와 질적 저하가 '동전의 양면'처럼 동시 진행되고 있는 것이다.

> 얼마 전… '공중 부양'이라는 표현을 생각했다. '완전히 기민하며 화려해진' 글로벌 자동차 회사 현대차는 '잘나가지만', 이를 떠받치고 있던 세계(한국)는 동반해서 좋아지지 않는다는 사실이 너무나 자명해서이다. 애자일 생산방식이 공고화되는 과정에서 생산직 노동자의 숙련은 무의미해지기 때문에 고용 축소가 불가피하고(2천 명 정년퇴직자와 700명 신규 채용), 모공장(mother factory)의 의미보다 '권위적 실험주의'를 노사관계를 회피해 적용할 수 있는 모델 공장이 더 중요해졌다… 현대차가 착근했던 생산직 노동자, 지역(산업도시), (기존) 부품 협력사들은 부분적이고 답답하며 남루한 세계에서 숙련, 지역혁신, 기술혁신을 해내지 못하고 위상이 추락 중이다. 현대차 관점에서 '가장 좋은 시나리오'가 전개되면 현대차는 공중 부양하고, 나머지는 끊어진 고리에서 괴사하기 쉬운 구조에 놓였다(양승훈, 2025).

지금까지의 논의를 정리한 것이 **표 3-소결-1**이다.

최근 현대차는 향후 4년간 총 210억 달러(30조 원)를 미국 내 생산시설 확대를 위해 투자하겠다고 발표했다. 그 내용은 자동차 생산 분야 86억 달러, 부품·물류·철강 분야 61억 달러, 미래 산업 및 에너지 분야 63억 달러 등이

표 3-소결-1 미래차 전환기 한국 자동차산업 대응의 성과와 한계

	성과	한계
기업 거버넌스	오너의 성공적 비전 제시	경영권 집중, 주주들의 요구 증대
연구개발	SDV 개발 체제로의 전환	기존 연구소와 신사업 분야 조직 간의 갈등
생산방식	스마트 팩토리, 자동화·정보화	기술중심주의
인적자원관리 연구직 생산직	신사업 분야 인력 충원, 기존 인력의 직무전환 교육	연공적 임금체계, 직군 간 위화감
	대량 정년퇴직, 기존 인력배치 전환, 소규모 신규 채용	숙련의 공백, 참여와 혁신의 동기 부족
노사관계	미래협약, 임금 인상	연공적 임금체계, 집단 이기주의
부품업체	0.5차 부품업체 등장, 부품업체 간의 M&A	부품업체 간의 격차 확대, 대량 도산과 통폐합 우려
가치사슬	연구개발 비중 증가, 생산 비중 감소, 소재·부품, 판매·영업, 정비·AS의 재편	정규직 최소화, 노동시장 분절 확대

다. 이중 루이지애나에 신설된 제철소에서만 1,300명의 신규 고용을 창출할 것이라고 한다(한겨레신문, 2025.3.25). 트럼프 행정부의 관세 장벽을 우회하기 위한 부득이한 조치라고 할 수는 있지만, 현지화의 정도가 높아질수록 국내 공급망의 쇠퇴와 일자리 감소는 불가피할 것이다(한겨레신문, 2025.3.28).

4부

무엇을 할 것인가?

혁신과 공정을 향하여

경제행위에 대한 경험적 질문보다는 근본적 타당성에 대한 규범적 질문을 던질 필요가 있다. 경제활동은 보다 많은 사람들을 잘살게 만들기 위한 것이 아닌가?
(Sayer, 2000)

현대차그룹의 미래는 과거와 현재를 통해 형성된 '경로 의존성'으로부터 자유로울 수 없다. 지금까지 걸어온 경로와 전혀 무관하게 새로운 미래를 만들어 갈 수는 없기 때문이다. 하지만, 미래에 '가지 않은 길'에서 살아남기 위해서는 그 어느 때보다도 단절적 혁신을 요구받고 있는 것도 사실이다(그림 4-0-1). 연속성과 단절성의 이상적 결합을 통해 요구되는 한국 자동차산업의

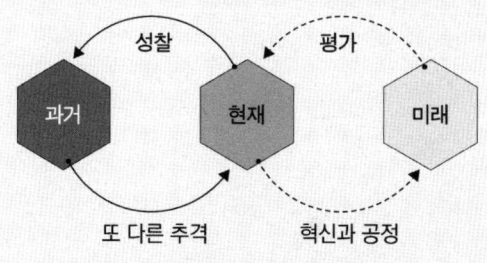

그림 4-0-1 미래의 또 다른 추격

또 다른 도전에서 실현 가능한 발전 모델은 무엇인가? 노벨경제학상 수상자 대런 아세모글루의 주장처럼, 자동화 효과가 숙련 향상과 일자리 증가로 연결되는 대안적 발전 모델로 전환할 수는 없는 것일까?

4부에서는 지금까지의 논의를 기반으로 한국 자동차산업의 대안적 발전 모델을 제시하고자 한다. 2장에서는 미래차 기술혁신을 진행하면서 엔지니어들의 효율적 인적자원관리와 결합된 대안적 연구개발·생산기술 시스템을 제시한다. 3장에서는 스마트 팩토리 프로젝트를 추진하면서, 직·간접 생산직 노동자들의 숙련을 활용하는 전환지도를 제시한다. 4장에서는 이를 뒷받침하기 위한 기업별·산별 미래협약을 노사관계 혁신 과제와 함께 제시한다.

5장에서는 포용적 기업 거버넌스로의 전환을 제시하고자 한다. 기술혁신에 따른 성장의 수혜가 완성차 노사에게만 집중되는 기술중심 모델의 부작용을 완화하고, 지속 가능하고 공정한 발전이 되기 위한 '참여기반' 모델을 제안하고자 한다. 6장에서는 부품업체와 함께 상생하는 기업 간 관계와 지역 생태계 확충을 제시한다. 7장에서는 이상의 발전 모델을 실현하도록 재정비된 정부의 산업·고용 정책과 중층적 거버넌스를 제시하고자 한다.

1장

소프트웨어 역량 강화와 인적자원관리

　현대차그룹은 미래차 전환의 최전선에 위치해 있다. 현대차는 레거시업체 중에서 미래차 분야의 선두가 되는 것을 목표로 한다. 그렇다고 해서 과거 내연차 분야에서 확고한 지위를 구축했던 포드나 토요타처럼 따라잡아야 할 명확한 대상이 있는 것은 아니다. 테슬라가 미래차 분야의 선두업체이긴 하지만, 첨단기술을 투명하게 공개하지 않는다. SW는 리버스 엔지니어링을 통해 파악하기도 힘들다. 설사 테슬라를 벤치마킹하는 데 성공한다고 해도, 그것이 SDV의 표준이 된다는 보장은 없다. OS, 배터리, 충전 방식 등 중요 분야에서 아직 표준이 결정되지 않았기 때문이다. 결국 고객의 욕구를 가장 신속하고 안전하게 기술적으로 실현하는 기업이 성공할 것이다. 주요 자동차 업체들은 미래차 분야의 '가지 않은 길'을 성공적으로 가기 위해 치열한 암중모색과 시행착오를 거듭하고 있다. 현대차는 전혀 가 보지 않은 '또 다른' 추격에 나서고 있다.

1. 미래차 기술혁신

미래차 전환에서 기술혁신의 최대 과제는 내연차 연구개발 조직의 장점을 계승하면서, SW 개발역량을 강화하는 것이라고 할 수 있다. 제품이 통합적 아키텍처의 성격을 벗어나지 않는다고 하더라도 오픈 아키텍처의 성격이 커지기 때문에, 모듈 부품의 통합이 용이한 '통합형 모듈러 아키텍처'(IMA) 개발 체제로의 전환을 수행할 필요가 있다.

현대차는 지속적인 R&D 투자를 통해 전기차 하드웨어 경쟁력을 강화하고 있으며, EGMP 플랫폼 효율성과 확장성을 높이면서 구글의 안드로이드 차량용 OS를 응용한 Pleos가 장착된 SDV를 개발하고 있다. 전고체 배터리, 차세대 모터기술 개발로 전기차 하드웨어 분야에서 글로벌 선도 기업의 지위를 유지할 가능성이 높지만, 테슬라의 지속적 혁신과 중국 업체들의 급격한 성장에 대응하기 위해서는 단절적 기술혁신을 통해 SDV 전환을 가속화하는 것이 필요하다.

2. 우수인력 신규 확보와 인적자원관리

테슬라가 급속히 성장하면서도 최첨단의 기술 우위를 유지해 온 비결은 무엇보다 우수 인력을 확보한 데 있다. 실리콘 밸리의 우수 인재들을 대량으로 스카웃하고 이들이 수행하는 연구개발에 대해 막대한 투자를 아끼지 않았다. 테슬라는 우수 인력을 효율적으로 활용하여 미래차 분야 게임 체인저로서의 선도적 역할을 수행하고 있다.

현대차도 SDV 차량 개발에 필요한 우수 인력을 확보하는 데 미래차 전환의 성패가 달려 있음을 인식하고 있다. 현대차가 내연차 분야에서 글로벌 3위의 위상을 확보했음에도 불구하고, 미래차 개발 인력을 충분히 확보하고 있다고 보긴 아직 어려운 것이 사실이다.

　연구개발은 경쟁력 있는 하드웨어 제품을 효율적으로 개발하는 것뿐 아니라, 디자인 및 SW 개발의 비중 향상도 포함한다. 이러한 제품 개발 체제로 전환하기 위해서는 인력의 SW 역량을 높일 필요가 있다. 기계공학뿐 아니라 전기전자, ICT 분야의 엔지니어 양성 및 재훈련을 적극적으로 수행할 필요가 있는 것이다. 지금부터는 현대차가 SDV로의 전환에 필요한 우수 인력을 어떻게 확보하고 있는지 차례로 살펴보면서, 인적자원관리의 혁신 방안을 제시해 보기로 하자.

　한국에는 실리콘 밸리와 같은 우수 인력의 노동시장이 충분히 발전되어 있지 않다. 주요 대기업들은 여전히 타사로의 이동이 자유롭지 않았기 때문에, 내부 노동시장 중심으로 인적자원을 관리해 왔다. 최근 조금씩 변화되고는 있지만, 경력을 쌓은 후 보다 나은 대우를 받기 위해 타사로 전직하기 쉬울 만큼 노동시장의 이동성이 높은 것은 아니다. 요컨대, 미래차 전환과 관련된 우수 인력의 노동시장 규모가 아직 작고 이동성이 높지도 않다. 설사 이들 우수 인력을 파격적 조건으로 유치하는 데 성공하더라도, 이들에 대해 남양연구소의 기존 연구인력이 느끼는 위화감을 어떻게 해소할 것인가도 쉽지 않은 과제이다.

　SDV를 개발하는 신사업 분야 인력은 기존의 내연차 인력과는 상이한 전공 분야에서 교육을 받고 경력을 쌓다가 현대차그룹으로 영입된 인재들이다. 필자와의 면담에서 이들은 현대차의 관료주의와 경직성에 충격을 받았다고 한다. 결재권자에게 의견을 물어 결재를 받는 관료주의적 '품의' 방식이나 이메일 등의 비효율적 소통 방식이 "구렸다"고 한다. 상이한 조직문화에 적응이 쉽지 않은 것을 알 수 있다.

　국내 우수인력을 확보하는 데 있어 가장 우선적 과제는 이들이 업무 자체에서 재미와 보람을 느끼도록 근무 분위기를 마련하는 것이다. 우수 인력을 확보하여 의욕 넘치게 일할 수 있도록 하기 위해 좀 더 구체적으로 제안하면 다음과 같다.

1) 공정한 평가 시스템 마련

첫째, 신세대는 합리적이기 때문에, 이들의 역량 향상이나 성과에 대한 평가를 경제적 보상이나 승진으로 연계할 필요가 있다. 그러기 위해서는 공정한 평가 시스템이 정착되어야 한다. 예전에 비해서 공정성이 진전되긴 했지만, 아직도 상사의 주관적 평가나 승진 대상자 우선 배려 등의 비합리적 요소가 남아 있다. 승진 체계의 엄격한 설계와 운영을 통해 구성원들의 노력이 합리적으로 반영되는 것이 바람직하다.

이와 관련하여 미국식 빈번한 이직과 전통적인 중국식 장기 고용의 중간 형태를 보이고 있는 BYD, 샤오펑, 니오 등 중국 전기차업체들의 고용 관행에 주목할 필요가 있다. 이들 업체는 스톡옵션, 장기근속 인센티브 등을 제공하면서 우수 인력을 확보하고 있고, 유연한 근무 환경과 가족 복지 등을 제공하고 있다. 비전을 공유하고 의사결정에 참여시키는 등 소속감을 높이고, 사내 MBA, 해외 기술연수 등 지속적 학습을 지원한다.

최근 현대차도 우수 인력을 확보하기 위한 인적자원관리에서 일정한 성과를 거두고 있다. 지난 3년간 R&D 분야의 핵심 인재 유지율이 85% 이상이고, 애플, 구글 등 글로벌 기업 출신의 해외 인재도 50여 명을 영입했다. 하지만, 기존의 조직문화 관성이 작용하는 가운데, 일정한 한계를 보이고 있다. 수직적 조직문화나 부서 간 장벽이 유지되고 있는 것이다. 네이버, 카카오 등 ICT 기업과의 인재확보 경쟁에서 열세를 보이고 있으며, 영입한 글로벌 인재의 3년 내 이직률은 35%에 달한다. 내부 승진이나 경력 개발에서 기성세대에 대한 불만도 상당하다(Claude 3.7 Sonnet Thinking, 2025).

2) 적절한 인센티브를 통한 합리적 보상

둘째, 급여나 승진제도를 재편 시 개인별, 팀별 성과를 인정하고 보상하는 시스템을 마련함으로써, 엔지니어들이 자신의 노력이 평가받고 있음을 느끼게 한다. 프로젝트 목표 달성 시 추가 인센티브를 제공하여, 엔지니어들이 목표 달성을 위해 더욱 노력하도록 유도한다. 그럼에도 불구하고, 사내 기존 인력과의 형평성을 고려하여 심각한 위화감을 초래하지 않도록 통합적 인사관리 시스템을 설계할 필요가 있다.

3) MZ세대의 수평적 의사소통 활성화

셋째, 이들의 신세대적 특징을 고려하여 수평적이고 효율적인 의사소통 방식이나 분위기를 마련할 필요가 있다. 엔지니어들에게 자율성을 부여하고, 자신의 방식으로 문제를 해결할 수 있는 환경을 조성하여 창의성을 발휘하도록 한다. 또한 프로젝트의 주요 결정 과정에 참여하도록 하여, 자신들의 의견이 존중받고 있다는 느낌을 받게 한다. "고연봉만으로 인재를 유치할 수 있다는 생각은 너무 단편적입니다. 오히려 연봉이 어느 정도 경쟁적 수준이라면, 이와 더불어 좋은 조직문화와 직원의 가치관을 반영해 주는 직장 환경이 인재를 유치하는 데 중요하게 작용합니다. 이러한 현상들은 최근 '직원 경험'(Employee Experience: EX)이라는 개념으로 설명되며 기업 현장에서 다양한 모습으로 구체화되고 있습니다"(Workday, 2024). 최근 현대차가 추진하고 있는 복장 자율화, 타운 홀 미팅 등 자유로운 분위기를 마련하기 위한 노력은 긍정적으로 평가할 수 있다. 좋은 아이디어가 있을 때, 한시적으로 사내 벤처를 꾸려 운영하도록 하는 것도 좋은 방법이다.

3. 회사 내부의 재직자 직무전환 교육

3부 2장에서는 미래차 전환을 위한 현대차 재직자의 리스킬링 교육이 어떻게 이루어지고 있는지를 살펴본 바 있다. 미래차 분야의 수요가 공급을 초과하고 있기 때문에, 외부로부터의 우수인력 채용뿐 아니라, 재직자들의 직무전환 교육을 통해서도 신사업 분야의 부족 인력을 충원하고 있는 것이다. 이들은 디지털 전환(DX)을 위한 리스킬링 교육을 통해 미래차 관련 업무를 담당하는 연구 인력으로 전환되고 있다. 직무전환 교육은 해당 인력이 자신의 '성장 계획'을 세워서 교육훈련을 수행하는 '자기 주도형 성장 제도'와 연계 운영되고 있다. 구체적 교육 내용은 본부, 센터, 실·팀별 여건에 맞게 자율적으로 적용된다. 해당 인력의 교육훈련 이수는 비공식적으로 승진이나 급여에 반영되고 있다.

장기적 관점에서 보면, 자기 주도형 성장 제도가 좀 더 교육 대상자의 특성을 고려하여 맞춤식으로 설계, 운영되어야 할 뿐 아니라, 이들의 동기부여를 위해 승진이나 급여 시스템과의 연계를 강화할 필요가 있다. 또한 이들의 직무 능력이나 성과를 합리적으로 평가하는 인증 제도를 마련할 필요가 있다. 사내에서 이들의 업무 능력이 발전하고 훌륭한 성과를 내는 것을 객관적 지표로 확인할 수 있을 뿐 아니라, 이들이 다른 기업으로 전직했다가 되돌아올 때도 객관적으로 경력을 입증할 수 있도록 배려해야 하는 것이다. 이를 위해서는 동일 산업 내에서 기업 간 이동이 원활하도록 개별 기업의 차원을 넘어서는 핵심 기술의 표준화와 인증 제도가 도입될 필요가 있다. 이러한 내용은 2024년부터 시행되고 있는 정부의 미래차 특별법인 "미래자동차부품산업법"에도 포함되어 있다. 특별법이 원활히 시행되기 위해서는 SW개발협회, 자동차산업협회, 산업인력공단 등과의 협력도 확대해야 한다.

4. 현대차 '도전적 실행'의 계승과 혁신

현대차 조직문화의 전통은 '도전적 실행'이다. 전후에 철판을 두드려 자동차를 만들던 회사가 EV 9, 아이오닉9 등 최첨단 전기차를 개발하여 세계 주요 모터쇼의 수상을 휩쓰는 선두업체로 부상하기까지는 숱한 현대맨들의 유·무형의 헌신과 시행착오가 있었던 것이 사실이다. 미래차로의 전환을 계기로 현대차그룹은 과거 조직문화의 장점을 계승하면서도 새로운 자질과 능력을 요구받는 혁신의 과제에 직면해 있다. 이를 위해서는 첨단기술을 개발하기 위한 보다 많은 연구개발 투자가 요구될 뿐 아니라, 신사업 분야의 우수 인력과 기존 재직자들이 인적자원관리의 재편을 통해 화학적 통합을 실현할 필요가 있다. 경험이 풍부한 선배 엔지니어와의 멘토링 프로그램을 통해 지식과 경험을 공유하도록 한다. 즉, 미래차 전환을 위한 기술 개발에 필수적인 신사업 인력을 충원하더라도, 기존 기계공학 전공 엔지니어들이 그들의 풍부한 경험을 활용할 수 있도록 재교육하여 신규 인력과의 시너지를 낼 필요가 있다.

요컨대, 현대차그룹에는 우수 인력의 신규 채용뿐 아니라, 직군·세대별 특성을 고려한 통합적 인적자원관리가 요구된다. '평생직장'에 대한 소속감과 유대감을 열린 노동시장의 조건에서 적극적으로 능력을 발휘하는 인적자원관리로 전환해야 하는 것이다. 표 4-1-1은 이 장의 내용을 정리한 것이다.

표 4-1-1 현대차그룹의 미래차 기술혁신과 인적자원관리 혁신 방안

	현황	혁신 과제
기술혁신	• 전기차 하드웨어 선두 그룹 • EGMP 플랫폼 개발, 상용화	• 통합형 모듈러 아키텍처 개발 • SW 역량 강화
국내 우수인력 확보	• 노동시장의 이동성 증가 • 재직자들의 직무전환 교육, 동기 부족	• 신규 인력과 기존 인력의 화학적 통합 • 직무능력인증제도
인적자원관리	• 평생직장의 소속감과 유대감 약화	• 자발적 동기부여와 능력 발휘

2장

스마트 팩토리와 숙련노동의 활용

미래차로의 전환은 첨단 제품기술뿐 아니라 그에 상응하는 생산기술을 필요로 한다. 친환경차를 효율적으로 대량생산하면서도 품질 수준을 높게 유지해야 하기 때문이다. 3부 4장에서 미래차로의 전환이 생산기술에서도 급진적 변화를 초래할 것인지를 둘러싼 '미러링' 논쟁을 소개한 바 있다. 잠정적 결론은 아직 배터리나 PE 모듈 등 제품 기술의 안정성이 충분하지 않은 상태에서, 생산방식의 급진적 변화를 추구할 수는 없다는 것이다. 인간을 안전하게 이동시키는 것이 자동차 제품의 가장 중요한 가치이기 때문에 새로운 기술을 적용하기가 조심스러운 것이다. 그럼에도 불구하고, 생산기술에도 AI가 적용됨에 따라 업무의 성격이 점진적으로 변화되고 있다. 미래차 전환에 따라 현대차의 스마트 팩토리는 어떻게 실현되는 것이 바람직할까?

1. 자동화와 숙련노동의 공존

파이퍼(Peiffer, 2016)는 인간의 노동을 대체하는 자동화가 진전될수록 일자리의 숫자는 줄어들지 몰라도 숙련노동자의 역할은 더욱 중요해진다고 주장한다. 첨단기술과 이를 담당하는 고급 인력만으로는 제조업의 발전이 지속적으로 이루어질 수 없다. 생산 현장의 예측 불가능성, 유연성, 변화 가능성 등에 대응하기 위해서는 인간의 암묵지와 지적 능력이 여전히 요구된다는 것

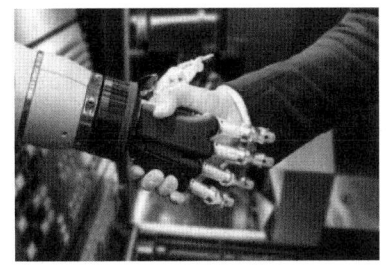

그림 4-2-1 첨단 생산기술과 숙련노동의 공존

이다. 자동화율이 높아질수록 역설적으로 모니터링, 응급조치, 유지 보전 등에서 생산 담당자들의 대응 능력은 더욱 중요해진다고 강조한다(그림 4-2-1).

한국 자동차산업의 현 단계는 미래차 전환기로 규정할 수 있다. 기술혁신에서는 선두 그룹에 진입했지만, 조직문화에서는 그간의 경로 의존성으로 인해 생산 엔지니어링의 과잉과 작업자의 저숙련이 특징이라고 할 수 있다. 현대차가 진정한 일류가 되기 위해서는 생산 엔지니어들의 엔지니어링, 그리고 이를 뒷받침하는 생산 현장의 고숙련이 적절한 분업 속에서 효율적으로 작동하는 스마트 팩토리를 실현할 필요가 있다.

현대차의 기술중심적 경로 의존성을 갑자기 변경하기란 쉽지 않은 것이 현실이다. 지난 50년간 압축 성장과 대립적 노사관계라는 조건 아래 생산 엔지니어의 주도적 역할과 숙련노동자들의 보조적 역할이 경로 의존성을 보여왔다. 하지만, 현시점에서는 현대차의 기술중심적 생산방식이 미래차로의 전환에 장애물로 작용하고 있는 것이 사실이다. 첨단 생산기술의 적용이 진전되더라도 이에 대응할 수 있는 작업자들의 숙련과 대응 능력은 여전히 중요하다. 해당 공정에서 발생하는 문제를 작업자가 신속히 해결하지 못할 경우 생산 차질은 훨씬 더 커질 수 있다.

현대차가 미래차 전환에 성공하기 위해서는, 엔지니어와 숙련노동자 간의 보다 긴밀한 소통과 협력이 요구된다. 로봇이나 자동화 기계의 성능이 향상되면서 단순 반복적 일자리의 감소는 불가피하겠지만, 유연하고 섬세한 상

호작용이 필요한 분야에서 숙련노동자의 역할은 더욱 중요해진다. 엔지니어들이 자동화 설비의 설치와 작동을 담당하더라도, 생산 현장의 일상적 모니터링과 응급조치, 개선 활동까지 엔지니어들이 담당하기란 불가능하기 때문이다. 생산 현장의 데이터 베이스들이 축적되고 AI 프로그램의 활용이 진전됨에 따라, 직무전환 교육을 통해 엔지니어들과 생산 현장 노동자들의 효율적 협업이 이루어지도록 할 필요가 있다.

아세모글루는 디지털 기술이 사람의 노동을 일방적으로 대체하는 것이 아니라 다음과 같은 방식으로 보완할 수 있다고 주장한다. 첫째, 의사결정에 더 신뢰할 만하고 양질의 정보를 제공함으로써, 현재의 일자리에서 노동자들의 생산성을 향상시킬 수 있다. 둘째, AI의 도움으로 인간의 역량을 강화해 주는 새로운 업무와 일자리를 창출할 수 있다(아세모글루, 2023).

2. 생산 엔지니어의 선순환

미래차 전환 과정에서 자동차산업이 지속적으로 발전하기 위해서는 집약적 연구개발뿐 아니라 엔지니어링, 제조 역량도 중요하다. 고객의 요구를 신속하게 반영할 수 있도록 생산 유연성을 높이기 위해서는 스마트 팩토리, 더 나아가서는 디지털 트윈을 적극적으로 추진할 필요가 있다.

생산 엔지니어는 생산 설비를 설치하고 시운전하는 '생산기술' 엔지니어와 생산 현장에서 작업자 배치 등 생산 준비와 개선을 담당하는 '공정기술' 엔지니어로 구성된다. 스마트 팩토리에서는 생산 기술과 운영에 관련된 빅데이터가 확보된 상태에서 AI가 생산 설비의 설치와 운영에 활용되는 정도가 높아질 것으로 예상된다. 생산 엔지니어의 업무에서 AI를 어떻게 활용하는가가 중요한 비중을 차지하게 될 것이다.

현대차의 생산 엔지니어링은 생산기술과 공정기술, 두 집단 간의 분업으로 이루어지고 있으며, 상호 인사교류는 거의 단절된 상태이다. 생산 엔지니어링이 효율적으로 추진되기 위해서는 두 집단이 서로의 업무를 잘 이해할 필요가 있다. 생산기술 엔지니어가 생산 현장의 실태를 좀 더 잘 파악하는 것이 적정 수준의 생산기술을 실현하는 데 도움이 된다. 또한 공정기술 엔지니어가 새롭게 적용되는 로봇 등 자동화 생산기술을 잘 이해해야 생산 현장에서 이를 활용하고 개선하는 능력을 높일 수 있다. 이를 위해서는 두 집단 간의 상호 파견이나 인사 교류를 활성화하는 통합적 인사관리로 전환해야 한다.

3. 현장감독자들의 권한 강화

스마트 팩토리의 원활한 운영과 신속한 유지보수를 위해서는 생산기술 엔지니어링, 숙련노동자의 직무능력 향상을 위한 교육과 현장감독자의 권한 강화, 직급 상승이 가능한 제도적 장치를 마련할 필요가 있다.

현장감독자들은 그룹장(=반장), 파트장(=조장)을 지칭한다. 이들은 생산직 노동자 출신으로서 각기 20여 명(반), 7~8명(조)의 작업자들로 구성된 작업조직을 관리하고 있다. 미래차 전환이 성공적으로 이루어지기 위해서는 이들 현장감독자의 자율성이 일정하게 보장되고 전문성이 강화될 필요가 있다. 특히 데이터의 입력과 AI 활용능력을 높이는 방향으로 직무 재훈련이 이루어져야 한다.

특히 공정기술 엔지니어들이 담당하고 있는 작업자 인원 배치를 위한 맨아워 산정 작업에서 현장감독자들의 몫이 보다 커져야 한다. 또한 작업자들에 대한 인사관리에서도 현장감독자들의 권한을 강화하여 자신들의 업무에 자부심과 보람을 느낄 수 있도록 해야 한다. 그러기 위해서는 현장감독자들의 사기를 저하시키는, 노조 대의원들의 과도한 생산현장 개입은 조정될 필요가 있다.

4. 숙련노동자들의 업그레이드

자동화가 진전될수록 핵심 공정이나 기능을 담당하는 작업자들의 숙련은 더욱 중요해진다. 현대차는 마이스터고 출신 인력을 특별 채용하여 금형, 보전 등 핵심 공정의 숙련노동자를 양성해 왔는데, 이 프로그램은 2026년에 완료된다. 하지만, 미래차 전환에 따라 금형, 갭단차, 품질관리, 보전, 전자보전 등 핵심 공정과 기능의 숙련 수요는 향후에 더욱 커진다. 이에 대응하려면 숙련노동자의 충원과 양성을 위한 후속 프로그램을 조속히 마련할 필요가 있다. 또한 무형의 노하우를 형식지화해서 전승하기 위한 'H라이브러리' 프로젝트도 인센티브를 제도화하여 활성화할 필요가 있다. 장기적으로는 생산직 노동자의 숙련 형성을 촉진하기 위해 직무급 또는 숙련급으로의 임금체계 전환을 추진할 필요가 있다. 일반 노동자들의 근로 의욕을 높이기 위해 직무 로테이션을 체계적으로 진행하고, 노동과정 개선에도 참여할 수 있도록 인센티브를 확대해야 한다.

미래차 전환을 성공적으로 이행하기 위해서는 기존의 숙련 절약적 생산방식을 혁신할 필요가 있다. 노동자들이 자신의 지적 능력을 적극적으로 발휘하는 참여와 개선 없이는 최고 품질의 고부가가치 차량을 만들 수 없기 때문이다. 특히 자동화의 진전에도 불구하고 노동자들의 숙련이 요구되는 금형, 품질관리, 보전, 전자보전 등의 간접 노동 분야에 대해서는 집중적 교육훈련과 차별적 보상체계가 필요하다. 연공급을 기본으로 하더라도 다른 부서에 비해 보다 전문성이 요구되는 직무를 담당하는 작업자들에 대해서는 일정한 인센티브를 제공하는 것이 합리적이다.

5. 숙련 형성 임금체계 개편

미래차 전환과 관련하여 짚고 넘어가야 할 노사관계의 문제는 현대차 노사가 모두 숙련 형성에 관심이 없다는 사실이다. 앞에서도 강조한 것처럼, 자동화가 진전될수록 핵심 공정이나 기능을 담당하는 작업자들의 숙련은 오히려 중요해진다. 그러나 현대차 노사는 숙련 절약적 생산방식을 형성, 발전시켜 왔다. 회사는 노동자들의 적극적 참여와 개선을 기대할 수 없는 상태에서 자동화를 적극적으로 추진했다. 강력한 노조가 존재하는 상태에서는 노동자들의 개입 여지를 최소화하면서 높은 생산성과 품질을 실현해야 했기 때문이다. 다른 한편, 노조는 조합원들의 획일적 연공급을 고수해 왔다. 연공급이란 같은 근속연수의 노동자는 개인적 능력이나 성과의 차이와 상관없이 동일한 임금을 받는 것이다. 노동자들 간에 임금 차이가 발생할 경우, 노조의 단결력이 약화될 것을 우려했기 때문이다. 연공급을 기본으로 하더라도 다른 부서에 비해 보다 전문성이 요구되는 직무를 담당하는 작업자들에게는 일정한 인센티브를 제공하는 것이 합리적이다.

장기적으로는 생산직 노동자의 숙련 형성을 촉진하기 위해 직무급 또는 숙련급으로의 임금체계 재편을 추진할 필요가 있다. 조합원들의 숙련이 높아져야 노조의 발언권도 강화된다. 숙련이 뒷받침되지 않고 노조의 조직력만으로 고용안정을 실현하는 데는 한계가 있다. 또한 일반 노동자들의 근로의욕을 높이기 위해 직무 로테이션을 체계적으로 진행하고, 노동과정 개선에도 참여할 수 있도록 인센티브를 확대해야 한다. 임금체계 재편에 대한 노조의 전향적 태도가 필요하다. 또한 연구직, 관리직(=일반직)의 경우 현대차의 고유한 특징인 연공급을 근간으로 하더라도, 공정한 평가제도를 전제로 개인의 창의력과 참여를 촉진하는 방향으로 임금체계를 재편해야 한다.

고용주들이 고임금을 주게 된 노동자들의 생산성을 높이기 위한 기술적 재조정이나 노동자의 재훈련을 위한 투자를 해야 한다. 테크놀로지의 방향을 다시 잡고, 기업이 노동자를 소중한 자원으로 여기게 하는 것이 핵심적으로 중요하다. 테크놀로지의 경로는 아직 고정되지 않았다(아세모글루, 2023).

3장

미래협약과 노사관계 혁신

　미래차 전환으로 인력의 중요성이 더욱 커짐에 따라 노사관계의 혁신도 중요해진다. 조합원을 구성하는 생산직, 연구·일반직, 판매·정비직 등 각 직군의 특성을 살려서 그들의 숙련을 적절하게 반영하는 인적자원관리 방안을 노사 합의로 어떻게 마련할 것인가가 향후 과제라고 할 수 있다. 기업 간 격차 확대를 완화할 수 있는 산별노조 차원의 방안을 마련하는 것도 근본적 과제이다.

　생산 현장의 인력도 노사관계 혁신에 협력할 필요가 있다. 자동화나 정보시스템이 진전될수록 생산직도 직무전환 교육에 적극적으로 참여하는 것이 요구되기 때문이다. 지속 가능한 산업의 미래를 위한 노사 협약과 이를 뒷받침하는 참여적 노사관계로의 혁신이 필요하다. 또한 노동력의 기업 간 이동과 직업훈련을 지원하는 산업 차원의 전환 협약, 기업 간 격차를 줄이기 위한 사회연대 전략 등이 추진될 필요가 있다.

1. 노사 미래협약

　노조도 미래차 전환에 따른 능동적 대응의 필요성에 대해서는 인정하고 있는 듯하다. 현대차 노사는 2020년부터 미래변화대응 TFT를 구성하여 전기차 전환이 순조롭게 이루어지도록 노력하고 있다. 현대차 노사는 2020년에 미래차 전환에 공동으로 대응하기 위한 미래협약을 발표했다(표 4-3-1). 이는 노사가 미래변화대응 TFT를 구성하고 해당 분야 전문가들의 자문을 받아 진지한 토론을 통해 합의한 것으로서, 의미 있는 성과라 할 수 있다.

　2020년 이후 노사 합의를 통해 발표된 미래협약의 주요 내용을 보면, 첫째, 노사가 국내 공장의 미래 경쟁력 확보 및 재직자 고용안정을 위해 함께 노력할 것을 합의했다. 미래차로의 전환 과정에서 회사의 경쟁력을 확보하기 위해 노사가 협력하고, 이와 관련하여 재직자의 고용이 위협받지 않도록 노력한다는 것이다. 둘째, 미래차 전환에 대응하기 위한 직무전환 교육 프로

표 4-3-1 현대자동차 노사 미래협약

- **노사 공동발전 노사관계 변화를 위한 사회적 선언(2020년)**
  - 국내공장 미래 경쟁력 확보 및 재직자 고용안정
  - 전동차 확대 등 미래 자동차산업 변화 대응 관련
  - 미래 산업변화에 대비하기 위한 직무전환 프로그램 운영
  - 고객 및 국민과 함께하는 노사관계 실현
  - 자동차산업 위기 극복을 위한 부품협력사 상생 지원

- **산업전환 대응 관련 미래특별협약(2021년)**
  - 미래 산업변화에 따른 고용안정 및 국내투자 확대
  - 산업변화 대비를 위한 직무전환 교육
  - 임금제도 개선 안전투자 확대 및 중대재해 예방활동 강화
  - 부품협력사 상생지원을 통한 자동차산업 미래 경쟁력 확보

- **노사 미래 동반성장을 위한 특별 협약(2023년)**
  - 미래 산업변화에 따른 신사업 및 전동화 부품 국내투자 확대
  - 국내 전기차 신공장 건설 관련
  - 미래 산업변화에 대응한 고용안정 방안

자료: 현대자동차(2023).

그램을 운영하기로 합의했다. 미래차 전환에 따른 고용 수요가 변화되면 발생할 특정 분야의 잉여 인력을 직무전환 교육을 통해 배치 전환하겠다는 것이다.

현대차 노사의 미래협약은 해를 거듭할수록 구체화되고 있다. 2023년에 작성된 미래협약에서는 잉여 인력의 배치 전환에서 연령별 쿼터를 설정한 것이 주목된다(현대차 노사, 신공장 배치전환 관련 별도 회의록, 2023). 이는 전용 공장의 연령별 균형(만 39세 이하: 30%, 만 40~59세: 40%, 만 50세 이상: 30%)을 고려한 조항인 듯하다. 기존 단체협약의 연공서열 원칙에 따라 고령자들이 우선 배려될 경우, 저연령자들이 받을 피해를 줄이기 위한 안전장치를 노사 공동으로 마련한 것이다. 미래차 전환에 합리적으로 대응하기 위해 기존의 연공서열이라는 관행을 수정하는 데 노사가 합의한 것이 주목된다.

흥미로운 것은 보전, 품질관리 등 전문성이 요구되는 일부 분야를 제외하고는 현대차 생산직의 직무전환 교육에 많은 시간이 필요하지 않다는 것이다. 예컨대, 파워트레인 분야에서 전기차 등 완성차 조립 분야로 배치 전환하는 경우 교육 기간은 5일 정도이다. 여기서도 작업자에게 고도의 숙련을 요구하지 않는 현대차 생산방식의 특징을 확인할 수 있다. 노사 간의 미래협약에 의해 진행되기 때문에, 배치 전환의 과정은 순조롭게 진행될 것으로 전망된다.

2. 노사관계의 현실

그러나 이와 같은 미래협약이 제대로 실현되기 위해서는 현대차 노사관계 현실에 대한 근본적 재검토와 대안 제시가 필요하다. 미래차로의 성공적 전환을 위해서는 불신과 대립을 지속해 온 노사관계의 혁신이 전제되어야 하는 것이다.

회사는 노조에 대해 '소극적 수용'의 태도를 견지해 왔다. 1987년 이후 노조의 현실적 존재와 영향력을 부정할 수 없게 되었기 때문에, 사실상의 파트너로서 인정해 온 것이다. 그러나 회사가 노사관계에 대해 긍정적 비전을 제시한 적은 거의 없었다. 회사로서는 생산 차질을 피해야 하기 때문에 노조 대의원, 활동가들을 개별적으로 관리하는 노무관리를 해 왔지만, 이를 넘어 노사관계의 비전을 제시하고 노조를 회사 발전의 파트너로 포용하기 위한 노력을 적극적으로 기울이지 않았다. 지난 수십 년간 선진국 추격의 과정에서 현대차 노사의 적대적 '공생'이 지속되었다고 할 수 있다. 현대차가 향후 미래차 이행에 성공하기 위해서는 노사관계에 대한 근본적 성찰과 대안 제시가 필요하다. 미래협약이 제대로 실현되려면 노사관계의 혁신이 요구되는 것이다.

완성차업체가 정규직 노동자들의 임금을 인상하는 대신, 다른 비용을 절감하기 위해 촉탁 노동자 고용을 확대하고 부품업체 외주화를 확대하는 악순환의 구조는 어떻게 변화될 수 있을까? 이러한 악순환의 구조를 변화시키기 위해서는 기업별 노사관계의 혁신뿐 아니라, 산별, 국민경제 차원의 노사정 협력 등 다차원적 노력이 진행될 필요가 있다. 이를 차례대로 검토해 보기로 하자.

3. 완성차업체 노사관계의 혁신

현대차 노사관계의 혁신이 우선적으로 요구된다. 현대차 정규직 노조는 회사에 대한 조직력 행사를 통해 임금을 인상하면서, 촉탁 노동자, 부품업체 노동자와의 임금 격차가 확대되는 것을 외면했다. 자신들이 노동자 전체의 임금 인상을 선도하면 다른 노동자들의 임금도 따라서 인상될 것이라는 근거 없는 '낙수 효과'에 의존하면서 임금 인상의 부담이 다른 부분으로 전가된다는 것을 인정하지 않았다.

산별 노조가 존재함에도 불구하고 임금교섭 권한이 기업별 노조에 있는 현실에서, 현대차 노조가 임금을 인상할수록 부품업체와의 임금 격차는 더욱 확대되어 왔다. 회사로서는 노무비 인상을 재료비(부품 단가) 절감으로 상쇄하려 했기 때문이다. 이는 현대차의 회계·감사 보고서에 대한 경영분석을 통해 경험적으로 확인된다(Jo, Jeong and Kim, 2023: 109). 미래차 전환과 관련해서는 현대차 노사가 협력하여 자동차산업 노동자들 간의 임금 격차를 줄이기 위해 노력할 필요가 있다. 이를 위해서는 대기업 노조가 자신들의 임금과 다른 노동자들의 임금이 연동되어 있음을 인정하는 태도가 요구된다.

우선, 현대차 노조는 사내하청의 정규직화 이후 증가하고 있는 촉탁 고용의 정상화를 위해 노력해야 한다. 정규직의 특별한 사정이 있을 때만 촉탁을 한시적으로 고용한다는 원칙을 확인하고, 대의원들이 힘들고 어려운 직무에 촉탁 투입을 허용하는 데 동의하지 않아야 한다. 또한 촉탁들이 한시적으로 고용되고 스스로 노조를 조직할 수 없는 조건에 있음을 감안하여, 이들의 시급을 정규직보다 더 높게 올릴 것을 요구해야 한다.

또한 현대차 노조가 정규직 노동자들의 임금 인상을 자제한다면, 그만큼의 절감된 비용을 부품업체의 도급단가 인상으로 전환하는 것이 가능하리라 예상된다. 노조의 이러한 입장 변화가 이루어진다면, 회사가 이에 호응하여 도급 단가를 인상할 뿐 아니라 추가 기금을 조성하는 데도 협력할 가능성이 있다(면담 정리, 2024). 달리 말하면, 기업 간 임금격차 축소를 위한 가칭 '연대기금'의 조성을 노사 합의로 추진할 수 있는 여지가 존재하는 것이다.

노사관계의 이와 같은 혁신이 불가능한 것처럼 보이지만, 전혀 그런 것만도 아니다. 2013년 노사 합의로 주간 연속 2교대 전환이 실현되면서 근로시간 단축과 생산성 향상의 빅딜이 이루어졌던 것을 감안하면, 미래차 전환을 계기로 노사 간의 공감대 형성을 통해 불신이 해소될 경우 연대기금 조성이 실현될 가능성도 충분히 존재한다고 볼 수 있다.

4. 지속 가능한 노동운동의 모색

미래차 전환과 관련하여, 현대차 노조는 신규 채용을 확대해 노동운동의 지속 가능성을 확보할 필요가 있다. 베이비 부머들이 대량으로 퇴직하고 있는 데 비해, 신규 채용은 거의 이루어지지 않고 있다. 이는 미래차 전환에 따라 자동차산업의 가치사슬이 근본적으로 재편되는 추세와 연관된 것이다. 자동차산업의 가치사슬에서 생산이 차지하는 비중이 축소되고, 신차 개발, 소재·부품의 업스트림과 판매·영업, 정비·AS의 다운스트림은 확대된다. 하지만, 가치사슬의 재편에 따라 해당 분야의 비중이 변화하더라도, 그에 따른 고용의 감소가 자동적으로 이루어지는 것은 아니다. 예컨대, 자동화에 따라 생산직 노동자의 일자리가 감소한다고 하더라도 임금 피크제를 도입해 임금 비용을 늘리지 않으면서, 고용정책에 따라 일자리를 증가시킬 수 있다. 현대차는 현재 임금 피크제를 시행하고 있다. 59세에 임금을 동결한 후, 정년인 60세에 90%를 받고 있다. 임금 피크제를 좀 더 확대하여 신규 채용의 기회를 확대할 수는 없는 것일까? 지금까지 현대차 노조는 정년 연장을 요구하면서 재직자의 일자리 확보에만 집중해 왔을 뿐, 신규 채용을 요구하여 다음 세대 노동자들의 일자리를 확대하는 데는 소극적 태도를 보여 왔다. 대기업 노조가 집단 이기주의로 비판받는 것은 이런 맥락에서이다. 미래차 전환을 계기로 미래 세대의 신규 채용을 위한 노조의 적극적인 고민과 태도 전환을 기대한다.

또한 생산 현장에서 노동자들의 작업조직 참여와 개선 활동을 활성화하기 위해서는 노조 활동을 이원화하는 것도 고려해 볼 필요가 있다. 노조 집행부는 임금 인상, 미래협약 등 기업 수준의 업무에 종사하고, 개별 부서의 대의원, 소위원은 작업 편성, 개선 활동 등 사업장 수준의 업무에 보다 적극적으로 참여하는 쪽으로 노조 활동을 이원화하여 운영할 수는 없을까? 물론, 노조 활동의 이원적 분업이 생산 현장에서 대의원, 소위원들과 관리자의 '담합'

을 조장하는 것으로 변질되어서는 안 될 것이다. 이와 관련하여 독일의 금속노조·노동자평의회(Works Council) 간의 이원적 구조를 참고할 필요가 있다(https://en.wikipedia.org/wiki/Volkswagen_and_unions).

몇몇 의사결정은 사업장 수준에서, 또 몇몇 의사결정은 산별 수준에서 이루어지는 다층적 구조를 만드는 것이다. 사업장의 노동위원회는 현장 단위의 조정과 소통을 통해 테크놀로지 도입과 교육훈련 등의 의사결정에서 목소리를 낼 수 있고, 산별 노조는 임금 협상에 집중할 수 있다(아세모글루, 2023).

5. 금속노조의 산업전환 협약

셋째, 산별 차원에서 노동시장의 분절을 해소하기 위한 노력을 지속해야 한다. 이와 관련하여 2021년 금속노조가 금속사용자협의회와의 중앙 교섭을 통해 체결한 '산업전환 협약'에 주목할 필요가 있다. 산업전환 협약의 주요 내용은 산업전환 시기의 대응 계획을 노사가 함께 수립하고 실행하는 한편, 고용안정과 양질의 일자리 확보, 신기술 도입 관련 직무교육·훈련, 기후위기 대응 등에 관한 논의 기구를 2022년 상반기부터 운영하고 함께 산업전환 대응 계획을 세우기로 한 것이다(금속노조뉴스, 2021.10.26). 이는 산별 차원의 노사 합의로 이루어진 최초의 초기업 단위 산업전환 협약으로서, 그 의의가 자못 크다고 할 수 있다. 물론 금속사용자협의회가 자동차산업의 실질적 주체인 완성차업체가 빠진 공인노무사 중심의 교섭 대행조직에 불과하다는 점은 취약점이다. 금속노조도 집행부가 다른 정파로 교체되면 협약의 실행력이 떨어질 수 있다. 하지만, 산업 전환의 불가피성을 인정한다면, 노사가 산별 차원의 합의를 통해 기존의 노사 불신을 해소하면서 지속적으로 추진해 갈 필요가 있다.

현대차 노조가 소속된 상급 노조인 금속노조가 공정한 산업 전환을 위해 노력해 온 것에 주목할 필요가 있다. 금속노조는 복수 노조의 창구를 단일화하거나 임금 교섭의 가이드라인을 통일해서 지역별로 실질적인 임금 교섭을 추진하고, 단체협약의 효력을 미조직 노동자들에게도 적용하도록 노력함으로써, 기업 간 임금 격차를 완화하기 위해 노력 중이라고 한다(금속노조, 2025).

6. 사회연대를 통한 노동시장 분절 해소

넷째, 국민경제 차원의 노사정이 함께 협력하는 사회연대를 통해 노동시장의 분절을 해결해 갈 필요가 있다. 이와 관련하여 주목해야 할 노동운동가가 있다. 그는 노동시장 양극화 문제를 노조 내부에서 해결하는 데 한계를 느끼고, 매스컴의 캠페인을 활용한 사회연대로서 해결하고자 시도했다. 사회연대를 통해 노동시장의 구조적 불평등을 해소하자는 그의 제안은 사회적 공감대를 확대해 가면서, 노조 내외에서 상당한 호응을 얻고 있다(한겨레신문, 2025.2.17). 이러한 사회연대 시도가 노동운동 내부의 광범위한 지지를 바탕으로 이루어지길 기대한다.

한편, 산별 노조가 기업별 노조를 넘어서는 실질적 초기업 단위의 교섭 주체가 되지 못하고 있는 상황에서 비정규직, 플랫폼, 영세 사업장 노동자들의 권익 보호를 위해 초기업 교섭과 단체협약 효력을 확장하기 위한 법안을 추진하는 일은 미조직 노동자와 노조 간 연대를 실현하고 불평등을 해소하는 바람직한 시도이다. 이를 위한 연구와 실천의 노력이 민주노총 일각에서 진행되고 있는 것은 고무적이다(이창근 외, 2021).

마지막으로 제안할 것은 동일한 직무의 노동에 대해 동일한 보상이 이루어지는 '동일노동 동일임금'의 원칙이 실현될 필요가 있다는 것이다. 달리 말하면, 동일한 직무를 담당하고 있음에도 불구하고, 비정규직이라는 이유만으로 정규직에 비해 적은 임금을 받는 차별이 시정되어야 한다. 일본 정부는 2022년 12월에 '동일노동 동일임금'을 위한 가이드라인을 발표했다. 이 가이드라인은 기업들이 비정규직의 부당한 처우를 개선하도록 유도하는 내용을 담고 있다. 이러한 법제화는 비정규직의 처우 개선뿐만 아니라, 노동시장의 공정성을 높이고, 장시간 노동 문제를 해결하기 위한 다양한 목적으로 추진되고 있다. '동일노동 동일임금'의 법제화는 한국 정부도 적극적으로 고려해야 할 과제이다.

결론적으로, 미래차 전환과 관련하여 요구되는 노사관계의 혁신은 아직 초보적 단계에 있다. 전환의 성격에 대해 노조의 이해도가 낮은 것도 사실이다. 하지만, 한국 자동차산업이 공정한 전환을 실현하려면 경쟁력 강화와 함께 노동시장의 분절을 극복하고 보다 많은 구성원이 성장 혜택을 받는 지속가능한 시스템을 구축하지 않으면 안 된다. 현시점의 한국 자동차산업은 또 다른 추격에 필수적인 노사관계의 근본적 혁신을 요구받고 있다. 그 성과 여부에 따라 자동차산업, 더 나아가 한국 경제의 미래가 결정될 것이다.

4장

기업 거버넌스

참여기반 모델

우리가 사용할 수 있는 놀라운 수단이 있고, 디지털 테크놀로지가 인류가 해낼 수 있는 것의 범위를 크게 증폭시켜 줄 수 있다. 하지만, 이러한 수단을 사람들에게 이롭게 사용하기로 선택해야만 가능한 일이다. … 늦긴 했지만 아직 너무 늦은 건 아닐 수도 있다. 어떻게 하면 이 파도가 뒤집힐 수 있을지, 어떠한 구체적인 정책이 그러한 변화의 가능성에 희망을 줄 수 있을지 알아보기로 하자(아세모글루, 2023).

1. '기술중심' 모델과 '참여기반' 모델

이 장에서는 '기술중심'과 '참여기반'이라는 두 가지 발전 모델을 제시해 보려고 한다. 산업 발전의 유형은 기술혁신을 기준으로 두 가지 모델로 구분된다. 기술중심 모델이란 기술혁신을 통해 성장하는 산업 발전의 길로서, 성장의 부작용이 나타날 수 있다. 이에 비해 참여기반 모델은 기술혁신뿐 아니라 구성원의 참여를 통해 성장하는 산업 발전의 길로서, 성장의 부작용을 최소화하면서 구성원의 통합을 중요시한다(Marceau, 1997). 이 두 개념 모두 이

표 4-4-1 미래차 전환의 기술중심 모델과 참여기반 모델

	모델 1: 기술중심 모델	모델 2: 참여기반 모델
기업 거버넌스	권위적 실험주의	민주적 실험주의
기술혁신과 인적자원관리	미래차 인력 신규 충원, 기존 인력 정리	신규 충원과 직무전환 병행, 기존 인력의 재교육 활용
스마트 팩토리와 생산직 노동	자동화·정보화, AI 로봇의 노동 대체	숙련 연계적 스마트 팩토리
생산 현장의 노사관계	인건비 절감; 무노조 경영	참여와 협력의 노사관계
기업 간 관계와 지역 생태계	수직적·폐쇄적 관계, 시장적 거래관계	수평적·개방적 협력 관계, 산업 공유자산 구축
정부 정책	시장 경쟁, 정부 역할 최소화	공정한 전환, 사회 안전망 구축

념형이기 때문에, 현실에 정확히 부합되지는 않는다.

　미래차 전환과 관련하여 기술중심 모델과 참여기반 모델을 기업 거버넌스 중심으로 비교해 보자(표 4-4-1). 이 또한 이념형적 모델이기 때문에, 특정 모델이 특정 자동차업체에 정확히 상응하는 것은 아니다. 기술중심 모델의 기업 거버넌스는 오너 리더십을 특징으로 한다. 최고 경영자는 그 자신이 엔지니어 출신일 뿐 아니라, 최대 지분을 소유한 오너로서 강력한 경영권을 행사하고 있다. 인적자원관리에서는 미래차 기술 개발에 도움이 되는 인력을 첨단 산업, 벤처 기업 등에서 적극적으로 스카웃하여 충원하고 있다. 노사관계가 대립적이거나 무노조 경영을 지향하면서, 불필요한 인력은 과감하게 조정한다. 소재·부품을 납품받는 기업 간 관계에서는 비용 절감을 위한 시장적 거래 관계를 추진한다. 해외 생산에서도 본사의 생산 체계를 현지에 그대로 '적용'한다. 이런 성장 모델은 개별 완성차업체의 경쟁력 차원에서는 효율적일 수 있지만, 그 기업이 속한 생태계 차원에서는 이해 당사자들의 참여가 배제되면서 격차가 확대가 확대되는 결과를 수반한다.

　참여기반 모델의 기업 거버넌스는 전문 경영인 리더십을 특징으로 한다. 최고 경영진으로는 내부에서 경영 능력을 검증받은 전문 경영인이 승진하거

나 외부 인사가 영입되기도 한다. 인적자원관리에서는 신규인력 양성과 외부 충원뿐 아니라, 고용 승계를 중요시한다. 따라서 기존 종업원들에 대해서도 재교육을 통해 미래차 분야의 인력으로 재배치, 활용될 기회를 제공한다. 특히 엔지니어뿐 아니라 생산직에 대해서도 스마트 공장과 관련하여 자신의 경험을 활용할 기회를 제공한다. 자동화, 디지털화가 진행되더라도 신제품의 양산 준비와 자동화 설비의 유지보수를 담당할 생산기술 인력의 숙련은 더욱 중요해지기 때문이다. 소재·부품을 납품받는 기업 간 관계에서는 해당 분야의 기술력을 가진 기업들과 수평적 협력 관계를 유지, 발전시킨다. 이와 같은 성장 모델은 개별 완성차업체의 경쟁력을 강화하되, 그 기업이 속한 생태계 차원의 이해 당사자들을 유도하여 통합시키면서 격차를 완화하는 결과를 수반한다.

2. 미래의 길: '참여기반' 모델을 향하여

아세모글루(2023)는 "새로운 테크놀로지가 광범위한 번영으로 이어지는 것은 전혀 자동적인 과정이 아니다. 그렇게 되느냐 아니냐는 사회가 내리는 경제적, 사회적, 정치적 '선택'의 결과이다"라고 주장한다. 기술 변화에 따라 자동적으로 이루어지는 것이 아니라 해당 사회 구성원들의 '선택'이라는 데 주장의 초점이 있다.

'기술중심 모델'은 개별 기업의 경쟁력은 강화되겠지만, 산업 생태계를 황폐화시킬 수 있다. 단순한 개별 기업의 경쟁력이 아니라 국민경제의 생태계 전반에 미치는 영향을 고려한다면, 기술중심 모델은 불안정하다. 개별 기업과 국민경제 나머지 부분과의 괴리가 확대되면서, 지속 가능성을 위협할 것이기 때문이다. 더욱이 미국처럼 거대한 시장이나 실리콘 밸리와 같은 혁신 생태계가 존재하지 않는 한국에서는 글로벌 경쟁에 성공한 기업과 나머지 국민경제 간의 괴리가 심각하게 확대되는 것을 우려하지 않을 수 없다.

필자는 기술혁신에 따른 성장의 수혜가 완성차 노사에만 집중되는 기술중심 모델의 부작용을 완화하고, 지속 가능하고 공정한 발전이 되기 위한 자동차산업의 대안적 모델, 즉 한국에 고유한 '참여기반' 모델로의 전환을 제안하고자 한다.

3. 공정한 전환: 향후 과제

산업화 초기 한국 경제는 표준화된 기술과 결합된 저비용(=저숙련, 저임금)으로 고도성장을 실현했다. 기민한 생산방식의 특징을 감안할 때, 현대차는 기술중심 모델과 유사했던 것이 사실이다. 압축 성장의 과정에서 기술중심적 경로를 강화해 왔기 때문이다. 그러나 현시점에서 한국 경제는 개도국 발전 모델에 해당되지 않는다. 이미 그 수준을 넘어서고 있다. 미래차 전환의 과정에서 한국 자동차산업은 어느 쪽의 발전 모델을 실현하고 있는가? 현시점의 한국 자동차산업은 미래차 전환이라는 또 다른 추격의 과제에 직면하여 한국 현실에 맞는 고유한 '참여기반' 모델로 전환할 필요가 있다.

미래차 전환은 공정하게 진행되어야 한다. '공정한 전환'이란 이해관계자들이 함께 참여하여 성장의 혜택을 공유하는 참여기반의 발전 모델을 의미한다. 공정한 전환을 위해 가장 우선적으로 요구되는 과제는 기업 거버넌스의 혁신이다. 현대차그룹의 거버넌스는 재벌 오너, 주주, 노조의 3주체로 구성된다. 이들은 이해관계가 상충됨에도 불구하고, 회사의 성공이라는 공통의 이해관계 속에서 공존해 왔다. 미래차로 전환하기 위한 ESG 경영을 위해서는 기업 거버넌스의 혁신이 시급하다. 이해관계자들의 참여가 ESG 경영 성공의 필수 조건이기 때문이다.

2020년대 초반 정몽구 회장에서 정의선 회장으로의 최고 경영자 승계는 무난하게 이루어진 것처럼 보인다. 오너 중심의 기업 거버넌스는 잘 작동하고 있지만, 순환출자, 의사결정의 지나친 집중 등 오너 체제의 취약점도 존재한다. 모빌리티 서비스업체로 전환하기 위해서는 권위적 리더십이 아니라 개방적이고 민주적인 리더십이 요구된다. 미래차 전환 과정에서 발생하는 사회적 비용과 편익을 공정하게 분배하기 위해서는 모든 이해관계자가 참여하는 포용적 거버넌스로의 전환이 필요하다. 주가가 저평가되는 '코리아 디스카운트'를 극복하고 경영권을 안정시키기 위해서는 순환출자를 해소하고 이해관계자가 참여하는 포용적 기업 거버넌스로 전환해야 한다. 저성장의 국면에서는 3자의 이해관계가 상충되면서 갈등이 표출될 수 있다. 2023년 창사 이래 최대의 영업이익을 실현하면서 수익성이 개선되긴 했지만, 장기적으로 막대한 재원이 요구되는 미래차 전환 투자를 지속하면서 주주와 노조의 기대도 함께 충족시켜야 하는 난제를 풀어 가야 한다.

그룹 회장의 '절대군주'와 같은 권력은 현대차를 역동적이고 변동성이 큰 조직으로 성장시켜 왔다. 하지만, 총수 1인에게 집중된 권력은 누가 재벌 그룹을 이끌고 있느냐에 따라 그 성과가 전혀 달라질 수 있다. 재벌 체제는 집단적 효율성을 달성하는 데 구조적 이점을 가지고 있지만, 그룹 회장의 '고독한 결단'에 지나치게 의존하는 불안정성, 주관적 판단 등의 문제점을 안고 있다(Jo, Jeong and Kim, 2023: 242).

그룹 회장이 합리적 의사결정권자라면 '계몽군주' 또는 유능한 경영자들로 구성된 '톱 매니지먼트 팀'에게 일정한 권한을 위임하는 과도기적 형태를 생각할 수 있다. '권위적 실험주의'가 '민주적 실험주의'로 넘어가는 과도기적 단계라고 할 수 있다. 미래차 전환이라는 불확실성의 시대에 그룹 회장 개인의 판단에만 의존하는 것이 아니라, 유능한 경영자들과 함께 토론하고 합의하여 의사결정을 하면서, "a를 택하는 대신 b라는 보완 조치를 마련하자"라는 식으로 포트폴리오를 관리하는 기업 거버넌스로 전환할 필요가 있다(면담 정리, 2025).

한국 자동차산업이 또 다른 추격에 성공하기 위해서는 '권위적 실험주의'의 진화된 형태를 과감하게 추진할 필요가 있다. 이는 기존의 경로에만 의존하는 것이 아니라, 오너 경영의 장점을 살리면서도 혁신 과제를 수행함으로써 미래차 전환에 성공적으로 대응하는 것을 의미한다. 그러기 위해서는 그룹 회장이 이해관계자들과의 협력을 통해 국민경제에 기여하는 참여기반 발전 모델을 추구해야 한다. 우리가 지향하는 미래차 전환은 한국의 혁신 과제들과 연계되면서 고유한 방식으로 실현될 것이다. 한국 자동차산업의 미래차 전환은 미래를 향해 열려 있다.

5장

상생의 기업 간 관계와 지역 생태계 확충

　미래차 전환과 관련하여 현대차가 기존의 폐쇄적 입장을 수정하여 협력업체들의 거래선 다변화를 허용하는 쪽으로 변화되고 있는 것은 고무적인 일이다. 그러나 유감스럽게도 현대차그룹은 미래차 전환에 따른 부품업체 지원에 소극적이다. 구매비용 절감을 위해 기존의 1차 부품업체들이 가급적이면 전기차 부품도 공급할 수 있기를 바라지만, 기술 능력이 없는 2, 3차 부품업체들까지 책임질 수는 없다는 입장이다. 2024년 4월 현대차그룹 본사에서는 '현대자동차·기아 원·하청 상생협약식'이 있었다. 현대차와 기아는 △협력사 공동 어린이집 신설, △장기 근속 노동자 지원금 지급, △산업전환 교육·컨설팅 확대, △노후 위험공정 개선비용 지원 등의 사업에 120억 원을 투자하기로 했다. 1차 협력사 협의회는 재원을 출연하기로 했고, 현대차와 기아는 1차 협력사의 상생 노력을 평가해 계약체결 과정에서 인센티브를 검토한다는 방침이다.
　그러나 이날 건물 바깥에서는 2차 하청업체 노동자 수십 명과 금속노조 간부들이 기자회견을 열어 "현대차·기아는 납품 단가 후려치기, 하청업체 충성 경쟁 줄 세우기로 하청 노동자들에게 갑질을 일삼고 있고, 사내하청 불법 파견을 20년 동안 계속하고 있다"라며 "노동부는 하청 노동자에 대한 원청 사용자의 책임을 강제하고 하청 제도를 손봐야 한다"라고 주장했다. 미래차 전환기 부품산업이 처한 현주소를 잘 보여 준다(한겨레, 2024.4.25).

1. 기술혁신을 통한 기업 간 관계의 전환

3부 6장에서 본 바와 같이, 현대차는 수직적 기업 간 관계를 강화하면서, 미래차 전환에 대응하고 있다. 미래차 전환의 과정에 적응하지 못한 상당수 부품업체들이 도태되면, 현대차그룹의 독점 구조는 더욱 강화될 것으로 예상된다. 단순한 개별 기업의 경쟁력이 아니라 국민경제 전반에 미치는 영향을 고려할 때, 현대차의 기술중심 모델은 불안정한 것이 사실이다. 미래차 전환에 현대차가 성공하더라도, 국민경제 나머지 부분과의 괴리가 확대되면서 국민경제에 미칠 부작용이 커질 것이기 때문이다.

미래차 전환에서 가장 크게 우려되는 분야가 부품업체 관계이다. 점점 거세지는 기술민족주의의 파고에 대응하기 위해서도 완성차업체는 자국의 부품업체와의 신뢰에 입각한 협력을 강화하는 것이 필요하다. 기존의 기계 부품업체들로는 대응할 수 없는 전기전자, SW 등 새로운 공급업체들과의 협력도 필요하다. 새로운 공급업체들과의 관계는 그들의 기술 능력에 기반한 수평적, 개방적 관계일 수밖에 없다. 소재, 부품 등 기존 거래업체와의 관계에서도 비용 절감만을 위한 전속적 관계보다는 해당 업체의 전문적 능력을 활용하는 개방적 협력 관계로 전환할 필요가 있다. 여기서 개방적 협력 관계란 수직적 위계나 시장적 관계가 아닌 네트워크 관계를 의미한다.

전기차 전환에 따른 부품업체들의 대응 역량을 강화하고 고용 감소의 충격을 최소화하기 위해서는, 무엇보다 부품업체 스스로가 전속적 관계에 안주하지 않고 자생력을 강화하기 위한 다양한 방안을 추진하는 것이 시급하다. 기업 간 관계의 전환을 위해서는 신규 창업의 활성화, 거래선 다변화를 통한 부품업체들의 기술력 향상과 교섭 조건의 개선이 요구된다.

부품업체들은 정부가 중소기업에 지원하는 정책 자금을 적극적으로 활용하여 기술 개발을 진전시켜야 한다. 산업자원부, 중소기업부, 지자체 등에 중소기업의 기술 개발을 지원하는 각종 프로그램이 존재하지만, 실제로 그 혜택을 받아 효율적으로 활용하는 업체들은 소수에 그치고 있다. 정부의 중소기업 지원 정책에 대한 접근성을 높이고, 이를 통해 수직적 하청구조의 연쇄에서 벗어나는 것이 필요하다. 이와 관련하여 산업자원부가 울산, 강원 등의 지역 대학, 테크노파크 등과 협력하여 중소기업의 기술 능력을 키워 주기 위해 실시했던 '지역 활력' 프로젝트는 모범적 사례라고 할 수 있다(일자리재단, 2023).

또한 정부출연연구소가 개발한 원천 기술을 상용화하는 데 성공한 H 금속, 신소재 제품을 자체 개발하여 독일, 미국 등으로 거래선을 다변화하는 데 성공한 D 정밀과 T 산업 등은 예외적이라고 하더라도 향후 수평적 거래 관계로의 전환 가능성을 보여 주는 주목할 만한 사례가 아닐 수 없다(면담 정리, 2022). 정부는 부품업체의 기술혁신을 촉진하기 위해 원래 설정한 목표를 초과하여 발생한 이익을 원청업체와 부품업체가 공유하는 '이익 공유제'를 적극적으로 추진할 필요가 있다.

자동차산업 전체의 관점에서 볼 때 부품업체들은 미래차 전환과 관련된 기술력을 강화해야 할 뿐 아니라, 고용 감소의 충격을 최소화하기 위한 대응방안을 마련하는 것도 시급하다. 그 핵심은 두 가지 트랙 전략이다. 첫 번째 트랙은 부품업체들의 경쟁력을 강화하기 위해 적극적으로 국내외 투자를 유치하고 신사업을 담당할 수 있는 신규인력 양성과 재직자의 직무전환 교육을 본격적으로 추진하는 것이다. 이를 위해 정부의 산업 정책을 적극적으로 활용할 필요가 있다. 두 번째 트랙은 도산이나 인수합병이 불가피한 부품업체들의 경우에는 정부가 퇴로를 열어 주면서, 위기 근로자의 전직 지원대책을 복지 차원에서 제공하는 것이다. 이를 위해서는 2010년대 중후반 조선산업의 고용조정 경험을 반면교사로 잘 활용할 필요가 있다.

2. 지역 생태계 확충

미래차 전환이라는 또 다른 추격에 성공하기 위해서는 정부가 신생 기업과 다른 분야의 테크 기업들이 공존하는 개방적 생태계를 조성하여 활용하도록 지원하는 것이 유리하다. 테슬라가 모든 소재·부품과 SW를 기업 내에서 조달하는 폐쇄적 네트워크를 유지하는 것은 미래차 선두주자로서 경영성과를 독점하기 위해서이다. 하지만, 2부 1장에서도 살펴본 것처럼, 테슬라의 기술력은 실리콘 밸리라는 외부경제 효과에 힘입은 것이다. 아무리 대기업이라고 하더라도 모든 자원을 기업 내에서만 조달할 수는 없다. 미래차 전환에 성공하기 위해 현대차는 개방적 생태계에 뿌리내린 혁신적 기업들을 활용해야 한다.

소재, 부품, 장비, SW 등 새로운 분야의 기술력을 갖춘 신생 기업과 테크 기업들을 확보하는 방법은 혁신 클러스터의 집적을 통한 개방적 지역 생태계의 확충이다. 관세 장벽 등 기술민족주의가 강화되는 상황에서는 자국 내에 뿌리내린 지역 생태계의 확충이 더욱 시급하다. 압축 성장의 기간 동안 한국 정부는 권위주의적 산업 정책을 통해 대덕연구단지 등 연구 클러스터를 형성, 발전시키기 위한 노력을 계속해 왔다. 미래차 전환기에 처한 현시점에서는 그 어느 때보다 국가의 능동적 산업 정책을 통한 친환경 모빌리티 지역 생태계의 구축이 절실하다. 그러기 위해서는 지역 특성을 반영한 맞춤형 미래차 전환 전략을 수립하고, 지역 내 연관 기업들의 실질적 참여를 유도해야 한다.

대만 TSMC의 사례는 개방적 생태계가 첨단산업 육성에 어떻게 긍정적 기능을 하는지 보여 준다. 세계 최대의 반도체 펀드리 업체인 TSMC 성공의 저변에는 대만의 수천 개 연관 기업들이 뿌리내린 지역 생태계가 자리 잡고 있다. TSMC는 대만 정부의 지원에 힘입어 형성된 반도체산업 관련 기업, 연구 기관, 대학들의 혁신 클러스터를 통해 지역 내의 소재, 장비, 부품 공급업체와 긴밀한 협력 관계를 맺고, 이들의 효율적 공급망과 협력 네트워크를 활용하고 있다.

한국 정부도 혁신 기업들이 집적된 개방적 생태계를 적극적으로 조성할 필요가 있다. 대만의 사례는 후발국의 첨단산업 발전에서 미국의 실리콘 밸리와는 다르게 정부의 역할이 중요하다는 것을 보여 준다. 정부가 공공 연구 기관, 대학, 창업 펀드 등을 지원함으로써 혁신 클러스터 형성에 적극적 역할을 한 후, 민간 기업이 주도하는 자율적 생태계로 전환할 수 있었던 것이다. 미래차 전환에서도 완성차업체가 모든 것을 내재화하여 주도하는 것이 아니라, 차량용 반도체, 배터리, SW 등의 핵심 부품을 혁신 생태계의 개방적 네트워크를 통해 조달하는 것이 바람직하다.

기존 산업의 경계가 무너지는 가운데, 최근 디지털 제조 영역에서 재벌 대기업들 간에 진행되는 전략적 제휴는 바람직하다고 할 수 있다. 현대차와 삼성전자 간의 '제조 동맹'은 2020년 로봇 전용 배터리 협력에서 시작되어 2023년 반도체와 배터리 공급, 양사 간의 공동 개발과 판매, 이번의 5G 특화망으로 확대되고 있다(디지털 조선일보, 2025.2.26; 조선일보, 2025.2.26). 재벌 대기업들은 기존의 소모적인 경쟁보다는 국민경제 차원에서 미래차 전환의 성공을 위해 함께 협력할 필요가 있다.

자동차산업이 미래차 전환에 성공하기 위해서는 일정한 지역에 뿌리내린 제품 혁신, 시제품 검사, 현장 근로자의 숙련, 산학 협력 등과 같은 산업 생태계가 필요하다. 개별 기업이 독자적으로 확보할 수 없는 산업 공유자산을 육성하여 활용해야 한다. 디자인과 R&D 역량도 제조 역량과 불가분의 관계를 맺고 있다. 과도한 생산 외주화와 격차 확대는 제조 역량과 혁신 역량을 오히려 훼손할 수 있다(정준호, 2016). 산업 공유자산을 확충하기 위해서는 중앙

정부뿐만 아니라 지방자치단체 차원의 적극적 지원이 요구된다.

부품업체의 기술혁신 능력을 강화하기 위해서는 지역 대학과의 산학 협력을 강화하여 창업 생태계를 활성화해야 한다. 젊은 인력이 제조업 분야를 선호하고 지속적으로 남아 있도록 지역 클러스터 인근의 문화적 인프라를 확충할 필요도 있다.

기업 간 관계의 수평적 전환과 지역 생태계의 확충은 일자리의 증가와 질적 향상을 위해서도 필요하다. 평생직장이 아니라 평생직업의 시대가 된 것을 인정한다면, 특정 기업에서 평생을 근무하는 것이 아니라 기업을 이전하면서도 경력을 인정받으면서 전문성을 높여 가는 경력 개발 시스템이 정착되어야 한다. 이를 위해서는 임금 격차가 축소되어 노동시장의 분절이 완화되고, 특정 직종의 기술이나 숙련을 인정받는 인증 제도가 확립될 필요가 있다. 지역 생태계 내에 미래차 혁신 클러스터가 형성, 발전되면 다양한 관련 업체들이 경쟁하고 협력하면서 많은 일자리가 제공될 것으로 전망된다.

6장

정부 산업정책의 재정립

한국은 제조업으로 지탱되는 국가이다. OECD 자료에 따르면, 2020년 기준 한국은 국민총생산의 27.1%를 제조업을 통해 벌었는데, 한국보다 GDP 중 제조업 비중이 높은 국가는 아일랜드밖에 없다(양승훈, 2024: 75~76).

한국 정부는 '발전 국가'(Developmental State)로서 산업화 과정에서 압축 성장을 가능케 한 산업 정책을 추진해 왔다. 하지만, 21세기 들어서는 민간경제가 성장함에 따라 재벌 대기업들의 주도를 인정한 채 정부의 역할을 사실상 방임해 왔다. 미래차 전환이 본격화되는 현시점에서는 정부 본연의 기능을 회복해야 한다. 미국의 MAGA(Make America Great Again), 중국의 국가자본주의는 기술민족주의의 장벽을 높이면서, 전후 WTO 체제를 무력화시키고 있다. 이 장에서는 미래차 전환에 대응하기 위한 한국 정부의 적극적 역할을 제안해 보고자 한다.

1. 미래차 전환의 산업정책 방향 제시

정부는 미래차 전환을 위한 자동차산업 육성에 적극적 의지를 표명하고, 환경 규제뿐 아니라 산업 정책의 재정립을 통해 공정한 전환을 실현해야 한다. 정부의 제한된 정책 수단을 분산시키기보다는, 명확한 발전 방향을 제시함으로써 선택과 집중의 효과를 극대화해야 한다. 여기서 EU가 2020년대 초반부터 추진하고 있는 '열린 전략적 자율성'(Open Strategic Autonomy) 개념을 소개하고자 한다. 열린 전략적 자율성이란 자주성과 개방성을 동시적으로 추구하는 전략적 접근 방식을 의미한다. 한국 정부도 이 개념을 적극적으로 활용할 필요가 있다.

중국 자동차산업의 미래차 전환 성공은 적절한 산업 정책이 시장경제의 활력 제고에 오히려 도움이 된다는 것을 보여 준다. 한국 정부는 참여기반 발전 모델을 지원하여, ① 기술혁신뿐 아니라 ② 기업 간 격차 완화, ③ 좋은 일자리 증가가 서로 연결되는 자동차산업 선순환의 시스템을 정립할 필요가 있다.

> 미래차 전환이 성공하기 위해서는 한국의 정부와 기업이 '원팀 코리아'가 되어 자동차업체만이 아니라 통신, 플랫폼, SW 등의 스타 플레이어들이 함께 협력해야 한다. 국민경제의 미래를 좌우할 새로운 산업 패러다임이기 때문이다(한지형, 2025).

2. 미래차 기술혁신 지원 정책

정부의 미래차 기술혁신 지원은 보다 명확한 목표를 갖고 추진될 필요가 있다. 민간 기업과 중복되는 상용화 기술보다는 선행기술 개발과 법적, 제도적 인프라 확충을 적극적으로 지원하는 것이 바람직하다.

1) 전기차 및 배터리

전기차 사용을 늘리기 위해서는 충전 인프라가 충분히 마련되어야 한다. 단기 수익을 목적으로 하는 민간 기업이 충전 인프라를 늘리는 데는 한계가 있다. 정부는 공공 충전소의 수를 늘리고, 충전 속도를 개선하는 것이 중요하다. 전기차와 배터리의 장점에 대한 소비자 인식을 높이기 위한 교육 및 홍보 프로그램도 필요하다. 사람들이 전기차의 이점을 잘 이해하면 구매 증가로 이어질 것이다.

단기적인 보조금 지원 외에도, 배터리 기술혁신을 위한 장기적인 연구개발 지원이 필요하다. 기업들이 안정적으로 연구개발을 할 수 있도록 정부가 지속적으로 투자해야 한다. 정부는 차세대 2차전지 기술 확보와 공급망 안정화를 위해 전기차와 배터리 관련 기업 간의 협력을 촉진하는 데도 나서야 한다. 배터리의 환경친화적 재활용 방안을 적극적으로 마련할 필요도 있다.

2) 자율주행차

• 기술혁신

선진국과의 기술 격차를 보다 빠르게 추격하기 위해서는 정부와 자동차업체, IT 기업 간의 협력을 강화하여 기술 개발과 실증 테스트를 공동으로 진행할 필요가 있다. 자율주행차의 OS, ADAS(첨단운전자보조시스템), 충전 방식 등의 표준화에 정부가 매개적 역할을 할 수도 있다. 이를 통해 자율주행 기술의 발전과 확산 속도를 높일 수 있을 것이다.

- 법적, 제도적 인프라 확충

자율주행차가 상용화되고 본격적으로 확산되려면, 기술적 문제뿐 아니라 인간의 생명을 안전하게 보호할 수 있는 법적·제도적 보완책을 마련할 필요가 있다. 예컨대, 자율주행차의 보험, 사고 처리, 운행 기준 등에 대한 명확한 규정이 필요하다. 이는 소비자와 기업 모두에게 신뢰를 줄 수 있다. 자율주행차가 원활하게 운행될 수 있도록 도로, 신호 체계, 통신 인프라 등의 개선이 필요하다. 특히, 자율주행차 전용 차선이나 정류소 등의 인프라를 구축하는 것이 중요하다. 일정 지역의 시범 운행을 통해 자율주행의 기술적, 사회적 문제를 해결하면서, 점진적으로 확대해 갈 필요가 있다.

3. 공정한 전환을 위한 산업 정책

공정한 전환을 위한 정부의 미래차 지원 정책을 구체적으로 제시하면 다음과 같다.

1) 기업 간 격차 완화를 위한 지원

미래차 전환이 공정하게 이루어지려면, 완성차업체와 부품업체 간 격차가 완화되어야 한다. 그러기 위해서는 정부가 부품업체들의 기술혁신 능력을 강화하기 위한 지원 정책을 적극적으로 추진할 필요가 있다. 이를 위해서는 환경적 지속 가능성 확보, 경제적 생존력 강화, 사회적 수용성 제고라는 세 가지 원칙의 조화가 중요하다.

- 부품업체 기술혁신을 위한 지원

한국 정부는 전기차 등 미래차의 비율을 높이는 것을 목표로 설정하고, 이를 위해 부품업체의 기술 개발과 사업 전환을 지원하고 있다. 이러한 정책은 탄소중립 목표와도 연계되어 있다. 일부 부품업체들은 정부의 지원을 통해 미래차 부품 개발에 성공했으나, 여전히 많은 중소기업들이 자금 부족 및 기술 개발의 어려움으로 사업 전환에 어려움을 겪고 있다. 특히, 내연기관 부품에서 미래차 부품으로의 전환이 원활하게 이루어지지 않는 경우가 많다.

정부는 미래차 전환 과정에서 부품업체들의 대응 능력을 강화하기 위한 산업 정책을 시행해 왔다. 2021년에는 산업통상자원부가 "자동차 부품기업 친환경차 전환 지원 전략"을 발표한 바 있다. 여기서는 매년 100개씩 부품업체의 미래차로의 사업 재편을 지원하여 2030년까지 부품 기업 1천 개를 미래차 기업으로 전환한다는 목표가 제시되어 있다. 미래차 종합 지원 플랫폼 구축, 핵심 부품의 기술 자립 및 사업모델 혁신 지원, 미래차 인력 1만 명 양성, 스마트 공장으로의 사업장 확충 등이 주요 지원 내용이다. 기업당 최대 7천만 원까지 지원된다고 한다. 하지만, 미래차 전환의 중요성에 비해서는 지나치게 지원 규모가 적다. 보다 적극적이고 실효성 있는 정부 지원이 요구된다.

미래차 부품 개발을 위한 R&D 자금 지원을 확대하여 중소기업이 보다 쉽게 기술 개발에 착수할 수 있도록 해야 한다. 이는 기업의 부담을 줄이고, 혁신을 촉진하는 데 기여할 것이다. 또한 부품업체들이 미래차 기술에 대한 이해를 높일 수 있도록 교육 및 컨설팅 프로그램을 강화해야 한다. 이를 통해 기업들이 필요한 기술을 습득하고, 시장 변화에 적응하도록 지원할 수 있다.

정부는 대기업과 중소기업 간의 협력을 촉진하여 기술 이전과 공동 프로젝트를 통한 시너지를 창출해야 한다. 대기업이 중소기업의 기술 개발을 지원하거나, 공동 연구개발을 통해 협력할 수 있는 프로그램을 마련하는 것이 중요하다. 이와 같은 지원 정책의 효과를 지속적으로 모니터링하고, 기업의 피드백을 반영하여 정책을 개선해 나가야 한다. 이로써 실제 현장에서의 문제를 해결하고, 정책의 실효성을 높일 수 있다(GPT 4o mini).

- **직무전환 교육과 이직·전직 서비스 지원**

'산업전환에 따른 고용안정 지원 등에 관한 법률'은 2023년 11월 노동부가 주도해서 노사 합의로 국회를 통과했다. 산업 전환에 따른 일자리 이동, 노동 전환 등을 지원한다는 내용인데, 고용정책기본법에 따라 설립된 고용정책심의회 산하 전문위에서 공정한 전환을 논의하고자 했다. 노조 측에서는 노사 동수를 요구했지만, 실현이 불발되면서, 한국노총의 노조위원 2명만 참여하고 있다.

미래차 전환 과정에서 노동자의 피해를 최소화하기 위해서는 직무전환 교육을 직종별로 체계화해야 할 뿐 아니라, 고용 유지 지원금을 확대하고 요건을 완화할 필요가 있다. 당사자들이 희망하는 교육훈련을 받을 수 있도록 바우처 지원도 확대해야 한다. 전환 과정에서 불가피하게 발생하는 실업에 대해서는 실업급여 보장을 강화해야 한다.

장기적으로 자동차산업 내에 유능한 기술 인력을 확보하기 위해서는 기업 간 이동을 원활하게 할 수 있는 기술 및 숙련 인증제도가 필요하다. 이런 취지에서 여야 합의로 '미래차부품산업법'을 통과시킨 것은 다행이다. 2024년 7월 10일부터 시행되고 있는 이 법에는 기술 표준화와 인증 제도의 내용이 포함되어 있다. 자동차산업 노동시장의 정점에 위치한 현대차 입장에서는 인증 제도의 필요성을 절실하게 느끼지 못하는 것이 현실이다. 하지만, 장기적으로 인증 제도는 자동차산업 전체의 상생과 경쟁력 강화에 기여할 것으로 기대되기 때문에, 관련 협회나 정부가 이 법의 실행을 적극적으로 추진할 필요가 있다(면담 정리, 2024).

중소기업의 인력난을 해소하기 위해서는 수습 제도(apprenticeship)를 활성화할 필요가 있다. 수습 기간은 보통 1~2년 정도 지속되는데, 이 기간 동안 노동자와 고용주 사이에 긴밀한 관계가 형성되어, 수습이 끝난 이후 노동자가 곧바로 이직하지 않게 된다. 수습 기간이 끝난 후에는 정규직 채용을 의무화할 필요가 있다. 또한 직원 교육에 투자하면, 그만큼 과세대상 수익에서 공제해 주는 방식으로 정부가 보조금을 제공하는 것이 필요하다.

저숙련 일자리가 모두 자동화되지 않도록 테크놀로지의 방향이 잡히고 저숙련노동자들도 괜찮은 임금을 협상할 수 있는 제도가 있을 때 교육 효과는 더 커질 수 있을 것이다(아세모글루, 2023). 정부는 전환 과정의 공정성을 담보하고, 취약 계층을 보호하는 데 특별한 관심을 기울여야 한다. 이를 위해서는 정부, 기업, 노동자, 시민사회가 함께 지혜를 모으고, 각자의 역할과 책임을 다해야 한다.

4. 중층적 민관 거버넌스

미래차 전환은 피할 수 없는 시대적 과제이며, 이는 단순한 기술적 변화를 넘어 사회경제적 구조의 근본적인 재편을 의미한다. 이 과정에서 발생하는 충격을 최소화하고 새로운 기회를 창출하기 위해서는 모든 이해관계자들의 적극적인 참여와 협력이 필수적이다.

미래차 전환을 위한 복합적인 도전 과제들은 개별 기업이나 지역 차원의 대응만으로는 해결이 불가능하며, 중앙정부, 지방정부, 기업, 노동자, 시민사회가 적극적으로 참여하는 종합적인 대응 전략이 필요한 상황이다. 이해관계자들이 참여하는 가칭 '산업전환위원회'의 설립과 지속적인 운영이 내실 있게 이루어질 필요가 있다. 여기서는 미래차 전환 정책의 수립, 이행, 평가 과정에 대한 사회적 합의 도출, 이해관계자 간의 갈등 조정이 이루어져야 한다. 지원 정책의 일관성과 지속성을 담보하기 위해서는 법적, 제도적 기반 구축이 병행되어야 할 것이다. '자동차산업 정의로운 전환 지원법'을 제정하고, 이를 위한 전환기금 설치 및 운용 근거를 마련할 필요가 있다. 또한 이해관계자의 참여를 보장하기 위한 법적 장치를 마련하고 실행력을 제고해야 한다.

과거의 성공적인 개혁 사례에서 그랬듯이… 정부 규제와 인센티브가 중요하다. 정부 정책을 통해 올바른 제도적 틀과 인센티브가 만들어지고, 이것이 강화되어 민간 영역이 과도한 자동화에서 멀어져 더 노동 친화적인 테크놀로지로 나아가게 하는 것이다(아세모글루, 2023).

에필로그: 가지 않은 길

> 한국 제조업은 이제 '추월차선'에 서 있으나, 제조 대기업의 성공 신화에 빠져 있다. 제조업의 난관을 재정의하는 일은 '메이드 인 코리아'가 전환하기 위한 혁신 연구의 기초 작업이다(양승훈, 2024.11.28).

이 책은 미래차로의 패러다임 전환이라는 관점에서 한국 자동차산업의 기술혁신과 일자리의 현재를 해명하고, 향후 과제를 제시하고자 했다. 여기서는 이 책의 중심 내용을 정리한 후, 한국 자동차산업의 향후 과제를 제시하고자 한다.

1. 한국 자동차산업의 현재

자동차산업은 미래 사회에 펼쳐질 기술 변화의 테스트 베드이다. 배터리전기차와 AI 자율주행 기술로 대표되는 미래차 패러다임으로의 전환 경쟁이 치열하게 펼쳐지고 있다. 선두주자인 테슬라와 중국 민영업체, 그리고 이에 대응하는 레거시업체인 폭스바겐, 토요타 등이 SDV의 주도권을 놓고 승부수를 던지고 있는 가운데, 구글, 아마존 등 서비스업체들까지 뛰어들고 있다. 현재로서는 테슬라와 중국 민영업체가 두각을 나타내고 있다. 전기차 '캐즘' 등 여러 가지 변수가 작용하는 와중에, 미래차 전환의 최종 승자가 누가 될지는 불확실하다.

한국 자동차산업을 대표하는 현대차그룹은 미래차 전환이라는 글로벌 경쟁의 한복판에서 비교적 선전하고 있다. 기술혁신의 측면에서 보면, 전기차 분야는 선두 그룹에 속해 있고, SW가 핵심인 SDV와 자율주행차 분야에서도 고유한 OS 정립을 통해 적극적으로 추격하고 있다. 현대차그룹이 미래차 전환이라는 또 다른 추격에 성공할지는 아직 불확실하지만, 고무적이라고는 할 수 있다.

하지만, 자동차산업의 일자리 측면에서는 부정적 효과가 확인되고 있다. 즉, 가치사슬 전반에서 일자리의 양적 감소와 질적 저하가 확인되고 있다. 현대차의 신사업 분야를 포함한 엔지니어들의 일자리는 증가하는 반면, 생산, 판매·영업, 정비·AS 분야의 일자리는 감소하고 있다. 또한 부품업체를 비롯한 가치사슬 전반의 일자리도 줄어들고 있다. 완성차업체 노사와 나머지 부문 종사자들 간의 임금 격차가 확대되면서, 대부분 일자리의 상대적 임금 감소와 불안정성이 나타나고 있다.

글로벌 경쟁이 치열하게 진행되는 가운데, 테슬라를 비롯한 중국 민영업체들의 성장 전략이 기술중심 모델인 것은 분명하다. 미국의 시장중심주의와 중국 국가자본주의가 주도하는 기술 경쟁 속에서 일자리 측면의 부작용이 수반되는 기술중심주의가 지배적으로 되고 있다. 국민경제의 생존을 위해서는 기술중심 모델이 불가피한 것인가?

노벨경제학상 수상자인 아세모글루의 "숙련 편향적 기술 변화" 이론에 따르면, 기술혁신이 가속화될수록 고숙련 인력의 가치가 더욱 상승한다. 아세모글루는 혁신이 기업의 지속 가능한 성장을 위한 핵심 요소이며, 이는 인적자본의 질적 수준과 직결된다고 주장한다(Acemoglu et al., 2018b). 이런 점에서 미래차 전환의 과제에 직면한 테슬라와 중국 민영업체들뿐 아니라, 현대차도 신사업 분야의 기술혁신을 위해 양질의 엔지니어를 확보하기 위한 인적자본 투자를 확대하는 것은 당연하다고 할 수 있다.

하지만, 아세모글루가 기술중심주의 투자를 주장하는 것은 아니다. 여기서 강조해야 할 것은 기술중심주의 자동화가 반드시 생산성 향상에 도움이 되지는 않는다는 것이다. 아세모글루는 비용 절감을 위해 고용 감소로 귀결되는 '그렇고 그런'(so-so) 자동화 투자가 생산성 향상에 도움이 되지 않는다고 주장한다(Acemoglu et al., 2018a). 자동화를 하더라도 종업원의 새로운 역할 부여, 즉 숙련을 통해 생산성 향상에 기여하는 자동화 투자를 해야 한다는 것이다. 미래차 전환기에 주목할 만한 주장이 아닐 수 없다. 그는 기술 투자와 인적자본 투자가 상호 보완적일 때 생산성이 극대화됨을 보여 준다. 미래차 기술혁신을 위해 투자하는 것만이 아니라, 이를 담당하는 인적자본에 대한 투자를 병행하여 상호 보완성을 극대화해야 한다는 것이다.

이런 점에서 노동시장의 이동성이 높은 미국 테슬라의 고용 관행은 한국에 맞지 않는다. 한국에는 실리콘 밸리처럼 기업 간 이동이 자유로운 고급 인력의 노동시장이 존재하지 않기 때문이다. 현대차는 기존의 경직된 '평생직장' 고용 관행과 신사업 분야 인력의 직장 이동성 증가라는 상충되는 경향에 직면하여 고유한 인적자원관리의 해법을 아직 찾지 못하고 있다. 장기적 관점에서 신사업 분야에 충원된 고급 인력과 대다수 내부 경력자를 화학적으로 결합시키는 혁신적 인적자원관리 방안을 마련해야 한다.

2. 참여기반 발전 모델로의 이행 과제

여기서 우리는 현대차의 '공중 부양', 즉 국민경제와의 디커플링을 다시 언급하지 않을 수 없다. 현대차의 신기술 분야 엔지니어 집단을 제외한 생산직, 판매·영업직의 상당수 인력이 도태되고, 부품업체를 비롯한 가치사슬 전반에서도 대다수 분야의 일자리가 감소하고 임금 격차가 확대되는 것이 확인된다. 글로벌 미래차 경쟁에서 현대차가 생존하려면 자동차산업 전반의 일자리 감소와 질적 저하가 불가피한 것인가?

우리는 한국 자동차산업의 대안으로서 참여기반 모델로의 전환을 주장한다. 그 이유는 다음과 같다. 첫째, 현대차가 지속적으로 성장하기 위해서는 우수 인력이 적극적으로 참여하도록 만드는 동기부여가 필요하다. 이를 위해서는 노동시장의 유연성을 극대화하는 미국식 기술중심 모델보다 현대차의 성공 요인이었던 기민한 생산방식, 즉 엔지니어들의 자발적 동기부여를 극대화하는 한국 현실에 맞는 고유한 인적자원관리 방식이 필요하다. SDV로의 전환이 본격화된다 하더라도, 신제품을 생산 현장에서 효율적으로, 그리고 고품질로 생산하기 위해서는 연구개발 엔지니어뿐 아니라, 생산기술 엔지니어 및 숙련노동자들의 암묵지와 적극적 참여가 필수이다. 이를 위해서는 평생직장 개념이 희박해진다고 하더라도, 구성원의 소속감과 응집력을 높이기 위해 집단주의와 개인주의를 적절하게 배합한 현대차의 '고유한' 인적자원관리 방안을 마련해야 한다.

둘째, 부품업체를 비롯한 연관 산업과의 격차를 완화하여 지속 가능한 발전을 추구할 필요가 있다. 트럼프 집권 이후 기술민족주의의 장벽이 높아 가는 추세 속에서, 현대차그룹만의 '공중 부양'이 지속될 수는 없다. 미국이 관세 장벽을 설정할 때, 완성차업체의 생산능력을 모두 미국 현지로 이전하는 것은 불가능하기 때문이다. 1980년대 이후 미국의 탈산업화와 좋은 일자리 감소는 한국이 되풀이해서는 안 될 반면교사의 경험이다. SDV로 전환하더라도 개방적 생태계를 확충함으로써 국내 연관산업의 생산 기반을 강화하는 방향으로 현대차의 연착륙이 절실하다.

이 책의 프롤로그에서 "기술혁신이 일자리를 대체함으로써 처음에는 부정적 영향을 미치지만, 경제성장을 통해 일자리의 총량을 늘린다는 선순환의 관계가 미래차 기술혁신에도 적용될 것인가"라는 질문을 제기한 바 있다. 이

질문에 대한 결론은 "미래차 기술혁신이 진행됨에 따라 한국 자동차산업 일자리의 총량이 감소하고 있다. 하지만, 경제성장을 통한 파이 증대효과, 즉 일자리의 증가는 아직 확인되지 않고 있다"라는 것이다.

여기서 우리는 아세모글루의 발언을 다시 경청할 필요가 있다. "테크놀로지의 방향, 그 방향이 불평등에 대해 의미하는바, 그리고 이익이 자본과 노동 사이에 공유되는 정도는 불가피하게 주어지는 것이 아니라, 우리 사회가 내리는 선택의 결과이다. 테크놀로지의 방향은 노동자들이 자신의 역량과 기술을 잘 사용할 수 있도록 돕는 쪽으로 기울어져야 하며, 노동자에게 요구되는 숙련의 변화에 맞게 교육에도 변화가 필요하다"(아세모글루, 2023). 요컨대, 기술혁신에 따라 일자리의 총량이 늘어나거나 줄어드는 것은 자동적으로 결정되는 것이 아니라, 사회적 선택의 결과에 달려 있다는 것이다.

우리는 SDV라는 패러다임 전환 속에서 한국 자동차산업이 생존할 뿐 아니라, 일자리의 파이도 확대되는 선순환의 미래를 기대한다. 미래차로의 전환은 자동차산업에 새로운 일자리를 창출할 큰 잠재력을 가지고 있는 게 사실이다. 그러나 이 변화는 기존 일자리의 감소와 재교육의 필요성을 동반한다. 정부가 기업, 교육기관과 협력해서 이러한 전환을 성공적으로 이끌어 내고, 근로자들이 새로운 기회를 잡을 수 있도록 지원하는 것이 요구된다.

미래차 전환을 통해 일자리의 양과 질이 개선되기 위해서는, 한국 자동차산업이 지속적으로 발전하고 보다 많은 사람들이 성장의 혜택을 누리기 위한 '공정한' 전환이 필요하다. 공정한 전환이란 기술혁신을 통해 지속적으로 성장하는 경쟁력 향상과 동시에, 기업 간 격차 완화와 좋은 일자리 확보를 내용으로 한다. 미래차 전환을 계기로 자동차산업과 국민경제가 기술혁신을 통해 상생하고, 좋은 일자리의 증가와 질적 향상이 함께 이루어지는 미래가 되길 기대한다.

한국 자동차산업의 지속 가능하고 공정한 발전을 위해서는 참여기반 발전 모델로의 전환이 필요하다. 이를 위한 이해관계자들 간의 상호 소통과 협력이 요구된다. 지난 압축성장 과정에서 형성된 고유한 경로의 긍정적 측면을 계승하되 부작용을 최소화하면서, 미래차 전환에 부합되는 새로운 K-제조업의 발전 모델을 제시할 필요가 있다.

　세이어는 이해관계자들의 세력 관계가 기업으로 하여금 책임 있는 행동을 하도록 만들어야 한다고 주장한다. 불평등의 정도가 덜한 대안적 자본주의로 가야 한다는 것이다(Sayer, 2000). 한국 자동차산업의 현재를 성찰하고 미래차 전환을 위해 요구되는 과제들을 성공적으로 실행할 때, 우리는 보다 나은 미래를 맞이할 수 있을 것이다. 미래차 전환을 새로운 도약의 기회로 삼아, 혁신적이고 공정한 자동차산업으로 발전시켜 가야 한다. 또 다른 추격의 성공은 우리의 사회적 '선택'에 달려 있다.

참고문헌

김수민·강기헌. 2023. "Leader & Reader: 현대차 연구". ≪중앙일보≫, 9월 18일 자.

김시우 외. 2020. 『추월의 시대』. 메디치.

김인수. 2000. 『모방에서 혁신으로』. Sigma Insight.

김진성. 2022. 「AI War」. 메리츠증권.

김진형. 2020. 『AI 최강의 수업』. 매일경제신문사.

김철식. 2011. 『대기업 성장과 노동의 불안정화』. 백산서당.

김철식·조형제·정준호. 2011. 「모듈 생산과 현대차 생산방식: 현대모비스를 중심으로」. ≪경제와사회≫, 92: 351~385.

나병현. 2022. 「테슬라 LFP 비중 더 늘려, LG엔솔 SK온 삼성SDI 투트랙 전략 서두른다」. BusinessPost, 4월 21일 자.

다나카 미치아키(田中道昭). 2018. 『2022 누가 자동차산업을 지배하는가』. 류두진·문세나 옮김. 한스미디어.

돈파이트페드. 2024. 「스타링크는 테슬라 자율주행의 완성이다」. https://dontfightfed.tistory.com/entry

두덴회퍼, 페르디난트(Ferdinand Dudenhöffer). 2016. 『누가 미래의 자동차를 지배할 것인가』. 김세나 옮김. 미래의 창.

디스커버리뉴스(DISCOVERYNEWS) https://www.discoverynews.kr

리프킨, 제러미(Jeremy Rifkin). 2005. 『노동의 종말』. 이영호 옮김. 민음사.

메리츠증권. 2024. 「AI War, China's Attack vs Trump's Back」.

박경수. 2023. 「테슬라가 슈퍼차저를 개방한 배경은?」. 데일리카, 2월 23일 자.

박근태. 2019. 「전기차가 생산시스템에 미치는 영향」. ≪산업노동연구≫, 25권 2호.

박근태. 2023. 『전기자동차가 다시 왔다?!』. 지성사.

박정규. 2023. 「테슬라 공장의 또 다른 변신, 언박스 프로세스」. ≪월간조선≫, 6월호.

박정규. 2024. 「한중일 전기차 삼국지」. ≪월간조선≫, 1월호.

박정연. 2023. "완전 자율주행 실현되나". ≪동아일보≫, 3월 27일 자.

박준기·윤종석·이현태, 2017. 「중국 전기자동차산업발전과 전망 : 중국 정부의 산업육성정책 평가를 중심으로」. ≪현대중국연구≫, 18권 4호.

박피터슨. 2024. 「스웨덴 노스볼트, 독일 북서부에서 배터리 공장 착공」. 딜라이트, 3월 26일 자.

번스, 로렌스 D.(Lawrence D. Burns)·슐건, 크리스토퍼(Christopher Shulgan). 2019. 『오토노미: 제2의 이동혁명』. 김현정 옮김. 비즈니스북스.

산업연구원. 2022. 「자동차산업 패러다임 전환에 따른 고용구조 변화 전망」.

서스킨드, 대니얼(Daniel Susskind). 2020. 『노동의 시대는 끝났다』. 김정아 옮김. 와이즈베리.

서울대 지역종합연구소. 1994. 「미국의 첨단산업지구에 관한 연구: 실리콘 밸리의 전자기업 간 네트워크와 제도적 특성을 중심으로」.

신병식. 1997. 「제1공화국 토지개혁의 정치경제」. ≪한국정치학회보≫, 31집 3호.

아세모글루, 대런(Daron Acemoglu). 2023. 『권력과 진보: 기술과 번영을 둘러싼 천년의 쟁투』. 김승진 옮김. 생각의 힘.

알텐리트, 모리츠(Moritz Altenried). 2023. 『스마트 팩토리: 디지털 자본주의 시대, 보이지 않는 노동』. 권오성·오민규 옮김. 숨쉬는 책공장.

양승훈. 2024. "'메이드 인 코리아' 제조업에 닥친 세가지 난관". ≪한겨레≫, 11월 28일 자.

양승훈. 2025. 「완전히 기민하며 화려해진' 현대자동차의 생산방식이 던지는 질문들」. ≪경제와사회≫, 봄호.

오민규. 2024. 「캐즘에 빠져 몸살 앓는 글로벌 전기차 전환」. 프레시안, 10월 3일 자.

워맥, 제임스(James Womack) 외. 1990. 『생산방식의 혁명』. 현영석 옮김. 기아경제연구소.

유형근·조형제. 2017. 「현대자동차 비정규직의 정규직 되기: 투쟁과 협상의 변주곡, 2003-2016년」. ≪산업노동연구≫, 23권 1호.

이문호. 2015. 「광주형 일자리 창출 모델」.

이병천. 2012. 「한국경제 '97년 체제'의 특성에 대하여: 상장 제조업에서 수익추구와 주주가치

성향의 분석」. ≪동향과전망≫, 86: 78~133.

이영관. "2025. 中 BYD, 전기차 5분 충전으로 400km 달리는 기술 공개". ≪조선일보≫, 3월 19일 자.

이준우. 2020. "테슬라 시총, 9대 자동차社 시총 합계보다 많아져". ≪조선일보≫, 12월 10일 자.

이창근 외. 2021. 「초기업 교섭단체교섭 효력 확장제도 재조명」. 민주노총 중앙연구원.

이항구. 2024. 「중국발 세계 자동차산업 구조 개편」. 전자신문, 9월 23일 자.

이현. 2025. 「테슬라, 자율주행 택시 시범 운영」. 이콘밍글, 6월 14일 자.

이현주. 2022. 「테슬라의 미래는 모빌리티 플랫폼 기업」. NH투자증권.

일자리재단. 2023. 「울산 자동차부품산업 일자리 정책 및 사업분석 연구」.

임명묵. 2021. 「K를 생각한다」. SIDEWAYS.

자동차연구원. 2024. 「산업환경 변화에 따른 미래차 부품산업 분류체계」.

전국투자자교육협의회. 2022. 「2차전지 산업과 2차전지 회사 완전 정복」.

정이환. 2013. 『한국고용체제론』. 후마니타스.

정준호. 2016. 「미국 제조업 르네상스 정책과 리쇼오링 현상 분석」. 『글로벌 생산네트워크와 동아시아의 일자리 변동』. 한국노동연구원.

정준호. 2021. 「상생과 연대를 위한 우리나라 '산업체제'의 평가와 과제」. 미발표 초고.

조성재·김동배·정준호·이상준. 2022. 「제조업 엔지니어의 인적자원관리와 역량증진 방안」. 한국노동연구원.

조성재·전우석. 2011. 「작업장 혁신과 기술의 관련성」. 한국노동연구원.

조성재·정준호 외. 2021. 「한국 제조업의 노동력 활용 구조와 발전 과제」. 한국노동연구원.

조성호. 2025. "중 2025년 제조업 석권… 10년 전 그 위협, 현실됐다". ≪조선일보≫, 5월 27일 자.

조형제. 2005. 『한국적 생산방식은 가능한가』. 한울아카데미.

조형제. 2016. 『현대자동차의 기민한 생산방식』. 한울아카데미.

조형제·정준호. 2015. 「현대차 생산방식의 해외 이전은 가능한가?」. ≪동향과 전망≫, 96호.

쿤, 토마스(Thomas Kuhn). 2013. 『과학혁명의 구조』. 김명자 외 옮김. 까치.

포터, 마이클(Michael Porter). 2021. 『마이클 포터의 경쟁 우위』. 범어디자인연구소 옮김. 비즈니스랩.

피사노, 개리(Gary Pisano) 외. 2019. 『왜 제조업 르네상스인가』. 고영훈 옮김. 지식노마드.

한국산업기술진흥원. 2022. 「미래형 자동차산업 기술인력 전망」.

한국자동차모빌리티산업협회(KAMA). 2023. 「중국자동차산업 경쟁력 현황」.

한국자동차모빌리티산업협회(KAMA). 2024. 「중국 전기차산업의 글로벌 확장과 시사점」.

한국자동차연구원. 2023. 『한국자동차산업 인력현황 조사·분석』.

한주희. 2016. 「미국의 우버 운전기사 현황 및 근로자 지위관련 논쟁」. ≪국제노동브리프≫, 4월호.

한지형. 2025. 「한국 자율주행차의 산업 활로」. 전자신문, 1월 6일 자.

현대자동차. 1987. 『현대자동차 20년사』.

현대자동차. 2007. 『현대자동차 30년사』.

藤本隆宏. 2001. 『生産マネッ"メント入門』. 日本經濟新聞社.

Acemoglu, Daron and Pascual Restrepo. 2018a. "Modeling Automation." AEA Papers and Proceedings.

Acemoglu, Daron and Pascual Restrepo. 2018b. "The Race Between Machine and Man: Implications of Technology for Growth, Factor Shares and Employment." *American Economic Review*.

Alochet, Marc, John Paul MacDuffie and Christophe Midler. 2023. "Mirroring in production? Early evidence from the scale-up of Battery Electric Vehicles (BEVs)." *Industrial Corporate Change*, 32: 61~111.

Boyer, Robert and Michel Freyssenet(eds). 2000. *The Productive Models: The Conditions of Profitability*. London: Palgrave MacMillan.

Butollo, Florian, Ulrich Jürgens and Martin Krzywdzinski. 2018. *From Lean Production to Industrie 4.0. More Autonomy for Employees?* WZB Berlin Social Science Center.

Frey, Carl Benedikt and Michael A. Osborne. 2017. "The future of employment: How susceptible are jos to computerization?" *Technological Forecasting & Social Change*, 114:

254~280.

Fujimoto, Takahiro. 2019. "Balancing Global Network Power and Local/Asset Knowledge." GERPISA.

Haas, Niklas. 2021. "CATCH THEM IF WE CAN: VOLKSWAGEN GROUP'S PURSUIT OF TESLA IN ELECTRIC VEHICLES." MA Thesis, in Management from the Nova School of Business and Economics.

Heilmann, Sebastian et al. 2008. "Policy Experimentation in China's Economic Rise." *Studies in Comparative International Development*, 43(1): 1~26.

Heilmann, Sebastian. 2008. "Policy Experimentation in China's Economic Rise." *St Comp Int Dev*, 43:1~26.

J. D. Power and Associates. 2009. http://www.jdpower.com/Autos.

Jeong, Jun Ho, Chulsik Kim and Hyung Je Jo. 2024. "Three major challenges in the shift to electric vehicles: Industrial organization, industrial policy, and a just transition." *Sociology Compass*.

Jo, Hyung Je, Jun Ho Jeong and Chulsik Kim. 2023. *Agile against Lean*. Palgrave MacMillan.

Juergens, Ulrich. 2018. "Interview Manuscripts".

Lee et al., 2018. "Why people participate in the sharing economy: an empirical investigation of Uber." *Internet Research*, Vol.28. No.3.

Lepore, Jill. 2025. "The Failed Ideas That Drive ElonMusk." *New York Times*, April. 4.

Marceau, Jane. 1997. "The high road or the low road?: alternatives for Australia's future: a report on Australia's industrial structure for the Australian Business Foundation".

McKinsey & Company. 2025. "European automotive industry: What it takes to regain competitiveness." March 10.

Miran, Steve. 2025. "Hudson Insitutue Event Remarks." The White House.

Murmann, Johann and Benedikt A. Schuler. 2023. "Exploring the structure of internal combustion engine and battery electric vehicles: implications for the architecture of the automotive industry." *Industrial Corporate Change*, 32: 129~154.

Sabel, Charles F. and William H. Simon. 2017. "Democratic Experimentalism." *Structures of the Legal Contemporary*. Cambridge University Press.

Sayer, Andrew. 2000. "Moral Economy and Political Economy." *Studies in Political Economy*, 61(Spring).

Sturgeon, Timothy et al. 2020. *Compressed Development Time and Timing in Economic and Social Development*. Oxford University Press.

Vinod, Paul and Dipasha Sharma. 2021. "COVID-19 Impact on the Sharing Economy Post-Pandemic." *Australasian Accounting, Business and Finance Journal*, 15(1): 37~50.

Wells, Peter et al. 2020. "More friends than foes? The impact of automobility-as-a-service on the incumbent automotive industry." *Technological Forecasting & Social Change*, 154.

찾아보기

ㄱ

가치사슬 71, 82, 247, 254, 256
권위적 실험주의 223~225, 229
기가 캐스팅 51
기민한 생산방식 156, 307
기술중심 모델 284, 285

ㄷ

디디추싱 125
디지털 트윈 55, 199

ㄹ

로보택시 34, 89, 99, 118, 128
리스킬링 191, 192, 266
리튬이온 배터리 60, 61, 68
리프트 69, 124

ㅁ

모듈 아키텍처 41, 115
모듈화 44, 205, 247, 248, 250
모빌리티 서비스 33, 161~164
미래협약 276

ㅂ

바이두 111~113
배터리 전기차 68, 87
베이비 부머 214, 215
병행전략 144, 145
부품업체의 양극화 245

ㅅ

산업 공유자산 97, 294
산업전환 협약 281
생산기술 엔지니어 270
소프트웨어 중심 차량(SDV) 10, 11
숙련노동자 268~270
스마트 팩토리 194, 205, 206
스마트카 45
스타링크 91
승차 공유 서비스 68~70, 121~124
실리콘 밸리 94, 95

ㅇ

아세모글루, 대런(Daron Acemoğlu) 260, 270, 274, 281, 286, 302, 303, 308

아틀라스 로봇　203

압축 발전　154

양극재　58

언박스 공정　52, 53

엔드투엔드(end to end) 방식　114

우버　121, 122

우븐 시티　145~147

위계적 실험주의　117

인적자원개발　188

인적자원관리　186, 187, 193

일자리의 양적 감소　257, 305

일자리의 질적 저하　238~241

ㅈ

자율주행차　11, 28, 30~32

전고체 배터리　61, 62

전기차　10, 27, 28, 38, 39, 42, 49, 50, 68, 85, 86

전환지도　135, 136, 212~214

중국 민영업체　105, 110, 118

중국 제조 2025　116

지역 생태계　293, 294

직무전환 교육　222, 266, 276, 277, 292

ㅊ

참여기반 모델　284~286

첨단운전자보조시스템(ADAS)　55, 88

ㅋ

커넥티드카　118

ㅌ

테슬라　42~44, 68, 85~93

토요타　46~48, 139~147

통합 아키텍처　102

트럼프 행정부　98~100, 258

ㅍ

폭스바겐　46~48, 131~133

ㅎ

하이브리드　47, 141, 142

화웨이　44, 45, 48, 110, 111

휴머노이드 로봇　18, 55, 203, 206

영문

BYD　105, 107~109, 114

HMGICS　197~201, 206

OS　40

OTA(over the air)　88, 91, 162

PLEOS 25　164~167, 173

지은이

조형제

서울대학교 대학원 사회학과를 졸업하고 「한국자동차산업의 생산방식에 관한 연구」로 박사학위를 받았다. 울산대학교 사회과학부에서 30여 년간 교수로 일했고, 현재는 명예교수로 있다. 미시간대학교, 캘리포니아대학교(UCSD), 베를린사회과학원(WZB) 등의 방문교수를 지냈고, 비판사회학회장을 역임했다. 주요 저서로 『한국적 생산방식은 가능한가: Hyundaism의 가능성 탐색』(2005), 『산업과 도시: 내생적 지역발전은 가능한가』(2009), 『현대자동차의 기민한 생산방식: 한국적 생산방식의 탐구』(2016), *Agile Against Lean: An Inquiry into the Production System of Hyundai Motor* (2023, 공저) 등이 있다.

한울아카데미 2590

현대자동차의 '또 다른' 추격
미래차 기술혁신과 일자리의 미래

ⓒ 조형제, 2025

지은이 ㅣ 조형제
펴낸이 ㅣ 김종수
펴낸곳 ㅣ 한울엠플러스(주)
편　집 ㅣ 배소영

초판 1쇄 인쇄 ㅣ 2025년 7월 3일
초판 1쇄 발행 ㅣ 2025년 7월 10일

주소 ㅣ 10881 경기도 파주시 광인사길 153 한울시소빌딩 3층
전화 ㅣ 031-955-0655
팩스 ㅣ 031-955-0656
홈페이지 ㅣ www.hanulmplus.kr
등록번호 ㅣ 제406-2015-000143호

Printed in Korea.
ISBN 978-89-460-7590-0 93320

※ 책값은 겉표지에 표시되어 있습니다.